プログラミング原論

Elements of Programming

Alexander Stepanov
アレクサンダー・ステパノフ

Paul McJones
ポール・マクジョーンズ 著

Shibata Yoshiki
柴田 芳樹 訳

TDU PRESS
東京電機大学出版局

Authorized translation from the English language edition, entitled
ELEMENTS OF PROGRAMMING, 1st Edition, ISBN: 032163537X
by STEPANOV, ALEXANDER A.; MCJONES, PAUL, published by Pearson Education,
Inc, Copyright© 2009. Pearson Education,Inc.

All rights reserved. No part of this book may be reproduced or transmitted in any form
or by any means, electronic or mechanical, including photocopying, recording or by any
information storage retrieval system, without permission from Pearson Education, Inc.

JAPANESE language edition published by TOKYO DENKI UNIVERSITY PRESS,
Copyright© 2015.

JAPANESE translation rights arranged with PEARSON EDUCATION, INC.
through JAPAN UNI AGENCY, INC., TOKYO JAPAN

日本語版の読書者へ

　私達は，日本語版の読者向けにまえがきを書く機会を提供してくれた出版社および訳者の柴田芳樹氏に深く感謝しています。

　この本の精神は，日本の美学にあります。この本は，必要最低限の数の言葉で，できる限り多くを説明しようとしています。古くからの俳句のように17語まで減らすことはできませんが，俳句が少ない語数で表現することに影響を受けました。この本は，あまり厚くはありません。実際，無駄な厚みが全くないことを願っています。私達は，すべての言葉が意味を持つように努めました。

　故障しない自動車や修理を全く必要としないテレビでもって，日本のエンジニアが世界を変え始めた頃に，私達は大人になりました。私達の望みは，ソフトウェアに対する私達の取り組みによって，自動車やテレビと同じように頑強なものを，プログラマが作り出すことを可能にすることです。日本のエンジニアのおかげで，一般の人々が自動車に関する機械知識を持っている必要がなく，自動車は常に走ると想定できるように変わったのです。ソフトウェア業界も自動車業界と同じように予想できるようになってもらいたいと思っています。そうすれば，ソフトウェアは，直感的で芸術家肌のプログラマではなく，有能なプログラマによって生み出されるようになるでしょう。

　この本は，出発点に過ぎません。ソフトウェア開発を工業化するための努力のほとんどは，これからの未来に行われます。この本の読者の方々が，その未来をより現実的にしてくれることを望んでいます。

　訳者である柴田芳樹氏には，注意深い翻訳だけでなく，誤りを見つけてくれたことにも感謝します。

Paul McJones, Alexander Stepanov
米国，カリフォルニア州
2015年8月

まえがき

　この本は，プログラムに抽象的数学理論を関連付けることで，演繹的方法をプログラミングに応用するものです．抽象的数学理論により，プログラムが目的通りに動作するようになります．それらの理論の詳細，理論の観点から記述されたアルゴリズムおよびアルゴリズムの特性を記述する**定理**（*theorem*）と**補題**（*lemma*）を一緒に示します．実際のプログラミング言語によるアルゴリズムの実装が，この本の重要な部分です．人間のための仕様は，厳密でありながらも形式張らないようにすべきですが，コンピュータに対するコードは，どのようなものであっても絶対に正確でなければなりません．

　科学やエンジニアリングの他の領域と同様に，プログラミングの基盤は演繹的方法なのです．演繹的方法は，複雑なシステムを数学的に記述された振る舞いを持つ要素に分解することを容易にします．このことは，効率的で，信頼性が高く，堅牢で，無駄のないソフトウェアを設計するための必要な前提条件です．

　この本はプログラミングを深く理解したい人々向けに書きました．フルタイムでのソフトウェア開発者であるか，専門的活動の重要な部分にプログラミングを利用している科学者とエンジニアであるかは関係ありません．

　この本は，最初から順に読んでください．コードを読み，補題を証明し，演習を行うことで，題材を理解することができます．さらに様々な課題を提示していますが，そのいくつかは結論が出ないものです．この本は簡潔明瞭なので，注意深い人は各章と題材を選択した理由の関連にいずれ気付くことでしょう．この本の構成の原則を発見することを，みなさんの目標にしてください．

　みなさんが，初等代数演算を知っていることを前提としています[*1]．離散数学に関する大学の講義レベルの論理と集合の理論に関する基本用語も理解していることを前提としています．使用する表記は，付録 A にまとめてあります．アルゴリズムを記述するために必要な抽象代数学のいくつかの概念の定義も示します．プログラミングに慣れていて，コンピュータ・アーキテクチャ[*2]と基本的なアルゴリズムとデータ

[*1] 初等代数を再度復習するためには，Chrystal [1904] を推薦します．
[*2] Patterson and Hennessy [2007] を推薦します．

構造*3 を理解していることを前提としています。

　この本では，C++ を選択しました．その理由は，C++ は強力な抽象化機構を利用でき，またハードウェアの忠実な表現が可能だからです*4．この本では，C++ 言語のサブセットを使います．また，必要条件をコメントとして記述しています．C++ 言語にまだ慣れ親しんでいない人も，この本の内容を理解できるよう配慮しました．付録 B に，この本で使用している C++ のサブセットを記述しています*5．数学的記法と C++ 間に相違がある場合には，使用しているフォントと文脈からどちらを適用するのかが分かります．この本の多くのコンセプトとプログラムに対応するものが STL（C++ Standard Template Library）にありますが，この本では，STL における設計上の決定のいくつかと異なっています．また，この本は，STL などのような本物のライブラリが対応しなければならない，名前空間，可視性，インライン指定といった問題も無視しています．

　第 1 章は，値（*value*），オブジェクト（*object*），型（*type*），手続き（*procedure*），および，コンセプト（*concept*）を説明しています．第 2 章から第 5 章までは，半群（*semigroup*）や全順序集合（*totally ordered set*）などの代数構造に対するアルゴリズムを説明します．第 6 章から第 11 章までは，メモリの抽象化に関するアルゴリズムを説明します．第 12 章は，他のオブジェクトを包含するオブジェクトを説明します．あとがきでは，この本で示したやり方に関する筆者らの振返りを述べています．

謝　辞

　Adobe Systems 社とその経営者に対して，*Foundations of Programming* コースおよびコースから生まれたこの本を支援してくれていることに感謝します．特に，Greg Gilley はコースを立ち上げてくれて，この本の執筆を提案してくれました．Dave Story と Bill Hensler は，揺るがない支援を行ってくれました．最後に，この本は，Sean Parent の見識ある管理，および，コードと文章の継続した精査なくしては，不可能でした．この本の中のアイデアの数々は，ほぼ 30 年間に及ぶ Dave Musser との親密な協業から生まれています．Bjarne Stroustrup は，それらのアイデアをサポートするために，慎重に C++ を発展させました．Dave と Bjarne は，はるばるサンノゼまで来てくれて，最初の草稿を注意深くレビューしてくれました．Sean Parent と

---

*3 アルゴリズムとデータ構造の全般ではないですが素晴らしい入門書として，Tarjan [1983] を推薦します．

*4 標準的な参考文献は，Stroustrup [2000] です．

*5 この本のコードは，Microsoft Visual C++ 9 と g++ 4 でコンパイルおよび実行しています．コンパイルに必要な 2, 3 の些細なマクロや単体テストを含んだコードを www.elementsofprogramming.com からダウンロード可能です．

Bjarne Stroustrupは，この本で使用されているC++のサブセットを定義している付録も執筆してくれました。Jon Brandtは，この本の草稿を何度もレビューしてくれました。John Wilkinsonは，最終原稿を注意深く読んで，数え切れないほどの貴重な提案を行ってくれました。

この本は，次の人々からの貢献に支えられてきました。編集者Peter Gordon，プロジェクト編集者Elizabeth Ryan，コピー編集者Evelyn Pyle，それに編集レビューアーであるMatt Austern, Andrew Koenig, David Musser, Arch Robison, Jerry Schwarz, Jeremy Siek, John Wilkinson。

Adobe社でコースを受講し，SGI社で初期のコースを受講してくれたすべての生徒に対して，彼らからの提案に対して感謝します。それらのコースからの題材を明解なものにまとめ上げることができたであろうことを望んでいます。助言に対して，次の人々に感謝します。Dave Abrahams, Andrei Alexandrescu, Konstantine Arkoudas, John Banning, Hans Boehm, Angelo Borsotti, Jim Dehnert, John DeTreville, Boris Fomitchev, Kevlin Henney, Jussi Ketonen, Karl Malbrain, Mat Marcus, Larry Masinter, Dave Parent, Dmitry Polukhin, Jon Reid, Mark Ruzon, Geoff Scott, David Simons, Anna Stepanov, Tony Van Eerd, Walter Vannini, Tim Winkler, Oleg Zabluda。第1刷で誤り[*6]を見つけてくれたJohn Banning, Bob English, Steven Gratton, Max Hailperin, Eugene Kirpichov, Alexei Nekrassov, Mark Ruzon, Hao Songに感謝します。第2刷で誤りを見つけてくれたFoster Brereton, Gabriel Dos Reis, Ryan Ernst, Abraham Sebastian, Mike Spertus, Henning Thielemann, Carla Vil-loria Burgazziに感謝します。第3刷で誤りを見つけてくれた堂阪真司, Ryan Ernst, Steven Grattonに感謝します。第4刷（と第3刷）で誤りを見つけてくれたMatt Austern, Robert Jan Harteveld, Daniel Krügler, Volker Lukas, Doug Morgan, Jeremy Murphy, Qiu Zongyan, Mark Ruzon, Sean Silva, Andrej Sprogar, 竹田光孝, Stefan Vargyas, Guilliam Xavierに感謝します。

最後に，書面あるいは直接に教えてくれた全ての人々に感謝します。そして，プログラミングの理解を深めさせてくれた大学，研究所，会社などの様々な機関に感謝します。

[*6] 正誤表の最新版は，www.elementsofprogramming.com にあります。

目次

日本語版の読書者へ　　　　　　　　　　　　　　　　　　　　　　i

まえがき　　　　　　　　　　　　　　　　　　　　　　　　　　iii

第 1 章　　基礎　　　　　　　　　　　　　　　　　　　　　　　1
  1.1　　分類学の概念：実体，種，属 1
  1.2　　値 2
  1.3　　オブジェクト 4
  1.4　　手続き 6
  1.5　　正則型 7
  1.6　　正則手続き 9
  1.7　　コンセプト 11
  1.8　　結論 15

第 2 章　　変換と軌道　　　　　　　　　　　　　　　　　　　　17
  2.1　　変換 17
  2.2　　軌道 20
  2.3　　衝突点 23
  2.4　　軌道サイズの測定 29
  2.5　　アクション 30
  2.6　　結論 31

第 3 章　　結合演算　　　　　　　　　　　　　　　　　　　　　33
  3.1　　結合規則 33
  3.2　　べき乗計算 35
  3.3　　プログラム変換 37
  3.4　　特別ケース手続き 41
  3.5　　アルゴリズムのパラメータ化 45

3.6	線形回帰	45
3.7	累積手続き	48
3.8	結論	49

第4章　線形順序　51

4.1	関係の分類	51
4.2	全順序と弱順序	53
4.3	順序選択	54
4.4	自然な全順序	63
4.5	派生手続きの一群	64
4.6	順序選択手続きの拡張	65
4.7	結論	65

第5章　順序代数構造　67

5.1	基礎代数構造	67
5.2	順序代数構造	72
5.3	剰余	74
5.4	最大公約数	78
5.5	gcd の一般化	81
5.6	Stein の gcd	83
5.7	商	84
5.8	負数の商と剰余	86
5.9	コンセプトとそのモデル	88
5.10	コンピュータの整数型	90
5.11	結論	91

第6章　イテレータ　93

6.1	読み込み可能性	93
6.2	イテレータ	95
6.3	区間	96
6.4	読み込み可能区間	100
6.5	区間の増加	108
6.6	前方イテレータ	110
6.7	インデックス付きイテレータ	115
6.8	双方向イテレータ	115
6.9	ランダムアクセス・イテレータ	117
6.10	結論	119

第 7 章	座標構造	121
7.1	分岐座標	121
7.2	双方向分岐座標	125
7.3	座標構造	130
7.4	同型，同値，順序	131
7.5	結論	138

第 8 章	可変サクセサーを持つ座標	139
8.1	リンクイテレータ	139
8.2	リンク再配列	140
8.3	リンク再配列の適用	146
8.4	リンク分岐座標	150
8.5	結論	154

第 9 章	コピー	155
9.1	書き込み可能性	155
9.2	位置ベースコピー	157
9.3	述語ベースコピー	163
9.4	区間交換	171
9.5	結論	174

第 10 章	再配列	177
10.1	置換	177
10.2	再配列	180
10.3	逆順アルゴリズム	182
10.4	回転アルゴリズム	186
10.5	アルゴリズム選択	194
10.6	結論	198

第 11 章	分割とマージ	199
11.1	分割	199
11.2	バランスした簡約	205
11.3	マージ	210
11.4	結論	216

第 12 章	複合オブジェクト	217
12.1	単純な複合オブジェクト	217

12.2	動的シーケンス	225
12.3	実際の型	231
12.4	結論	234

あとがき 237

付録A　数学的表記 241

付録B　プログラミング言語 243
  B.1　言語定義 243
  B.2　マクロとトレイト構造体 250

参考文献 253

訳者あとがき 259

索引 261

第1章
基礎

はじめに，分類学の概念を簡単に紹介して，コンピュータの中の様々な種類の概念を表している**値**（*value*），**オブジェクト**（*object*），**型**（*type*），**手続き**（*procedure*），**コンセプト**（*concept*）について説明します．そして，この本の中心となる概念である**正則性**（*regularity*）を詳細に説明します．正則性が手続きに適用される場合には，手続きが等しい引数に対して，等しい値を返すことを意味しています．正則性が型に適用される場合には，型が等価演算子を持ち，等価性を維持するコピーコンストラクタと代入を持つことを意味します．正則性により，**等式推論**（*equational reasoning*）（式を別の等価な式で置換すること）をプログラムの変換と最適化に適用できます．

1.1 分類学の概念：実体，種，属

オブジェクト，型，および他の基本的なコンピュータの概念が何であるかを説明するためには，それらに相当する分類学の概念の概要を説明することが効果的です．

抽象実体（*abstract entity*）は，永遠で変更不可能なもののことです．一方，**具象実体**（*concrete entity*）は，空間と時間において存在したり消滅したりする個別のものです．**属性**（*attribute*）は，具象実体と抽象実体の間の対応であり，具象実体の何らかの特性，大きさ，あるいは，性質を記述するものです．**アイデンティティ**（*identity*）は，現実認識の基本的な概念であり，時間の経過により変化する物の同一性を表します．具象実体の属性が変化しても，そのアイデンティティには影響を与えません．具象実体の**スナップショット**（*snapshot*）は，ある特定の時点での具象実体の属性の完全な集まりです．具象実体は，物理実体というだけではなく，法的実体，経済的実体，あるいは，政治的実体でもあります．「青」と「13」は，抽象実体の例です．「ソクラテス」と「アメリカ合衆国」は，具象実体の例です．ソクラテスの目の色と合衆国の州の数は，属性の例です．

抽象種（*abstract species*）は，本質的に等価である抽象実体の共通な特性を表現し

ます。抽象種の例は，自然数や色です。**具象種**（*concrete species*）は，本質的に等価である具象実体の属性の集合を表現します。具象種の例は，男性や合衆国の州です。

　関数（*function*）は規則であり，ある種に属する1つ以上の抽象実体（**引数**（*argument*）と呼ばれる）を，他の種に属する1つの抽象実体（**結果**（*result*）と呼ばれる）と関連付けます。関数の1つの例は，サクセサー関数（*successor function*）であり，それは個々の自然数をそのすぐ後に続く自然数と関連付けます。もう1つの例は，2つの色を混ぜた結果の色と関連付けする関数です。

　抽象属（*abstract genus*）は，いくつかの類似点を持つ異なる抽象種を表現します。抽象属の例は，数と二項演算子です。**具象属**（*concrete genus*）は，いくつかの類似点を持つ異なる具象種を表現します。具象属の例は，哺乳動物と二足歩行動物です。

　ある実体は，単一の種に属します。その種は，生成すなわち存在のための規則を提供します。ある実体は，複数の属に属することができます。それぞれの属は，ある特性を表現しています。

　この章の後の部分で，オブジェクトと値が実体を表現し，型が種を表現し，コンセプトが属を表現することを示します。

1.2 値

　解釈方法を知らない限り，コンピュータの中にあるものは0と1だけです。**デイタム**（*datum*）は，0と1の有限数列です。

　値型は，（抽象あるいは具象）種とデイタムの集合間の対応です。特定の実体に対応するデイタムを，その実体の**表現**（*representation*）と呼び，その実体を，デイタムの**解釈**（*interpretation*）と呼びます。そして，デイタムとその解釈を一緒にしたものを**値**（*value*）と呼びます。値の例は，32ビット2の補数ビッグエンディアン形式で表現された整数や，連続した2つの32ビット2の補数ビッグエンディアン値で表現され，整数の分子と分母と解釈される有理数です。

　デイタムが抽象実体を表現している場合に限り，デイタムは値型に関して**整形式**（*well formed*）であると言います。たとえば，2の補数整数として解釈される32ビットの並びは整形式となります。実数として解釈する場合，IEEE 754 浮動小数点のNaN（Not a Number）は整形式とはなりません。

　値型は，対応する種の中の抽象実体の適切なサブセットをその値型の値が表現していれば，**真に部分**（*properly partial*）であると言います。そうでなければ，**全体**（*total*）と言います。たとえば，型 `int` は真に部分ですが，型 `bool` は全体です[*1]。

[*1] 訳注：型 `int` は整数のすべてを表現できる訳ではありません。一方，ブールは真と偽の2つの値だけであり，型 `bool` はその2つの値を表現できます。

値型は，1つの値だけが個々の抽象実体に対応するのであれば，**一意に表現**（*uniquely represented*）されます。たとえば，ゼロが偽で非ゼロが真と解釈されるバイトにより表現されているブール値の型は，一意に表現されていません。符号ビットと数値の組合わせで整数を表現している型は，ゼロに対する一意の表現を提供しません。2の補数で整数を表現している型は，一意に表現されています。

値型は，その型の値が2つ以上の解釈を持つのであれば，**曖昧**（*ambiguous*）です。曖昧の否定は，**一義的**（*unambiguous*）です。たとえば，2桁の数値として一世紀以上の期間の暦年を表現している型は，曖昧です。

値型の2つの値は，同一の抽象実体を表現していれば**等しい**（*equal*）です。2つの値は，それらのデイタムが0と1の同じ並びであれば，**表現等価**（*representationally equal*）であると言います。

補題 1.1　値型が一意に表現されているなら，等価性は，表現等価性を意味します。

補題 1.2　値型が曖昧でなければ，表現等価性は，等価性を意味します。

値型が一意に表現されていれば，2つの0と1の並びが同じであるかを検査することで等価性を実装します。そうでなければ，引数の解釈の一貫性を維持する方法で等価性を実装しなければなりません。新たな値を生成するよりも等価性の検査の頻度が低い場合や，等価性を遅くするコストを払っても新たな値を速く生成する必要がある場合に，一意ではない表現が選択されます。たとえば，2つの整数のペアとして表現されている2つの有理数は，同一の既約分数に約分される場合には，等しいです。ソートされていない並びとして表現されている2つの有限集合は，ソートを行って重複を取り除いた後に，対応する要素が等しければ，等しいです。

時に，本当の**振る舞い**（*behavioral*）等価性[*2]は，あまりにもコストが高いか，不可能な場合があります。たとえば，計算可能な関数のエンコーディングの種類に対する場合[*3]です。このような場合には，より弱い**表現**（*representational*）等価性に甘んじなければなりません。つまり，2つの値が，0と1の同じ並びであることです。

コンピュータは，抽象実体に対する関数を，値に対する関数として**実装**（*implement*）しています。値はメモリ内に存在しますが，値に対して適切に実装された関数は，特定のメモリ番地には依存しません。つまり，値から値へのマッピングを実装します。

値型に対して定義された関数は，等価性を順守していれば，**正則**（*regular*）で

[*2] 訳注：振る舞い等価性が，等価性の本当の（最も正しく，最も有用な）定義という意味です。

[*3] 訳注：ある命令セット，たとえば，IA-32用の異なる2つの命令シーケンスが同じ計算可能な関数を実現しているかを調べるのは不可能です。

す。つまり，引数を等しい値で置き換えても，等しい結果が得られるということです。ほとんどの数値関数は，正則です。正則ではない数値関数の 1 つの例は，2 つの整数のペアで表現されている有理数の分子を返す関数です。$\frac{1}{2} = \frac{2}{4}$ ですが，numerator$(\frac{1}{2}) \neq$ numerator$(\frac{2}{4})$ です。正則関数は，**等式推論**（*equational reasoning*），つまり，式を別の等価な式で置換することを可能にします。

非正則関数は，その引数の解釈だけではなく，表現に依存します。値型に対する表現を設計する場合には，2 つのことが密接に関連します。それは，等価性を実装することと，関数が正則であるかを決めることです。

1.3 オブジェクト

メモリ（*memory*）はワードの集合であり，各ワードは**アドレス**（*address*）と**内容**（*content*）を持っています。アドレスは，**アドレス長**（*address length*）と呼ばれる固定サイズの値です。内容は，**ワード長**（*word length*）と呼ばれる別の固定サイズの値です。アドレスの内容は，**ロード**（*load*）操作により得られます。アドレスに関連付けられている内容は，**ストア**（*store*）操作で変更されます。メモリの例としては，メインメモリ内のバイトやハードディスク上のブロックです。

オブジェクトは，メモリ内の値として表現された具象実体です。オブジェクトは**状態**（*state*）を持っており，状態は何らかの値型の値です。オブジェクトの状態は，変更可能です。具象実体に対応するオブジェクトが与えられたとしたら，その状態は，その実体のスナップショットに相当します。オブジェクトは，その状態を保持するために，メモリワードあるいはファイル中のレコードなどの**資源**（*resources*）の集まりを所有しています。

オブジェクトの値は，0 と 1 の連続している並びですが，それらの 0 と 1 が保存されている資源は，必ずしも連続しているとは限りません。オブジェクトに一貫性を与えるのは解釈です。たとえば，2 つの `double` は，それらが隣接していなくても，単一の複素数と解釈されるかもしれません。オブジェクトの資源は，様々なメモリ内に存在するかもしれません。しかし，この本では，1 つのアドレス空間を持つ単一メモリ内に存在するオブジェクトだけを取り扱います。すべてのオブジェクトは一意な**開始アドレス**（*starting address*）を持ち，そのアドレスからすべての資源へ到達できます。

オブジェクト型（*object type*）は，メモリに値を保存したり修正したりするための鋳型（いがた）です。オブジェクト型が与えられたら，そのオブジェクト型のオブジェクトの様々な状態を値型の値として表現できる特定の値型を決定することが可能です。すべてのオブジェクトは，あるオブジェクト型に属しています。オブジェクト型の例としては，4 バイトアドレス境界に配置された 32 ビットの 2 の補数リトルエンディアン形

式で表現された整数です。

　値とオブジェクトは補完的な役割を果たします．値は変化しませんし，コンピュータ内の特定の実装からは独立しています．オブジェクトは変更可能であり，コンピュータ固有の実装を持ちます．ある時点でのオブジェクトの状態は，値で表現することが可能です．すなわち，その値は，（スナップショットを取ることで）原理上は紙の上に書くことができますし，**シリアライズ**（*serialized*）して通信リンクを通して送ることもできます．オブジェクトの状態を値の観点から表現することで，オブジェクトの特定の実装から離れて，等価性を議論することができます．関数型プログラミングは，値を扱います．命令型プログラミングは，オブジェクトを扱います．

　実体を表現するために値を使用します．値は変化しませんので，値は抽象実体を表現できます．値の並びは，具象実体のスナップショットの並びを表現することもできます．オブジェクトは実体を表現している値を保持します．オブジェクトは変更可能であり，具象実体を表現できます．つまり，新たな値を設定することで実体の変化を表現します．オブジェクトは，抽象実体を表現することもできます．変更しないことであったり，抽象実体への様々な近似を持つことです[*4]．

　次の 3 つの理由で，コンピュータの中でオブジェクトを使用します．

1. オブジェクトは変更可能な具象実体をモデル化します．たとえば，給与アプリケーション内の従業員レコードです．
2. オブジェクトは値に対する関数を実装するための強力な方法を提供します．たとえば，繰返しアルゴリズムを使用して浮動小数点数の平方根を実装する関数です．
3. メモリを持つコンピュータだけが，現在，万能計算デバイスを実現する唯一のものです．

　値型のいくつかの特性は，オブジェクト型へ引き継がれます．オブジェクトは，その状態が整形式であれば，**整形式**（*well formed*）です．オブジェクト型は，その値型が真に部分であれば，**真に部分**（*properly partial*）です．そうでなければ，**全体**（*total*）になります．オブジェクト型は，その値型が一意に表現されていれば，**一意に表現**（*uniquely represented*）されています．

[*4] 訳注：抽象実体は，「永遠で変更不可能」（1 頁）なので，（0 と 1 の並びである）値は，抽象実体を表現できます．オブジェクトにそのような値を入れて，オブジェクトを変更しなければ，慣習により，そのオブジェクトが保持している値によって表現されている抽象実体をオブジェクトに表現させることができます．事前に適切な値を決定できるのであれば，単一の代入文でそのオブジェクトを初期化して，適切な生存期間中は変化しないようにさせることができます．しかし，たとえば，平方根を取って値を計算する必要があるかもしれません．その場合には，特定のオブジェクト（つまり，ローカル変数）に平方根である特定の抽象実体への逐次近似法を行う繰返しアルゴリズムを使用します．

具象実体はアイデンティティを持っていますので，具象実体を表現しているオブジェクトは対応するアイデンティティの概念を必要とします．**アイデンティティ・トークン**（*identity token*）は，オブジェクトのアイデンティティを表現する一意な値であり，オブジェクトの値と資源のアドレスから計算されます．アイデンティティ・トークンの例は，オブジェクトのアドレス，オブジェクトが保存されている配列に対するインデックス，そして，個人レコードにおける従業員番号です．アイデンティティ・トークンの等価性を検査することは，アイデンティティを検査することに相当します．アプリケーションの生存期間を通じて，特定のオブジェクトは，異なるアイデンティティ・トークンを使用することがあります．なぜなら，オブジェクトは1つのデータ構造内で移動したり，あるデータ構造から別のデータ構造へ移動したりするからです．

同じ型の2つのオブジェクトは，それらの状態が**等しい**（*equal*）のであれば，等しくなります．2つのオブジェクトが等しいのであれば，その1つのオブジェクトは他方のオブジェクトの**コピー**（*copy*）と言います．1つのオブジェクトに対する変更は，そのオブジェクトのコピーには影響しません．

この本は，値および値型と，オブジェクトおよびオブジェクト型を区別する記述方法を持たないプログラミング言語を使用しています．したがって，これ以降は，特に明示することなく型と呼んでいる場合には，オブジェクト型を意味します．

1.4 手続き

手続き（*procedure*）は，何らかのオブジェクトの状態を修正する命令の並びです．また，オブジェクトを構築あるいは破壊することもあります．

手続きが作用を及ぼすオブジェクトは，4つの種類に分けることができ，それぞれプログラマの意図に対応しています．

1. **入出力**（*input/output*）は，手続きの引数や手続きから返される結果として，手続きに対して直接的にあるいは間接的に渡したり渡されるオブジェクトから構成されます．
2. **ローカル状態**（*local state*）は，手続きの単一呼び出し中で，生成，破壊，そして通常，修正が行われるオブジェクトから構成されます．
3. **グローバル状態**（*global state*）は，この手続きや他の手続きの複数回の呼び出しでもアクセス可能なオブジェクトから構成されます．
4. **固有状態**（*own state*）は，この手続き（およびその関連した手続き）からのみアクセス可能ですが，複数の呼び出しでも共有されているオブジェクトから構成されます．

オブジェクトは，引数として渡されたり，結果として返されたりすれば，**直接**（*directly*）渡されることになります。ポインタもしくはポインタの役割を持ったオブジェクトを介して渡されるのであれば，**間接的**（*indirectly*）に渡されることになります。オブジェクトが手続きに対する**入力**（*input*）となるのは，その手続きにより修正されることなく読み出されるだけの場合です。オブジェクトが手続きからの**出力**（*output*）となるのは，その手続きによって初期状態が読み出されることなく，書き込まれたり，生成されたり，破壊される場合です。オブジェクトが手続きの**入出力**（*input/output*）となるのは，その手続きにより読み出されるだけではなく修正される場合です。

ある型に対する**計算基底**（*computational basis*）とは，その型に対するどのような手続きでも構築することができる手続きの有限集合です。基底は，その基底を使用して実装されるすべての手続きが，異なる基底で実装されたすべての手続きと同じように効率的であれば，**効率的**（*efficient*）です。たとえば，符号なし k ビット整数に対するゼロ，等価性，および，サクセサー関数（*successor function*）を提供している基底は，効率的ではありません。なぜなら，サクセサー（*successor*）を用いての加算の計算量は，k のべき乗だからです。

基底は，型に対して簡潔で使いやすい手続きを定義することが可能であれば，**表現力が豊か**（*expressive*）と言います。特に，すべての一般的な数学的演算は，その演算が適切であれば，提供されるべきです。たとえば，減算は，反転と加算を使用して実装できますが，表現力が豊かな基底に含まれているべきです。同様に，反転も，減算とゼロを使用して実装できますが，表現力が豊かな基底に含まれるべきです。

1.5 正則型

一連の手続きが，ある型の計算基底に含まれていることにより，データ構造にオブジェクトを配置し，1 つのデータ構造から別のデータ構造にコピーするアルゴリズムを使用させてくれるものがあります。このような基底をもつ型を**正則**（*regular*）と呼びます。なぜならば，そのような型を使用することで，振る舞いの正則性が保証され，その結果，相互運用が保証されるからです[*5]。bool, int，および，整形式の値に限定された double などの組込み型から正則型の意味論が得られます。型の基底が，等価性，代入，デストラクタ，デフォルトコンストラクタ，コピーコンストラクタ，全順序[*6]，そして，実際の型[*7]を含んでいれば，その型は**正則**（*regular*）です。

[*5] STL の設計の背景には正則型がありますが，最初に正式に紹介されたのは，Dehnert および Stepanov [2000] です。

[*6] 厳密に言えば，第 4 章で明らかになるように，全順序かデフォルトの全順序のどちらかです。

[*7] 実際の型は，第 12 章で定義されています。

等価性（*equality*）は，同じ型の 2 つのオブジェクト受け取り，オブジェクトの状態が等しい場合に真を返す手続きです。**不等価性**（*inequality*）は常に定義され，等価性の否定を返します。次の記法を使用します。

	仕様	C++
等価性	$a = b$	a == b
不等価性	$a \neq b$	a != b

代入（*assignment*）は，同じ型の 2 つのオブジェクトを受け取り，2 つ目のオブジェクトを修正することなく 1 つ目のオブジェクトを 2 つ目のオブジェクトと等しくする手続きです。代入の意味は，最初のオブジェクトの初期値には依存しません。次の記法を使用します。

	仕様	C++
代入	$a \leftarrow b$	a = b

デストラクタ（*destructor*）は，オブジェクトの存在を終了させる手続きです。オブジェクトに対して，デストラクタが呼び出された後は，オブジェクトに手続きを適用できませんし，オブジェクトの以前のメモリ領域や資源は，他の目的に再利用されるかもしれません。デストラクタは，通常は暗黙に呼び出されます。グローバル・オブジェクトは，アプリケーションが終了する際に破壊されますし，ローカルオブジェクトは，宣言されたブロックから抜けた時に破壊されます。そして，データ構造の要素は，そのデータ構造が破壊される時に，破壊されます。

コンストラクタ（*constructor*）は，メモリ領域をオブジェクトに変換する手続きであり，何もしないことから複雑なオブジェクト状態を確立することまで幅広い振る舞いが可能です。

オブジェクトは，代入されることと破壊することが可能であれば，**部分形式**（*partially formed*）の状態であると言います。部分形式であるが，整形式ではないオブジェクトに関して，代入（左辺側だけ）と破壊以外の手続きの効果は定義されていません。

  補題 1.3 整形式のオブジェクトは，部分形式である。

デフォルトコンストラクタ（*default constructor*）は，引き数を取らずに，オブジェクトを部分形式の状態にします。次の記法を使用します。

	C++
型 T のローカルオブジェクト	T a;
型 T の無名オブジェクト	T()

コピーコンストラクタ（*copy constructor*）は，同じ型の 1 つの引数を受け取り，それと等しい新たなオブジェクトを構築します。次の記法を使用します。

	C++
オブジェクト b のローカルコピー	T a = b;

1.6 正則手続き

手続きの入力を等しいオブジェクトに置き換えても出力オブジェクトが等しい場合は，その手続きは**正則**（*regular*）であると言います。値型の場合と同様に，オブジェクト型を定義する際には，等価性の実装方法や，その型に対してどの手続きを正則とするかについて一貫した選択を行わなければなりません。

演習 1.1 手続きの入出力オブジェクト，すなわち，読み出されるだけではなく書き込まれるオブジェクトへ，正則性の概念を拡張しなさい。

正則性はデフォルトであるべきですが，手続きが非正則な振る舞いになる場合があります。

1. オブジェクトのアドレスを返す手続き。たとえば，組込み関数である addressof。
2. 実世界の状態により決定される値を返す手続き。たとえば，時計や他のデバイスの値を返す手続き。
3. 固有状態に依存した値を返す手続き。たとえば，疑似乱数生成器。
4. オブジェクトの表現に依存しない属性を返す手続き。たとえば，データ構造のために確保したメモリ量を返す手続き。

関数的手続き（*functional procedure*）は，正則型に対して定義された正則手続きです。この手続きは，1 つ以上の直接の入力を持ち，結果として 1 つの出力を返します。関数的手続きの正則性により，入力の渡し方として 2 つの方法が可能です。パラメータのサイズが小さい場合，あるいは，手続きが変更できるコピーを必要としているならば，ローカルコピーを作成して**値で**（*by value*）渡します。そうでなければ，**定数参照で**（*by constant reference*）渡します。関数的手続きは，C++ 関数，関数ポインタ，あるいは，関数オブジェクトとして実装できます[8]。

次は，関数的手続きです。

---

[8] C++ 関数はオブジェクトではありませんし，引数として渡すことができません。C++ 関数ポインタと関数オブジェクトはオブジェクトであり，引数として渡すことができます。

```
int plus_0(int a, int b)
{
    return a + b;
}
```

次は，意味的に同等な関数的手続きです．

```
int plus_1(const int& a, const int& b)
{
    return a + b;
}
```

次は，意味的に同等ですが，関数的手続きではありません．なぜならば，入力と出力が間接的に渡されているからです．

```
void plus_2(int* a, int* b, int* c)
{
    *c = *a + *b;
}
```

plus_2 では，a と b は入力オブジェクトです．一方，c は出力オブジェクトです．関数的手続きの概念は，意味的特性というよりも構文的特性です．我々の用語で言えば，plus_2 は正則ですが，関数的ではありません．

関数的手続きに対する**定義空間**（*definition space*）は，その手続きに適用される入力値の部分集合です．関数的手続きは，その定義空間内の入力に対して完結します．一方，その定義空間外の入力に対しては，手続きは終了するかもしれませんが，意味のある値を返すとは限りません．

同次（*homogeneous*）関数的手続きは，その入力オブジェクトがすべて同じ型である関数的手続きです．同次関数的手続きの**定義域**（*domain*）は，その入力の型です．この本では，非同次関数的手続きの定義域をその入力型の直積として定義するのではなく，手続きの入力型を個別に扱います．

関数的手続きに対する**余定義域**（*codomain*）は，その出力の型です．関数的手続きに対する**結果空間**（*result space*）は，その定義空間の中の入力に対して手続きが返す余定義域におけるすべての値からなる集合です．

次の関数的手続きを考えてみてください．

```
int square(int n) { return n * n; }
```

この手続きの定義域と余定義域は int ですが，その定義空間は，2 乗しても int 型で表現可能である整数の集合です．そして，その結果空間は，int 型で表現可能である 2 乗整数の集合です．

演習 1.2 int が 32 ビットで 2 の補数表現の型と仮定して，square 関数の正確な定義空間と結果空間を求めなさい．

1.7　コンセプト

　型を使用する手続きは，その型の計算基底に対する文法的特性，意味的特性，および計算量の特性に依存します．文法的には，手続きは，ある種のリテラルの存在，および，特定の名前とシグニチャを持ついくつかの手続きの存在に依存します．その意味論は，それらの手続きの特性に依存します．その計算量は，それらの手続きの時間と空間の計算量に依存します．ある型を別の型に置換しても，その別の型が最初の型と同じ特性を持つ限りプログラムは正しくあり続けます．ライブラリ手続きやデータ構造といったソフトウェア部品の実用性は，具象型に対してではなく，文法的特性および意味的特性として現れる型への要件に対する観点から設計することで増します．これらの要件の集まりを**コンセプト**（*concept*）と呼びます．型は種（*species*）を表現し，コンセプトは属（*genera*）を表現します．

　コンセプトを説明するために，型を扱ういくつかのメカニズムが必要です．それらは型属性，型関数，そして型コンストラクタです．**型属性**（*type attribute*）とは，型から，その型のいくつかの特質を表現する値へのマッピングです．型属性の例は，C++ に組み込まれている型属性である sizeof(T)，型のオブジェクトのアライメント，struct 内のメンバー数です．もし，F が関数的手続き型であれば，Arity(F) は，入力の数を返します．**型関数**（*type function*）は，型から関連のある型へのマッピングです．型関数の例は，"T へのポインタ" が与えられたとしたら，型 T です．時には，定数整数を追加のパラメータとして持つ**インデックス付き**（*indexed*）型関数を定義することが有用です．たとえば，構造体型の（0 から数えて）i 番目のメンバーの型を返す型関数です．F が関数的手続き型であれば，Codomain(F) は，結果の型を返します．F が関数的手続き型で $i <$ Arity(F) であれば，インデックス付き型関数 InputType(F, i) は，（0 から数えて）i 番目のパラメータの型を返します[*9]．**型コンストラクタ**（*type constructor*）は，1 つ以上の既存の型から新たな型を生成するメカニズムです．たとえば，pointer(T) は，型 T を受け取り，型 "T へのポインタ" を

[*9] 付録 B に，C++ での型属性と型関数の定義方法を示しています．

返す組込みの型コンストラクタです．struct は，組込みの n 項要素型コンストラクタです．構造体テンプレートは，ユーザ定義の n 項要素型コンストラクタです．

$\mathcal{T}$ が n 項要素型コンストラクタであれば，型 $T_0, \ldots, T_{n-1}$ への適用した場合，通常，$\mathcal{T}_{T_0,\ldots,T_{n-1}}$ と表記します．重要な例は，正則型 T_0 と T_1 に適用された場合に，型 T_0 のメンバー m0 と型 T_1 のメンバー m1 を持つ struct 型 pair_{T_0,T_1} を返す pair です．型 pair_{T_0,T_1} 自身が正則であることを保証するためには，等価性，代入，デストラクタ，コンストラクタが，メンバーである型 T_0 と T_1 の該当する操作を通して定義されることが必要です．同様な技法は，triple などの複数の要素を持つ型に対しても使用されます．第 12 章では，pair_{T_0,T_1} の実装を示し，より複雑な型コンストラクタによって正則性がどのように維持されるかを説明します．

やや形式的に言えば，**コンセプト**（*concept*）とは，型に対して定義された手続き，型属性，型関数の存在と特性の観点から記述された 1 つ以上の型に対する要求記述です．特定の型が要求を満足していれば，コンセプトはその型によって**モデル化**（*model*）されているとか，その型はコンセプトをモデル化していると言います．コンセプトが型 $T_0, \ldots, T_{n-1}$ によりモデル化されていることを主張するために，$\mathcal{C}(T_0, \ldots, T_{n-1})$ と書きます．型の集合によって $\mathcal{C}'$ が満足されている場合に，それらの型によって $\mathcal{C}$ も満足していれば，コンセプト $\mathcal{C}'$ は，コンセプト $\mathcal{C}$ を**洗練**（*refine*）します．$\mathcal{C}'$ が $\mathcal{C}$ を洗練していれば，$\mathcal{C}$ は $\mathcal{C}'$ を**弱める**（*weaken*）と言います．

型コンセプト（*type concept*）は，1 つの型に対して定義されたコンセプトです．たとえば，C++ は，**整数型**（*integral type*）という型コンセプトを定義しています．整数型は，**符号なし整数型**（*unsigned integral type*）と**符号付き整数型**（*signed integral type*）により洗練されています．さらに，STL は**シーケンス**（*sequence*）という型コンセプトを定義しています．前に示した形式的ではない定義に対応する基本的な型コンセプトである *Regular* と *FunctionalProcedure* を我々は使用します．

標準の数学表記を使用して，形式的にコンセプトを定義します．コンセプト $\mathcal{C}$ を定義するために，次のように書きます．

$$\begin{aligned}
\mathcal{C}(T_0, \ldots, T_{n-1}) \triangleq\ & \mathcal{E}_0 \\
& \wedge\ \mathcal{E}_1 \\
& \wedge\ \ldots \\
& \wedge\ \mathcal{E}_{k-1}
\end{aligned}$$

ここでは，$\triangleq$ は "定義により等しい" と読み，T_i は仮型パラメータであり，$\mathcal{E}_j$ はコンセプト節であり，次の 3 つの形式の 1 つを取ります．

1. 前に定義されたコンセプトの適用。コンセプトをモデル化している型パラメータの部分集合になります。
2. コンセプトをモデル化しているすべての型に対して存在していなければならない，型属性，型関数，あるいは，手続きのシグニチャ。手続きのシグニチャは，形式 $f: T \to T'$ であり，T は定義域であり T' は余定義域です。型関数のシグニチャは，形式 $F: \mathcal{C} \to \mathcal{C}'$ であり，定義域と余定義域はコンセプトです。
3. これらの型属性，型関数，および，手続きで表現された公理。

コンセプト節の2つ目の形式であるシグニチャに続いて，型属性，型関数，あるいは，手続きを含める場合があります。それは，式 $\mathcal{F}$ を用いて，$x \mapsto \mathcal{F}(x)$ という形式になります。特定のモデルにおいては，このような定義を，一貫性のある異なった実装で置き換えることもあります。

たとえば，次のコンセプトは，単項関数的手続きを記述しています。

$UnaryFunction(F) \triangleq$
　　$FunctionalProcedure(F)$
　　$\wedge$ $\mathsf{Arity}(F) = 1$
　　$\wedge$ $\mathsf{Domain} : UnaryFunction \to Regular$
　　　　$F \mapsto \mathsf{InputType}(F, 0)$

次のコンセプトは，同次関数的手続きを記述しています。

$HomogeneousFunction(F) \triangleq$
　　$FunctionalProcedure(F)$
　　$\wedge$ $\mathsf{Arity}(F) > 0$
　　$\wedge$ $(\forall i, j \in \mathbb{N})(i, j < \mathsf{Arity}(F)) \Rightarrow (\mathsf{InputType}(F, i) = \mathsf{InputType}(F, j))$
　　$\wedge$ $\mathsf{Domain} : HomogeneousFunction \to Regular$
　　　　$F \mapsto \mathsf{InputType}(F, 0)$

次のことが成り立ちます。

$(\forall F \in FunctionalProcedure)\ UnaryFunction(F) \Rightarrow HomogeneousFunction(F)$

抽象 (*abstract*) 手続きは，型と定数でパラメータ化されており，それらのパラメータに対する要件を持ちます[*10]。私達は，関数テンプレートと関数オブジェクトテン

[*10] 私達が使用する形式の抽象手続きは，実質的に，van der Waerden [1930] の中に1930年に登場しています。それは，Emmy Noether と Emil Artin の講義に基づくものでした。George Collins と David Musser は1960年代後半と1970年代の初期にコンピュータ代数（数式処理システム）の中で，抽象手続きを使用しました。たとえば，Musser [1975] を参照してください。

プレートを使用します。パラメータは template 予約語の後に続き，型に対しては typename を用いて導入され，定数値に対しては int や他の整数型で導入されます。要件は，requires 節で指定します。その引数は，定数値，具象型，仮パラメータ，型属性と型関数の適用，値と型への等価性，コンセプト，および，それらの論理結合子から構築された式です[*11]。

次が，抽象手続きの例です。

```
template<typename Op>
    requires(BinaryOperation(Op))
Domain(Op) square(const Domain(Op)& x, Op op)
{
    return op(x, x);
}
```

定義域の値は大きい可能性がありますので，定数参照として渡しています。操作はどちらかと言えば小さいので，値として渡しています（たとえば，関数ポインタや小さな関数オブジェクト）。

コンセプトは，ある型のすべてのオブジェクトが満足する特性を記述します。一方，**事前条件**（*precondition*）は特定のオブジェクトの特性を記述します。たとえば，ある手続きはパラメータに素数を要求するかもしれません。整数型の要求は，コンセプトにより規定されますが，素数であることは事前条件により規定されます。関数ポインタの型は，そのシグニチャを表すだけであり，意味的特性は表しません。たとえば，手続きは，パラメータとして整数に対して結合的である二項演算を実装している関数へのポインタを要求するかもしれません。整数に対する二項演算の要求はコンセプトにより規定されますが，特定の関数への結合性は事前条件により規定されます。

型の集まりに対して事前条件を定義するためには，**全称記号**（*universal quantifier*）や**存在記号**（*existential quantifier*），**含意**（*implication*）などの数学的表記を使用する必要があります。たとえば，整数の素数性を規定するためには，次のように定義します。

property(N : *Integer*)
prime : N
　　$n \mapsto (|n| \neq 1) \wedge (\forall u, v \in N)\, uv = n \Rightarrow (|u| = 1 \vee |v| = 1)$

1 行目は，仮型パラメータとそのパラメータがモデル化しているコンセプトを導入しています。2 行目は，そのプロパティに名前付けを行い，シグニチャを与えています。

[*11] *requires* 節の完全な文法に関しては，付録 B を参照してください。

そして，3行目は，与えられた引数に対してそのプロパティが当てはまるかを立証する述語を与えています。

単項関数的手続きの正則性を定義するためには，次のように書きます。

property(F : *UnaryFunction*)
regular_unary_function : F
　　　f ↦ ($\forall$f' $\in$ F)($\forall$x, x' $\in$ Domain(F))
　　　　　(f = f' $\land$ x = x') $\Rightarrow$ (f(x) = f'(x'))

この定義は，n 変数の関数へ拡張されます。等しい引数を等価関数に適用すれば，等しい結果になります。その意味を拡張することで，抽象関数のすべてのインスタンス化が正則であれば，その抽象関数は正則であると言います。この本では，特に述べていない限り，引数として渡されるすべての手続きは正則関数です。このことを明示する事前条件は省略してあります。

> **課題 1.1** 異なった型の複数のオブジェクトへ，等価性，代入，コピーコンストラクションの概念を拡張しなさい。2つの型の解釈と異なる型に対する手続きを結び付ける公理について考えてください。

1.8　結論

人間が共有する現実に対する常識的な見方は，コンピュータの中での表現形式を持ちます。値とオブジェクトの解釈の意味を基礎とすることで，単純で一貫性のある見方ができるようになります。等価性の定義方法といった設計上の決定は，実体への対応を考慮すれば容易になります。

第 2 章

変換と軌道

この章では，ある型から同じ型への単項正則関数である変換を定義します．初期値から開始して，変換を連続的に適用することで，その初期値から軌道が決定されます．この章では，変換の正則性と軌道の有限性だけで決まる，様々な定義域で使用可能な軌道構造を決定するアルゴリズムを実装します．たとえば，そのアルゴリズムは，リンクリストにおける循環の検出や擬似乱数生成器の解析に使用できます．アルゴリズムに対するインタフェースは，関連したアルゴリズムの集合および引数と結果に対する定義として導かれます．そして，軌道構造アルゴリズムの分析を介して，最も単純と考えられる枠組みにおけるプログラミングへの取り組み方法を紹介します．

2.1 変換

型のシーケンスを入力とし，ある型を結果とする様々な関数が存在しますが，特定のシグニチャの種類を一般的によく見かけます．この本では，**同次述語**（*homogeneous predicate*）と**演算**（*operation*）の 2 つの種類を頻繁に使用します．同次述語は，形式 $T \times \cdots \times T \to \text{bool}$ です．演算は，形式 $T \times \cdots \times T \to T$ の関数です．n 項要素述語と n 項要素演算が存在しますが，多くの場合，目にするものは，単項と二項の同次述語，および，単項と二項の演算です．

述語（*predicate*）は，ブール値を返す関数的手続きです．

$Predicate(\text{P}) \triangleq$
　　$FunctionalProcedure(\text{P})$
　　$\land \ \text{Codomain}(\text{P}) = \text{bool}$

同次述語は，同次関数でもあります．

$HomogeneousPredicate(\text{P}) \triangleq$
$\quad Predicate(\text{P})$
$\quad \wedge\ HomogeneousFunction(\text{P})$

単項述語（*unary predicate*）は，1つのパラメータを取る述語です．

$UnaryPredicate(\text{P}) \triangleq$
$\quad Predicate(\text{P})$
$\quad \wedge\ UnaryFunction(\text{P})$

演算（*operation*）は，余定義域がその定義域と同じである同次関数です．

$Operation(\text{Op}) \triangleq$
$\quad HomogeneousFunction(\text{Op})$
$\quad \wedge\ \textsf{Codomain}(\text{Op}) = \textsf{Domain}(\text{Op})$

演算の例：

```
int abs(int x) {
    return x < 0 ? -x : x;
} // 単項演算


double euclidean_norm(double x, double y) {
    return sqrt(x * x + y * y);
} // 二項演算


double euclidean_norm(double x, double y, double z) {
    return sqrt(x * x + y * y + z * z);
} // 三項演算
```

補題 2.1　$\textsf{euclidean\_norm}(x, y, z) = \textsf{euclidean\_norm}(\textsf{euclidean\_norm}(x, y), z)$

　この補題は，三項のバージョンが，二項のバージョンから得られることを示しています．効率性，表現力，そして，おそらく正確性の理由から，三項のバージョンは，三次元空間を取り扱うプログラムに対する計算基底の一部です．

　手続きは，その定義空間がその入力型の直積の部分集合であれば，**部分**（*partial*）です．手続きは，その定義空間が入力型の直積と同じであれば**全体**（*total*）です．この本では，部分関数は全体関数を含むという標準的な数学的用法に従います．全体で

はない部分手続きを**非全体**（*nontotal*）と呼びます．全体関数によってはその実装は，コンピュータ上は非全体です．なぜならば，表現の有限性のためです．たとえば，符号付き 32 ビット整数に対する加算は，非全体です．

非全体手続きには，その定義空間を特定する事前条件が伴います．その手続きの呼び出しの正しさを検証するためには，引数が事前条件を満足していることを検証しなければなりません．時には，手続き的パラメータの定義空間を実行時に決定する必要があるアルゴリズムに対して，部分手続きがパラメータとして渡されます．その場合に対処するために，同じ入力を持つ**定義空間述語**（*definition-space predicate*）を，手続きとして定義します．入力が手続きの定義空間内の場合だけ，述語は真を返します．非全体手続きが呼び出される前には，その事前条件が満足させられているか，定義空間述語の呼び出しにより，その呼び出しが保護されていなければなりません．

演習 2.1 32 ビット符号付き整数への加算に対する定義空間述語を実装しなさい．

この章では，**変換**（*transformation*）と呼ぶ単項演算を扱います．

$Transformation(\text{F}) \triangleq$
$\quad Operation(\text{F})$
$\quad \wedge\ UnaryFunction(\text{F})$
$\quad \wedge\ \textsf{DistanceType} : Transformation \to Integer$

次の節で，DistanceType を説明します．

変換は自己構成可能です．すなわち，f(x), f(f(x)), f(f(f(x))) といった具合です．等価性を検査できることに加えて，自己構成可能であることで，興味深いアルゴリズムを定義することが可能です．

f が変換の場合に，その累乗を次のように定義します．

$$f^n(x) = \begin{cases} x & n = 0 \text{ ならば} \\ f^{n-1}(f(x)) & n > 0 \text{ ならば} \end{cases}$$

$f^n(x)$ を計算するアルゴリズムを実装するためには，整数型に対する要件を明確にする必要があります．第 5 章で，整数を記述する様々なコンセプトを学習しますが，ここでは，整数に対する直感的な理解に頼ることにします．整数のモデルは，任意の精度の整数だけではなく符号付き整数型と符号なし整数型を含み，次の演算とリテラルを持ちます．

	仕様	C++
和	+	+
差	−	-
積	·	*
商	/	/
剰余	mod	%
0	0	I(0)
1	1	I(1)
2	2	I(2)

ここで，Iは整数型です。

これにより，次のアルゴリズムが導き出せます。

```
template<typename F, typename N>
    requires(Transformation(F) && Integer(N))
Domain(F) power_unary(Domain(F) x, N n, F f)
{
    // 事前条件: n ≥ 0 ∧ (∀i ∈ N) 0 < i ≤ n ⇒ fⁱ(x) は定義されている
    while (n != N(0)) {
        n = n - N(1);
        x = f(x);
    }
    return x;
}
```

2.2 軌道

変換の広範囲の振る舞いを理解するために，**軌道**（*orbit*），つまり，変換を繰り返して適用することで開始要素から到達可能な要素を調べます。y は，n ≥ 0 に対して y = fⁿ(x) であれば，y は変換 f のもとで x から**到達可能**（*reachable*）です。n ≥ 1 に対して x = fⁿ(x) であれば，x は f のもとで**巡回**（*cyclic*）です。x が f の定義空間内に存在しない時でかつその時に限り，x は f のもとで**終端**（*terminal*）です。変換 f のもとでの x の**軌道**（*orbit*）とは，f のもとで x から到達可能なすべての要素の集合のことです。

補題 2.2 軌道は，巡回かつ終端である要素を含まない。

補題 2.3 軌道は，高々 1 つの終端要素を含む．

y が f のもとで x から到達可能であれば，x から y までの**距離**（*distance*）は，x から y までの最も少ない変換ステップ数です．明らかに，距離は必ずしも定義されるとは限りません．

変換型 F が与えられたとして，DistanceType(F) は，T = Domain(F) の 1 つの要素から別の要素までの変換 f ∈ F によるステップ数の最大値をエンコードできるために十分な大きさの整数型です．型 T が k ビットを占有するとしたら，2^k 個の値が可能ですが，異なる値間は $2^k - 1$ 数だけです．したがって，T が固定長の型であれば，同じ大きさの符号なし整数型は，T に対する変換すべてに対して有効な距離型です．（ここでは，余分な一般化は害になりませんので，power_unary に対してその距離型を使用する代わりに，どのような整数型の使用も許します．）ある定義域に対するすべての変換型が同じ距離型を持つことがほとんどです．その場合，型関数 DistanceType は，その定義域型に対して定義され，対応した型関数を変換型に対して定義します．

DistanceType の存在により，次の手続きが導き出せます．

```
template<typename F>
    requires(Transformation(F))
DistanceType(F) distance(Domain(F) x, Domain(F) y, F f)
{
    // 事前条件: y は，f のもとで x から到達可能．
    typedef DistanceType(F) N;
    N n(0);
    while (x != y) {
        x = f(x);
        n = n + N(1);
    }
    return n;
}
```

軌道は，異なった形状を持ちます．ある変換のもとで x の軌道は，次の 4 つです．

無限（*infinite*）	巡回要素あるいは終端要素を持たない場合
終結（*terminating*）	終端要素を持つ場合
循環（*circular*）	x が巡回である場合
ρ-形状（*ρ-shaped*）	x が巡回ではないが，軌道が巡回要素を含む場合

x の軌道は，それが無限でなければ，**有限**（*finite*）です．図 2.1 は，各軌道を示しています．

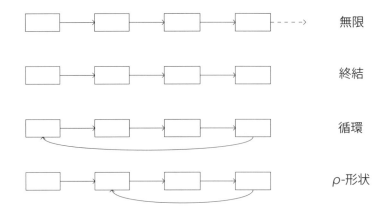

図 2.1 軌道形状

軌道循環（*orbit cycle*）は，軌道内の巡回要素の集合であり，無限軌道と終結軌道では空です。**軌道ハンドル**（*orbit handle*）は，軌道に関して軌道循環の補集合であり，循環軌道に対しては空です。**接続点**（*connection point*）は，最初の巡回要素であり，循環軌道に対しては最初の要素であり，ρ-形状軌道に対してはハンドルの後の最初の要素です。軌道の**軌道サイズ**（*orbit size*）o は，軌道内の異なる要素の数です。軌道の**ハンドルサイズ**（*handle size*）h は，軌道ハンドル内の要素数です。軌道の**循環サイズ**（*cycle size*）c は，軌道循環内の要素数です。

補題 2.4 $o = h + c$

補題 2.5 軌道内のすべての点から，軌道の循環内の点への距離は常に定義される。

補題 2.6 x と y が，サイズ c の循環内の別々の点であれば，

$$c = \text{distance}(x, y, f) + \text{distance}(y, x, f)$$

補題 2.7 x と y が，サイズ c の循環内の点であれば，x から y までの距離は次を満たす。

$$0 \leq \text{distance}(x, y, f) < c$$

2.3 衝突点

　変換の振る舞いを，その定義を知らずに観察したとしたら，特定の軌道が無限であるかを決定できません。それは終結するかもしれませんし，任意の点で循環して戻ってくるかもしれません。軌道が有限であると分かっていたら，軌道の形状を決定するためにアルゴリズムを使用できます。したがって，本章のすべてのアルゴリズムには，軌道が有限であるという暗黙の事前条件が存在します。

　もちろん，たどったすべての要素を保存して，新たな要素が以前に遭遇したものであるかを毎回調べるという馬鹿正直なアルゴリズムもあります。検索の速度を上げるためにハッシングを使用することができたとしても，そのようなアルゴリズムは，要素数に比例した保存領域を必要とするでしょうし，多くのアプリケーションでは実用的ではないでしょう。しかし，ある一定量の保存領域しか必要としないアルゴリズムがあります。

　そのアルゴリズムを理解するためのたとえを説明します。速い車と遅い車が道に沿って走り始めたとしたら，循環が存在する場合だけ，速い車は遅い車に追いつきます。循環が存在しなければ，速い車が遅い車より先に道の終わりに到達します。循環が存在すれば，遅い車がその循環に入る時には，すでに速い車は循環に入っており，最終的には追いつきます。連続定義域から離散定義域へ私たちの直感を持っていくには，速い車が遅い車を飛び越えていくことを回避するための注意が必要です[*1]。

　このアルゴリズムの離散版は，速い車が遅い車と出会うポイントを探すことに基づいています。変換 f と開始点 x の**衝突点** (*collision point*) は，次のような一意の y です。

$$y = f^n(x) = f^{2n+1}(x)$$

そして，$n \geq 0$ は，この条件を満たす最小の整数です。この定義は，繰り返しごとに速い車と遅い車の1回の比較が必要な軌道構造を決定するアルゴリズムを導き出します。部分的な変換を扱うために，そのアルゴリズムに定義空間述語を渡します。

```
template<typename F, typename P>
    requires(Transformation(F) && UnaryPredicate(P) &&
        Domain(F) == Domain(P))
Domain(F) collision_point(const Domain(F)& x, F f, P p)
{
    // 事前条件: p(x) ⇔ f(x) は定義されている
```

[*1] Knuth [1997, 7頁] は，このアルゴリズムを Robert W. Floyd によると述べています。

```
    if (!p(x)) return x;

    Domain(F) slow = x;         // slow = f^0(x)
    Domain(F) fast = f(x);      // fast = f^1(x)
                                // n ← 0 (n:完了した繰り返し回数)
    while (fast != slow) {      // slow = f^n(x) ∧ fast = f^{2n+1}(x)
        slow = f(slow);         // slow = f^{n+1}(x) ∧ fast = f^{2n+1}(x)
        if (!p(fast)) return fast;
        fast = f(fast);         // slow = f^{n+1}(x) ∧ fast = f^{2n+2}(x)
        if (!p(fast)) return fast;
        fast = f(fast);         // slow = f^{n+1}(x) ∧ fast = f^{2n+3}(x)
                                // n ← n + 1
    }
    return fast;                // slow = f^n(x) ∧ fast = f^{2n+1}(x)
    // 事後条件: 戻り値は，終点あるいは衝突点
}
```

collision_point の正しさを 3 段階で確立しています．(1) 定義空間外の引数に対して f を決して適用しないことを実証．(2) アルゴリズムが終了するとしたら，事後条件が満足させられることを実証．そして，(3) アルゴリズムが常に終了することを実証．

f は部分関数ですが，この手続きによる使用は明確に定義されています．なぜなら，fast の動きは，p の呼び出しで保護されているからです．slow の動きは保護されていません．なぜなら，f の正則性により，slow は fast と同じ軌道をたどるからです．したがって，slow に適用された時には f は常に定義されています．

注釈は，$n \geq 0$ である n 回の繰り返しの後に，fast が slow に等しくなったとしたら，$fast = f^{2n+1}(x)$ かつ $slow = f^n(x)$ であることを示しています．さらに，n はそのような最小の整数です．なぜなら，すべての $i < n$ に対してその条件を検査したからです．

循環が存在しなければ，有限性のために p は最終的には偽を返します．循環が存在すれば，slow は最終的に接続点（循環の最初の要素）に到達します．slow が最初に循環に入った時のループの先頭での fast から slow までの距離 d を考えてみてください．すなわち，$0 \leq d < c$ です．もし，$d = 0$ であれば，手続きは終了します．そうでなければ，fast から slow までの距離は，繰り返しごとに 1 つ少なくなります．したがって，手続きは常に終了します．手続きが終了した時に，slow は，合計 $h + d$ ステップ移動しています．

次の手続きは，軌道が終了しているかを判定します．

```
template<typename F, typename P>
    requires(Transformation(F) && UnaryPredicate(P) &&
        Domain(F) == Domain(P))
bool terminating(const Domain(F)& x, F f, P p)

{
    // 事前条件: p(x) ⇔ f(x) は定義されている
    return !p(collision_point(x, f, p));
}
```

時には，変換が全体であることや，特定の開始要素に対して軌道が終結していないことのどちらかが分かっています。そのような状況では，collision_point の特別版を持つことは有用です。

```
template<typename F>
    requires(Transformation(F))
Domain(F)
collision_point_nonterminating_orbit(const Domain(F)& x, F f)
{
    Domain(F) slow = x;         // slow = f⁰(x)
    Domain(F) fast = f(x);      // fast = f¹(x)
                                // n ← 0 (n:完了した繰り返し)
    while (fast != slow) {      // slow = fⁿ(x) ∧ fast = f^{2n+1}(x)
        slow = f(slow);         // slow = f^{n+1}(x) ∧ fast = f^{2n+1}(x)
        fast = f(fast);         // slow = f^{n+1}(x) ∧ fast = f^{2n+2}(x)
        fast = f(fast);         // slow = f^{n+1}(x) ∧ fast = f^{2n+3}(x)
                                // n ← n + 1
    }
    return fast;                // slow = fⁿ(x) ∧ fast = f^{2n+1}(x)
    // 事後条件: 戻り値は，衝突点
}
```

循環構造―ハンドルサイズ，接続点，循環サイズ―を決定するためには，衝突点の位置を解析する必要があります。

手続きが衝突点を返す場合は，

$$f^n(x) = f^{2n+1}(x)$$

n は slow によるステップ数であり，$2n+1$ は fast によるステップ数です．

$$n = h + d$$

h はハンドルサイズであり，$0 \leq d < c$ は循環内 slow によるステップ数です．fast によるステップ数は，

$$2n + 1 = h + d + qc$$

$q > 0$ である q は，fast が slow に衝突した時に fast が完了させた完全な循環の数です．$n = h + d$ なので，

$$2(h + d) + 1 = h + d + qc$$

簡約により，

$$qc = h + d + 1$$

c を法とする h を表すと，

$$h = mc + r$$

ここで $0 \leq r < c$ です．置換により，

$$qc = mc + r + d + 1$$

あるいは，

$$d = (q - m)c - r - 1$$

$0 \leq d < c$ は，

$$q - m = 1$$

を意味しますので，

$$d = c - r - 1$$

そして，循環を完了させるために，$r + 1$ のステップが必要です．
　したがって，衝突点から接続点までの距離は，次の通りです．

$$e = r + 1$$

循環軌道の場合には，$h = 0$, $r = 0$ であり，衝突点から軌道の開始点までの距離は次の通りです．

$$e = 1$$

循環性は次の手続きで検査できます．

```
template<typename F>
    requires(Transformation(F))
bool circular_nonterminating_orbit(const Domain(F)& x, F f)
{
    return x == f(collision_point_nonterminating_orbit(x, f));
}

template<typename F, typename P>
    requires(Transformation(F) && UnaryPredicate(P) &&
        Domain(F) == Domain(P))
bool circular(const Domain(F)& x, F f, P p)
{
    // 事前条件: p(x) ⇔ f(x) は定義されている
    Domain(F) y = collision_point(x, f, p);
    return p(y) && x == f(y);
}
```

ハンドルサイズ h とサイクルサイズ c は，まだ分かっていません。衝突点が分かってしまえば，サイクルサイズを求めるのは簡単です。つまり，循環を走査して，ステップ数を求めます。

h を決定する方法を知るために，衝突点の位置を見てみましょう。

$$f^{h+d}(x) = f^{h+c-r-1}(x) = f^{mc+r+c-r-1}(x) = f^{(m+1)c-1}(x)$$

衝突点から $h+1$ ステップ進むことで点 $f^{(m+1)c+h}(x)$ に到達し，その点は $f^h(x)$ と等しいです。なぜならば，$(m+1)c$ は循環を $m+1$ 回，周回することに相当するからです。x から h ステップ，および，衝突点から $h+1$ ステップを同時に進むことで，接続点で遭遇します。言い換えると，x の軌道と衝突点を 1 ステップ過ぎた点の軌道は，正確に h ステップで収束します。それによって，次の一連のアルゴリズムが導き出せます。

```
template<typename F>
    requires(Transformation(F))
Domain(F) convergent_point(Domain(F) x0, Domain(F) x1, F f)
{
    // 事前条件: (∃n ∈ DistanceType(F)) n ≥ 0 ∧ f^n(x0) = f^n(x1)
    while (x0 != x1) {
        x0 = f(x0);
        x1 = f(x1);
```

```
        }
        return x0;
    }

    template<typename F>
        requires(Transformation(F))
    Domain(F)
    connection_point_nonterminating_orbit(const Domain(F)& x, F f)
    {
        return convergent_point(
            x,
            f(collision_point_nonterminating_orbit(x, f)),
            f);
    }

    template<typename F, typename P>
        requires(Transformation(F) && UnaryPredicate(P) &&
            Domain(F) == Domain(P))
    Domain(F) connection_point(const Domain(F)& x, F f, P p)
    {
        // 事前条件: p(x) ⇔ f(x) は定義されている
        Domain(F) y = collision_point(x, f, p);
        if (!p(y)) return y;
        return convergent_point(x, f(y), f);
    }
```

補題 2.8 2つの要素の（複数の）軌道が交差していれば，それらの軌道は同じ巡回要素を持つ．

演習 2.2 変換とその定義空間述語が与えられたら，2つの要素の（複数の）軌道が交差するかを決定するアルゴリズムを設計しなさい．

演習 2.3 convergent_point の事前条件は，終結することを保証しています．事前条件が成り立つことが分かっていないが，x0 と x1 の両方の軌道に共通の要素が存在する場合に使用するアルゴリズム convergent_point_guarded を実装しなさい．

2.4 軌道サイズの測定

型 T に対する軌道サイズである o, h, および, c に対して使用する自然な型は，型 T のすべての異なる値を数えるために十分な大きさの整数型になるでしょう。型 T が k ビットから成るとしたら 2^k 個の値が可能ですが，k ビットから成る整数型は 0 から 2^k までのすべての計算を表現できません。距離型を使用することで，そのサイズを表現できるようになります。

軌道は，ある型のすべての値を含んでいる可能性があり，その場合，o は距離型には適合しないかもしれません。そのような軌道の形状に対して，h と c はどちらも適合しないでしょう。しかし，ρ-形状軌道に対しては，h と c は適合します。すべての場合において，$o - 1$（軌道での最大距離），$h - 1$（ハンドルでの最大距離），および，$c - 1$（循環での最大距離）は適合します。それにより，軌道の完全な構造を表すトリプルを返す手続きが実装可能になります。そのトリプルのメンバーは次の通りです。

形状	m0	m1	m2
終端	$h - 1$	0	終端要素
循環	0	$c - 1$	x
ρ-形状	h	$c - 1$	接続点

```
template<typename F>
    requires(Transformation(F))
triple<DistanceType(F), DistanceType(F), Domain(F)>
orbit_structure_nonterminating_orbit(const Domain(F)& x, F f)
{
    typedef DistanceType(F) N;
    Domain(F) y = connection_point_nonterminating_orbit(x, f);
    return triple<N, N, Domain(F)>(distance(x, y, f),
                                   distance(f(y), y, f),
                                   y);
}

template<typename F, typename P>
    requires(Transformation(F) &&
        UnaryPredicate(P) && Domain(F) == Domain(P))
triple<DistanceType(F), DistanceType(F), Domain(F)>
orbit_structure(const Domain(F)& x, F f, P p)
{
```

```
        // 事前条件: p(x) ⇔ f(x) は定義されている
        typedef DistanceType(F) N;
        Domain(F) y = connection_point(x, f, p);
        N m = distance(x, y, f);
        N n(0);
        if (p(y)) n = distance(f(y), y, f);
        // 終端: m = h − 1 ∧ n = 0
        // その他: m = h ∧ n = c − 1
        return triple<N, N, Domain(F)>(m, n, y);
    }
```

演習 2.4 この章のアルゴリズムに対して，異なる演算（f, p, 等価性）が呼ばれる回数を求める式を導き出しなさい。

演習 2.5 あなたが使用しているプラットフォーム上で，様々なシードに対する疑似乱数生成器の平均ハンドルサイズと循環サイズを決定するために orbit_structure_nonterminating_orbit を使用しなさい。

2.5　アクション

アルゴリズムは，たいていは次のような文で変換 f を使用します。

```
    x = f(x);
```

変換をオブジェクトに適用し，オブジェクトの状態を変化させることで，そのオブジェクトに対する**アクション**（*action*）を定義します。変換とそれに対応するアクションの間には二重性が存在します。すなわち，アクションは変換の観点から定義可能ですし，変換はアクションの観点から定義可能です。

```
    void a(T& x) { x = f(x); }     // 変換からアクションへ
```

そして

```
    T f(T x) { a(x); return x; } // アクションから変換へ
```

この二重性にもかかわらず，時には独立した実装がより効率的です。その場合，アクションと変換の両方を提供する必要があります。たとえば，大きなオブジェクトに

対して変換が定義されており，変換はオブジェクト全体の状態の一部分だけを変更するのであれば，アクションはかなり速くすることができます。

演習 2.6 アクションの観点でこの章のすべてのアルゴリズムを書き換えなさい。

課題 2.1 循環を検出する別の方法は，増え続ける間隔に対して保存されている要素を置換しながら，前進している単一要素と保存された要素との等価性を繰り返し検査することです。この方法と他の方法は，Sedgewick, et al. [1982]，Brent [1980]，および，Levy [1982] に述べられています。軌道分析に対する他のアルゴリズムを実装し，様々なアプリケーションに対してそれらのパフォーマンスを比較し，適切なアルゴリズムを選択するための助言を考え出しなさい。

2.6 結論

抽象化により，様々な定義域で使用可能な抽象手続きの定義が可能となりました。型と関数の正則性は，アルゴリズムを機能させるには不可欠です。つまり，$fast$ と $slow$ は，正則性のおかげで，同じ軌道上を進みます。用語体系を構築することは不可欠です（たとえば，軌道の種類やサイズ）。距離型などの関連した型は，正確に定義する必要があります。

第 3 章

結合演算

この章では，結合二項演算を説明します。結合規則は，隣接した演算の再グループ化を可能にします。再グループ化できることで，二項演算のべき乗に対する効率的なアルゴリズムが導き出せます。正則性により，様々なプログラム変換が，そのアルゴリズムを最適化できるようになります。その後で，フィボナッチ数などに現れる線形再帰を対数時間で計算するために，そのアルゴリズムを使用します。

3.1 結合規則

二項演算は，2 つの引数を持つ演算です。

$BinaryOperation(\mathsf{Op}) \triangleq$
$\quad\quad Operation(\mathsf{Op})$
$\quad \wedge\ \mathsf{Arity}(\mathsf{Op}) = 2$

加算と乗算の二項演算は，数学の中心です。最小，最大，論理積，論理和，和集合，積集合といった多くの演算が使用されます。これらすべての演算は**結合的**(*associative*) です。

property($\mathsf{Op} : BinaryOperation$)
associative : Op
$\quad\quad \mathsf{op} \mapsto (\forall a, b, c \in \mathsf{Domain}(\mathsf{Op}))\, \mathsf{op}(\mathsf{op}(a,b),c) = \mathsf{op}(a,\mathsf{op}(b,c))$

もちろん，減算や除算といった非結合二項演算も存在します。

特定の結合二項演算 op が文脈から明らかな場合には，op(a, b) の代わりに ab と書く暗黙の乗法表記をよく使います。結合規則により，2 つ以上の op の適用を含む式を括弧で括る必要はありません。なぜなら，すべてのグループ化は等価だから

です。$(\cdots(a_0 a_1)\cdots)a_{n-1} = \cdots = a_0(\cdots(a_{n-2}a_{n-1})\cdots) = a_0 a_1 \cdots a_{n-1}$ です。$a_0 = a_1 = \cdots = a_{n-1} = a$ の場合には，a^n と書きます。すなわち，a の n 乗です。

補題 3.1 $a^n a^m = a^m a^n = a^{n+m}$ （同じ要素のべき乗は交換可能）

補題 3.2 $(a^n)^m = a^{nm}$

しかし，$(ab)^n = a^n b^n$ が，必ずしも成り立つ訳ではありません。この条件は，演算が交換可能な場合にだけ成り立ちます。

f と g が同じ定義域に対する変換であれば，それらの**合成**（*composition*）g ∘ f は，x から g(f(x)) への変換です。

補題 3.3 合成の二項演算は，結合的である。

結合演算 op の定義域のある要素 a を選択して，式 op(a, x) を仮パラメータ x を持つ単項演算と見なすと，a を「a による乗算」変換と考えることができます。これにより，変換のべき乗 f^n と結合二項演算における要素のべき乗 a^n に対して，同じ表記を使用することが正当化されます。この二重性により，結合演算のべき乗に対する興味深い定理を証明するために前章でのアルゴリズムを使用することができるようになります。要素 x は，$x^n = x^m$ である整数 $0 < n < m$ が存在すれば，結合演算において**有限位数**（*finite order*）を持ちます。要素 x は，$x = x^2$ であれば，結合演算において**冪等元**（*idempotent element*）です。

定理 3.1 有限位数の要素は，べき等乗を持つ（Frobenius（1895））。

証明：x は，結合演算 op において有限位数の要素であると仮定する。仮に g(z) = op(x, z) とする。x は有限位数の要素であるので，g におけるその軌道は循環を持っている。その事後条件により，$n \geq 0$ に対して

$$\text{collision\_point}(x, g) = g^n(x) = g^{2n+1}(x)$$

である。したがって，

$$g^n(x) = x^{n+1}$$
$$g^{2n+1}(x) = x^{2n+2} = x^{2(n+1)} = (x^{n+1})^2$$

そして，x^{n+1} は x のべき等乗である。　　（証明終）

補題 3.4 collision_point_nonterminating_orbit は，証明で使用可能である。

3.2　べき乗計算

結合演算 op に対する a^n を計算するアルゴリズムは，パラメータとして a, n, および，op を取ります。a の型は，op の定義域です。そして，n は整数型でなければなりません。結合規則を想定しない場合，次の2つのアルゴリズムは，それぞれ，左から右，右から左にべき乗を計算します。

```
template<typename I, typename Op>
    requires(Integer(I) && BinaryOperation(Op))
Domain(Op) power_left_associated(Domain(Op) a, I n, Op op)
{
    // 事前条件: n > 0
    if (n == I(1)) return a;
    return op(power_left_associated(a, n - I(1), op), a);
}

template<typename I, typename Op>
    requires(Integer(I) && BinaryOperation(Op))
Domain(Op) power_right_associated(Domain(Op) a, I n, Op op)
{
    // 事前条件: n > 0
    if (n == I(1)) return a;
    return op(a, power_right_associated(a, n - I(1), op));
}
```

これらのアルゴリズムは $n-1$ 回の演算を行います。非結合演算に対しては異なる結果を返します。たとえば，1 に対して減算演算で3乗することを考えてみてください。

a と n が整数の時で，演算が乗算ならば，両方のアルゴリズムは累乗となります。演算が加算であれば，両方のアルゴリズムは乗算となります。古代エジプト人は，結合演算のべき乗を計算することに適用できる，より速い乗算アルゴリズムを発見していました[1]。

結合規則により，演算を自由に再グループ化できるので，次のようになります。

---

[1] その起源は，Robins および Shute [1987, 16頁–17頁] に述べられています。そのパピルスは紀元前1650年頃のものですが，それには紀元前1850年頃の別のパピルスから書き写されたと記述されています。

$$a^n = \begin{cases} a & n = 1 \text{ ならば} \\ (a^2)^{n/2} & n \text{ が偶数ならば} \\ (a^2)^{\lfloor n/2 \rfloor} a & n \text{ が奇数ならば} \end{cases}$$

これは，次に相当します．

```
template<typename I, typename Op>
    requires(Integer(I) && BinaryOperation(Op))
Domain(Op) power_0(Domain(Op) a, I n, Op op)
{
    // 事前条件: associative(op) ∧ n > 0
    if (n == I(1)) return a;
    if (n % I(2) == I(0))
        return power_0(op(a, a), n / I(2), op);
    return op(power_0(op(a, a), n / I(2), op), a);
}
```

n の指数に対して power_0 が行う演算数を数えてみましょう．再帰呼び出し数は，$\lfloor \log_2 n \rfloor$ です．v を，n の 2 進表現における 1 の数とします．各再帰呼び出しは，a を 2 乗するために演算を行います．また，呼び出しの $v-1$ 回目は，追加の演算を行います．したがって，演算数は，次の通りです．

$$\lfloor \log_2 n \rfloor + (v - 1) \le 2\lfloor \log_2 n \rfloor$$

$n = 15$ に対して，$\lfloor \log_2 n \rfloor = 3$ であり，1 の数は 4 つです．したがって，この式により 6 個の演算となります．異なるグループ化では，$a^{15} = (a^3)^5$ であり，ここで，a^3 は 2 つの演算を行い，a^5 は 3 つの演算を行い，合計 5 です．23, 27, 39, 43 などの他の指数に対してもより速いグループ化が存在します [*2]．

power_left_associated は $n-1$ 回演算を行い，power_0 は高々 $2\lfloor \log_2 n \rfloor$ 回の演算を行いますので，非常に大きな n に対して，power_0 が常にかなり速いように思えるかもしれません．必ずしもそうではありません．たとえば，演算が任意精度の整数係数を持つ 1 変数多項式ならば，power_left_associated がより速いです [*3]．この単純なアルゴリズムに対してでさえ，2 つのアルゴリズムのどちらが良いかを決定するための複雑さの要件を正確に記述する方法は知られていません．

[*2] 最小演算累乗の深い議論に関しては，Knuth [1997, 465 頁–481 頁] を参照．
[*3] McCarthy [1986] を参照．

非常に大きな指数，たとえば，10^{300} を処理する power_0 の能力は，暗号学にとって重要です [*4]。

3.3 プログラム変換

power_0 は，満足できるアルゴリズムの実装です。そして，再帰による関数呼び出しのオーバーヘッドよりも，演算を行うコストがかなり大きいのであれば，適切です。この節では，多くの文脈で使用可能な一連のプログラム変換を使用して，power_0 の演算 k 回数と同じ回数実行する繰り返しアルゴリズムを導き出します [*5]。本書の残りの部分では，最終版かほぼ最終版だけを示します。

power_0 は，2 つの同じ再帰呼び出しを含んでいます。1 回の呼び出しで，その 1 つしか実行されないため，**共通部分式除去**（*common-subexpression elimination*）によりコードサイズを減らすことができます。

```
template<typename I, typename Op>
    requires(Integer(I) && BinaryOperation(Op))
Domain(Op) power_1(Domain(Op) a, I n, Op op)
{
    // 事前条件: associative(op) ∧ n > 0
    if (n == I(1)) return a;
    Domain(Op) r = power_1(op(a, a), n / I(2), op);
    if (n % I(2) != I(0)) r = op(r, a);
    return r;
}
```

目標は，再帰呼び出しを除去することです。最初のステップは，手続きを**末尾再帰形式**（*tail-recursive form*）に変換します。末尾再帰形式では，手続きの実行は再帰呼び出しで終了します。この変換を可能にする技法の 1 つは，**累積変数導入**（*accumulation-variable introduction*）であり，累積変数が，再帰呼び出し間の累積された結果を保持します。

```
template<typename I, typename Op>
    requires(Integer(I) && BinaryOperation(Op))
```

[*4] Rivest, et al. [1978] による RSA に対する業績を参照。

[*5] コンパイラは演算の意味と計算量が分かっている時に，組込型に対してのみ同様な変換を行います。正則性のコンセプトは，プログラマとコンパイラがそのような変換を安全に行うことができる成立条件であり，型の作成者が保証するものです。

```cpp
Domain(Op) power_accumulate_0(Domain(Op) r, Domain(Op) a, I n,
                              Op op)
{
    // 事前条件: associative(op) ∧ n ≥ 0
    if (n == I(0)) return r;
    if (n % I(2) != I(0)) r = op(r, a);
    return power_accumulate_0(r, op(a, a), n / I(2), op);
}
```

r_0, a_0, n_0 が, r, a, n の元の値であれば, この普遍式はすべての再帰呼び出しで成り立ちます. つまり, $ra^n = r_0 a_0^{n_0}$ です. 付加的な利点として, このバージョンは, べき乗を計算するだけではなく, 係数を乗じたべき乗も計算します. また, 指数の値として, ゼロも扱います. しかし, 1 から 0 の場合に, power_accumulate_0 は不必要な平方を行います. 特別な場合を追加することで, それを取り除くことができます.

```cpp
template<typename I, typename Op>
    requires(Integer(I) && BinaryOperation(Op))
Domain(Op) power_accumulate_1(Domain(Op) r, Domain(Op) a, I n,
                              Op op)
{
    // 事前条件: associative(op) ∧ n ≥ 0
    if (n == I(0)) return r;
    if (n == I(1)) return op(r, a);
    if (n % I(2) != I(0)) r = op(r, a);
    return power_accumulate_1(r, op(a, a), n / I(2), op);
}
```

特別な場合を追加した結果, 重複した部分式と独立していない 3 つの検査になっています. 検査間の依存性と期待される頻度に基づいて検査の順序を分析することで, 次のようになります.

```cpp
template<typename I, typename Op>
    requires(Integer(I) && BinaryOperation(Op))
Domain(Op) power_accumulate_2(Domain(Op) r, Domain(Op) a, I n,
                              Op op)
{
    // 事前条件: associative(op) ∧ n ≥ 0
```

```
        if (n % I(2) != I(0)) {
            r = op(r, a);
            if (n == I(1)) return r;
        } else if (n == I(0)) return r;
        return power_accumulate_2(r, op(a, a), n / I(2), op);
    }
```

厳密な末尾再帰 (*strict tail-recursive*) は，すべての末尾再帰の呼び出しが，その手続きの仮パラメータが対応する引数で呼び出されている再帰です．

```
    template<typename I, typename Op>
        requires(Integer(I) && BinaryOperation(Op))
    Domain(Op) power_accumulate_3(Domain(Op) r, Domain(Op) a, I n,
                                   Op op)
    {
        // 事前条件: associative(op) ∧ n ≥ 0
        if (n % I(2) != I(0)) {
            r = op(r, a);
            if (n == I(1)) return r;
        } else if (n == I(0)) return r;
        a = op(a, a);
        n = n / I(2);
        return power_accumulate_3(r, a, n, op);
    }
```

厳密な再帰呼び出しは，各再帰呼び出しを，手続きの先頭への goto で置き換えるか，同等な繰り返し構文を使用して，繰り返し手続きに変換できます．

```
    template<typename I, typename Op>
        requires(Integer(I) && BinaryOperation(Op))
    Domain(Op) power_accumulate_4(Domain(Op) r, Domain(Op) a, I n,
                                   Op op)
    {
        // 事前条件: associative(op) ∧ n ≥ 0
        while (true) {
            if (n % I(2) != I(0)) {
                r = op(r, a);
                if (n == I(1)) return r;
            } else if (n == I(0)) return r;
```

```
        a = op(a, a);
        n = n / I(2);
    }
}
```

再帰不変式は，ループ不変式（*loop invariant*）になります。

最初に n > 0 であれば，0 になる前に 1 になります。そのことを利用して，0 に対する検査を取り除いて，事前条件を強化します。

```
template<typename I, typename Op>
    requires(Integer(I) && BinaryOperation(Op))
Domain(Op) power_accumulate_positive_0(Domain(Op) r,
                                       Domain(Op) a, I n,
                                       Op op)
{
    // 事前条件: associative(op) ∧ n > 0
    while (true) {
        if (n % I(2) != I(0)) {
            r = op(r, a);
            if (n == I(1)) return r;
        }
        a = op(a, a);
        n = n / I(2);
    }
}
```

n > 0 であると分かっている場合には，これは有用です。コンポーネントを開発しながら，しばしば新たなインタフェースを発見します。

ここで，再び事前条件を緩和します。

```
template<typename I, typename Op>
    requires(Integer(I) && BinaryOperation(Op))
Domain(Op) power_accumulate_5(Domain(Op) r, Domain(Op) a, I n,
                              Op op)
{
    // 事前条件: associative(op) ∧ n ≥ 0
    if (n == I(0)) return r;
    return power_accumulate_positive_0(r, a, n, op);
}
```

次の単純な恒等式を使用して，power_accumulate から power を実装できます．

$$a^n = aa^{n-1}$$

この変換は，**蓄積変数除去**（*accumulation-variable elimination*）です．

```
template<typename I, typename Op>
    requires(Integer(I) && BinaryOperation(Op))
Domain(Op) power_2(Domain(Op) a, I n, Op op)
{
    // 事前条件: associative(op) ∧ n > 0
    return power_accumulate_5(a, a, n - I(1), op);
}
```

このアルゴリズムは，必要以上に演算を行います．たとえば，n が 16 の場合には，4 回の演算しか必要ない箇所で 7 回の演算を行います．n が奇数の場合には，このアルゴリズムには問題はありません．したがって，a を繰り返し平方して，指数が奇数になるまで 2 分割することで，その問題を回避できます．

```
template<typename I, typename Op>
    requires(Integer(I) && BinaryOperation(Op))
Domain(Op) power_3(Domain(Op) a, I n, Op op)
{
    // 事前条件: associative(op) ∧ n > 0
    while (n % I(2) == I(0)) {
        a = op(a, a);
        n = n / I(2);
    }
    n = n / I(2);
    if (n == I(0)) return a;
    return power_accumulate_positive_0(a, op(a, a), n, op);
}
```

演習 3.1 コードの最後の 3 行が正しいことを確かめなさい．

3.4 特別ケース手続き

各最終版では，次の演算を使用しました．

```
n / I(2)
n % I(2) == I(0)
n % I(2) != I(0)
n == I(0)
n == I(1)
```

/と%は，どちらもコストを要します．符号付き整数と符号なし整数の正の値に対してシフトとマスクを使用できます．

特別ケース（*special-case*）手続きを定義して，ある型の手続きと定数が関連して頻繁に発生する式を特定することは，たいていは有用です．それらの特別ケースは，一般ケースよりは効率的に実装できます．したがって，特別ケースは，その型の計算基底に属します．プログラミング言語が提供している型に対しては，特別ケースのための機械命令が存在するかもしれません．ユーザ定義型に対しては，特別ケースを最適化するためのより重要な機会さえあります．たとえば，2つの任意の多項式の除算は，xによる1つの多項式の除算より困難です．同様に，2つのガウス整数（aとbが整数で$i = \sqrt{-1}$である$a + bi$形式の数）の除算は，$1 + i$による1つのガウス整数の除算より困難です．

すべての整数型は，次の特別ケース手続きを提供しなければなりません．

$Integer(\mathrm{I}) \triangleq$
　　$\mathsf{successor} : \mathrm{I} \to \mathrm{I}$
　　　　$n \mapsto n + 1$
　$\wedge\ \mathsf{predecessor} : \mathrm{I} \to \mathrm{I}$
　　　　$n \mapsto n - 1$
　$\wedge\ \mathsf{twice} : \mathrm{I} \to \mathrm{I}$
　　　　$n \mapsto n + n$
　$\wedge\ \mathsf{half\_nonnegative} : \mathrm{I} \to \mathrm{I}$
　　　　$n \mapsto \lfloor n/2 \rfloor$，ここで$n \geq 0$
　$\wedge\ \mathsf{binary\_scale\_down\_nonnegative} : \mathrm{I} \times \mathrm{I} \to \mathrm{I}$
　　　　$(n, k) \mapsto \lfloor n/2^k \rfloor$，ここで$n, k \geq 0$
　$\wedge\ \mathsf{binary\_scale\_up\_nonnegative} : \mathrm{I} \times \mathrm{I} \to \mathrm{I}$
　　　　$(n, k) \mapsto 2^k n$，ここで$n, k \geq 0$
　$\wedge\ \mathsf{positive} : \mathrm{I} \to \mathsf{bool}$
　　　　$n \mapsto n > 0$
　$\wedge\ \mathsf{negative} : \mathrm{I} \to \mathsf{bool}$
　　　　$n \mapsto n < 0$
　$\wedge\ \mathsf{zero} : \mathrm{I} \to \mathsf{bool}$

$$\begin{aligned}
&\quad n \mapsto n = 0 \\
&\wedge\ \text{one} : I \to \text{bool} \\
&\quad n \mapsto n = 1 \\
&\wedge\ \text{even} : I \to \text{bool} \\
&\quad n \mapsto (n \bmod 2) = 0 \\
&\wedge\ \text{odd} : I \to \text{bool} \\
&\quad n \mapsto (n \bmod 2) \neq 0
\end{aligned}$$

演習 3.2　C++ の整数型に対して，これらの手続きを実装しなさい．

これで，特別ケース手続きを使用してべき乗手続きの最終版を導き出せます．

```
template<typename I, typename Op>
    requires(Integer(I) && BinaryOperation(Op))
Domain(Op) power_accumulate_positive(Domain(Op) r,
                                     Domain(Op) a, I n,
                                     Op op)
{
    // 事前条件: associative(op) ∧ positive(n)
    while (true) {
      if (odd(n)) {
          r = op(r, a);
          if (one(n)) return r;
      }
      a = op(a, a);
      n = half_nonnegative(n);
    }
}

template<typename I, typename Op>
    requires(Integer(I) && BinaryOperation(Op))
Domain(Op) power_accumulate(Domain(Op) r, Domain(Op) a, I n,
                            Op op)
{
    // 事前条件: associative(op) ∧ ¬negative(n)
    if (zero(n)) return r;
    return power_accumulate_positive(r, a, n, op);
}
```

```
template<typename I, typename Op>
    requires(Integer(I) && BinaryOperation(Op))
Domain(Op) power(Domain(Op) a, I n, Op op)
{
    // 事前条件: associative(op) ∧ positive(n)
    while (even(n)) {
        a = op(a, a);
        n = half_nonnegative(n);
    }
    n = half_nonnegative(n);
    if (zero(n)) return a;
    return power_accumulate_positive(a, op(a, a), n, op);
}
```

$a^{n+m} = a^n a^m$ であることは分かっていますので，a^0 は，演算 op に対する単位元へと評価されなければなりません。もう 1 つのパラメータとして単位元を渡すことで power をゼロ指数へと拡張できます[*6]。

```
template<typename I, typename Op>
    requires(Integer(I) && BinaryOperation(Op))
Domain(Op) power(Domain(Op) a, I n, Op op, Domain(Op) id)
{
    // 事前条件: associative(op) ∧ ¬negative(n)
    if (zero(n)) return id;
    return power(a, n, op);
}
```

課題 3.1 浮動小数点数の乗算と加算は，結合的でありません。したがって，power と power_left_associated に対する演算として使用された場合には，結果が異なるかもしれません。power，あるいは，power_left_associated のどちらが，浮動小数点数の整数のべき乗に対して，より正確な結果となるかを検証しなさい。

[*6] 別の技法は，op に対する単位元を返す identity_element(op) といった関数 identity_element を定義することです。

3.5　アルゴリズムのパラメータ化

power では，抽象アルゴリズムに対する演算を提供するために 2 つの異なる技法を使用しています．

1. 結合演算は，パラメータとして渡されています．これにより，n を法とした乗算などの同じ型に対する異なる演算と一緒に power を使用することができるようになります．
2. 指数に対する演算は，指数型に対する計算基底の一部として提供されます．たとえば，power へのパラメータとして half_nonnegative を渡すという選択は行いません．なぜならば，同じ型に対する half_nonnegative の競合する実装が存在する場合が分かっていないからです．

同じ型に対して異なる演算が使えるアルゴリズムであれば，一般にはパラメータとして演算を渡します．パラメータとしての演算と一緒に手続きが定義される場合には，可能な限り適切なデフォルトが指定されるべきです．たとえば，power に渡される演算に対する自然なデフォルトは，乗算です．

異なる型に対して，演算子記号，あるいは，同じ意味論を持つ手続き名を用いることは，オーバーロード（*overloading*）と呼ばれます．そして，演算子記号や手続き名が，その型に対してオーバーロードされていると言います．たとえば，＋ は自然数，整数，有理数，多項式，行列に対して使用されます．数学では，＋ は常に結合的で可換な演算に対して使用されます．したがって，文字列結合に対して ＋ を使用することは，一貫性がないことになります．同様に，＋ と × の両方が使用されていた場合には，× は ＋ より優先して分配しなければなりません．power では，half_nonnegative は指数型に対してオーバーロードされています．

collision_point や power といった抽象手続きをインスタンス化する場合には，オーバーロードされた手続きを生成します．実際の型パラメータが要件を満たしている場合には，抽象手続きのインスタンスは，同じ意味論を持ちます．

3.6　線形回帰

k オーダー線形回帰関数（*linear recurrence function of order*）（次数が k）は，次のような関数です．

$$f(y_0, \ldots, y_{k-1}) = \sum_{i=0}^{k-1} a_i y_i$$

ここで,係数 $a_0, a_{k-1} \neq 0$ です。数列 $\{x_0, x_1, \cdots\}$ は,k オーダー線形回帰関数(たとえば,f)が存在して,かつ,次が成り立てば,k オーダー線形回帰数列(*linear recurrence sequence of order*)です。

$$(\forall n \geq k)\, x_n = f(x_{n-1}, \ldots, x_{n-k})$$

x の添え字が減少していることに注意してください。k 初期値(*initial value*)$x_0, \ldots, x_{k-1}$ と k オーダー線形回帰関数が与えられたとしたら,素直な繰り返しアルゴリズムを通して,線形回帰数列を生成できます。このアルゴリズムは,$n \geq k$ に対して x_n を計算するために,その関数を $n - k + 1$ 回適用する必要があります。この後で分かりますが,power を使用して,$O(\log_2 n)$ ステップで x_n を計算できます [*7]。もし,$f(y_0, \ldots, y_{k-1}) = \sum_{i=0}^{k-1} a_i y_i$ が k オーダー線形回帰関数ならば,f がベクトル内積を行っていると見なすことができます [*8]。

$$\begin{bmatrix} a_0 & \cdots & a_{k-1} \end{bmatrix} \begin{bmatrix} y_0 \\ \vdots \\ y_{k-1} \end{bmatrix}$$

係数ベクトルを,対角要素の 1 つ下の要素が 1 である**コンパニオン行列**(*companion matrix*)に拡張すれば,新たな値 x_n を同時に計算できて,古い値 $x_{n-1}, \ldots, x_{n-k+1}$ を次の繰り返しのために正しい位置へシフトできます。

$$\begin{bmatrix} a_0 & a_1 & a_2 & \cdots & a_{k-2} & a_{k-1} \\ 1 & 0 & 0 & \cdots & 0 & 0 \\ 0 & 1 & 0 & \cdots & 0 & 0 \\ \vdots & \vdots & \vdots & & \vdots & \vdots \\ 0 & 0 & 0 & \cdots & 1 & 0 \end{bmatrix} \begin{bmatrix} x_{n-1} \\ x_{n-2} \\ x_{n-3} \\ \vdots \\ x_{n-k} \end{bmatrix} = \begin{bmatrix} x_n \\ x_{n-1} \\ x_{n-2} \\ \vdots \\ x_{n-k+1} \end{bmatrix}$$

行列乗算の結合規則により,$n - k + 1$ 乗されたコンパニオン行列を k 初期値のベクトルに乗算することで,x_n を得ることができます。

$$\begin{bmatrix} x_n \\ x_{n-1} \\ x_{n-2} \\ \vdots \\ x_{n-k+1} \end{bmatrix} = \begin{bmatrix} a_0 & a_1 & a_2 & \cdots & a_{k-2} & a_{k-1} \\ 1 & 0 & 0 & \cdots & 0 & 0 \\ 0 & 1 & 0 & \cdots & 0 & 0 \\ \vdots & \vdots & \vdots & & \vdots & \vdots \\ 0 & 0 & 0 & \cdots & 1 & 0 \end{bmatrix}^{n-k+1} \begin{bmatrix} x_{k-1} \\ x_{k-2} \\ x_{k-3} \\ \vdots \\ x_0 \end{bmatrix}$$

[*7] 線形回帰に対する最初の $O(\log n)$ アルゴリズムは Miller および Brown [1966] によります。

[*8] 線形代数を復習するためには,Kwak および Hong [2004] を読んでください。214 頁から線形回帰を説明しています。

power を使用することで，高々 $2\log_2(n-k+1)$ 回の行列の乗算演算で x_n を見つけることができます．素直な行列の乗算アルゴリズムは，k^3 回の乗算と $k^3 - k^2$ 回の係数の加算を必要とします．したがって，x_n の計算は，高々，$2k^3 \log_2(n-k+1)$ 回の乗算と $2(k^3 - k^2)\log_2(n-k+1)$ 回の係数の加算です．k は線形回帰のオーダーであり，定数であることを思い出してください [*9]．

ここまで，線形回帰数列の要素の定義域を定義しませんでした．その定義域は，整数，有理数，実数，複素数が可能です．その要件は，結合的で可換の加算，結合的乗算，そして，加算に対して乗算の分配性が存在することです [*10]．

初期値 $f_0 = 0$ と $f_1 = 1$ を持つ 2 オーダー線形回帰関数

$$\mathsf{fib}(y_0, y_1) = y_0 + y_1$$

により生成された数列 f_i は，フィボナッチ数列と呼ばれます [*11]．2×2 の行列乗算で power を使用することで，n 番目のフィボナッチ数 f_n を計算することは簡単です．フィボナッチ数列を使用して，この特定の場合において k^3 の乗算を減らす方法を示します．

$$F = \begin{bmatrix} 1 & 1 \\ 1 & 0 \end{bmatrix}$$

これを，フィボナッチ数列を生成する線形回帰のためのコンパニオン行列とします．帰納的に次のことを示すことができます．

$$F^n = \begin{bmatrix} f_{n+1} & f_n \\ f_n & f_{n-1} \end{bmatrix}$$

実際，次の通りです．

$$F^1 = \begin{bmatrix} f_2 & f_1 \\ f_1 & f_0 \end{bmatrix} = \begin{bmatrix} 1 & 1 \\ 1 & 0 \end{bmatrix}$$

$$\begin{aligned} F^{n+1} &= FF^n \\ &= \begin{bmatrix} 1 & 1 \\ 1 & 0 \end{bmatrix} \begin{bmatrix} f_{n+1} & f_n \\ f_n & f_{n-1} \end{bmatrix} \\ &= \begin{bmatrix} f_{n+1} + f_n & f_n + f_{n-1} \\ f_{n+1} & f_n \end{bmatrix} = \begin{bmatrix} f_{n+2} & f_{n+1} \\ f_{n+1} & f_n \end{bmatrix} \end{aligned}$$

これにより，次のように F^m と F^n の積として配列を表現できるようになります．

[*9] Fiduccia [1985] は，モジュラー多項式乗算により，定数因数を減らす方法を示しています．
[*10] 第 5 章で定義している半環 (*semiring*) をモデル化している型であれば良いです．
[*11] Leonardo Pisano, *Liber Abaci*, 初版, 1202．英語訳に関しては，Sigler [2002] を参照．フィボナッチ数列は 404 頁に書かれています．

$$F^m F^n = \begin{bmatrix} f_{m+1} & f_m \\ f_m & f_{m-1} \end{bmatrix} \begin{bmatrix} f_{n+1} & f_n \\ f_n & f_{n-1} \end{bmatrix}$$

$$= \begin{bmatrix} f_{m+1}f_{n+1} + f_m f_n & f_{m+1}f_n + f_m f_{n-1} \\ f_m f_{n+1} + f_{m-1} f_n & f_m f_n + f_{m-1} f_{n-1} \end{bmatrix}$$

配列 F^n を，その下の行 (f_n, f_{n-1}) に相当する pair で表現できます。なぜならば，上の行は，$(f_{n-1} + f_n, f_n)$ として計算できるからです。その結果，次のコードが導き出せます。

```
template<typename I>
    requires(Integer(I))
pair<I, I> fibonacci_matrix_multiply(const pair<I, I>& x,
                                     const pair<I, I>& y)
{
    return pair<I, I>(
        x.m0 * (y.m1 + y.m0) + x.m1 * y.m0,
        x.m0 * y.m0 + x.m1 * y.m1);
}
```

この手続きは，一般的な 2×2 行列乗算に必要な8回ではなく，4回の乗算だけを行っています。F^n の下の行の最初の要素は f_n ですので，次の手続きは f_n を計算します。

```
template<typename I>
    requires(Integer(I))
I fibonacci(I n)
{
    // 事前条件: n ≥ 0
    if (n == I(0)) return I(0);
    return power(pair<I, I>(I(1), I(0)),
                 n,
                 fibonacci_matrix_multiply<I>).m0;
}
```

3.7 累積手続き

前章では，変換に対する双対としてアクションを定義しました。二項演算に対して双対となる手続きが存在します。それは，次のような式で使用された場合です。

```
        x = op(x, y);
```

　二項演算を用いて，オブジェクトと他のオブジェクトと組み合わせることで，そのオブジェクトの状態を変更することを，**累積手続き**（*accumulation procedure*）として定義します。累積手続きは二項演算により定義可能であり，二項演算は累積手続きにより定義可能です。

```
    void op_accumulate(T& x, const T& y) { x = op(x, y); }
        // 二項演算から累積手続き
```

そして，

```
    T op(T x, const T& y) { op_accumulate(x, y); return x; }
        // 累積手続きから二項演算
```

　アクションと同様に，時には，独立した実装の方がより効率的です。その場合には，演算と累積手続きの両方を提供する必要があります。

　演習 3.3　累積手続きの観点で，この章のすべてのアルゴリズムを書き換えなさい。

　課題 3.2　Miller および Brown [1966] と Fiduccia [1985] の結果に基づく線形回帰数列を生成するライブラリを作成しなさい。

3.8　結論

　結合規則といった同一要求を満たしている様々なモデルで使用することができるアルゴリズムは，**抽象的**（*abstract*）です。コード最適化は，等式推論に依存しています。型が正則であることが分かっていなければ，最適化はできません。特別ケース手続きは，コードをより効率的にし，そして，より抽象的にさえできます。数学と抽象的アルゴリズムを組み合わせることで，線形回帰の n 番目の要素を対数時間で生成するといった，驚くべきアルゴリズムを導き出せます。

第4章

線形順序

この章では，推移性や対称性といった二項関係のプロパティについて説明します。特に，全線形順序と弱線形順序および線形順序に基づく関数の安定性の概念を説明します。安定性とは，等価な要素に対して引数中の順序を維持することです。最小（min）や最大（max）というものを一般化して，3要素の中央値といった順序選択関数にします。そして，機能を，制限された部分問題にすることで，実装の複雑性を扱う技法を説明します。

4.1 関係の分類

関係（*relation*）は，同じ型の2つのパラメータを受け取る述語です。

$Relation(\mathsf{Op}) \triangleq$
　　$HomogeneousPredicate(\mathsf{Op})$
　$\wedge\ \mathsf{Arity}(\mathsf{Op}) = 2$

関係が，aとbの間で成り立ち，かつ，bとcの間で成り立つ場合に，常にaとcの間でも成り立つならば，**推移的**（*transitive*）です。

property(R : *Relation*)
transitive : R
　　$r \mapsto (\forall a, b, c \in \mathsf{Domain}(R))\ (r(a, b) \wedge r(b, c) \Rightarrow r(a, c))$

推移的関係の例は，等価性，ペアの最初のメンバーの等価性，軌道の到達可能性，被整除性です。

要素とその要素自身の間で決して成り立たない場合には，関係は**厳密**（*strict*）です。要素とその要素自身の間で常に成り立つ場合には，関係は**反射的**（*reflexive*）

です。

property(R : *Relation*)
strict : R
 r ↦ (∀a ∈ Domain(R)) ¬r(a, a)

property(R : *Relation*)
reflexive : R
 r ↦ (∀a ∈ Domain(R)) r(a, a)

ここまでの推移的関係のすべての例は，反射的です．正の整数による因数分解は，厳密です．

 演習 4.1 厳密でも反射的でもない関係の例を挙げなさい．

関係がある一方向で成り立つ場合に，常に逆方向も成り立つのであれば，**対称的**（*symmetric*）です．そうでなければ，関係は**非対称**（*asymmetric*）です．

property(R : *Relation*)
symmetric : R
 r ↦ (∀a, b ∈ Domain(R)) (r(a, b) ⇒ r(b, a))

property(R : *Relation*)
asymmetric : R
 r ↦ (∀a, b ∈ Domain(R)) (r(a, b) ⇒ ¬r(b, a))

対称的で推移的関係の例は「兄弟」です．非対称で推移的関係の例は「祖先」です．

 演習 4.2 推移的ではない対称的関係の例を挙げなさい．

 演習 4.3 反射的ではない対称的関係の例を挙げなさい．

関係 r(a, b) が与えられたとしたら，同じ定義域を持つ**派生的関係**（*derived relation*）が存在します．

$$\text{complement}_r(a, b) \Leftrightarrow \neg r(a, b)$$
$$\text{converse}_r(a, b) \Leftrightarrow r(b, a)$$
$$\text{complement\_of\_converse}_r(a, b) \Leftrightarrow \neg r(b, a)$$

対称的関係が与えられたとしたら，converse はもとの関係と同じなので，complement だけが興味深い派生的関係になります．

関係は，推移的かつ反射的かつ対称的であれば，**同値**（*equivalence*）です。

property(R : *Relation*)
equivalence : R
 $r \mapsto \mathsf{transitive}(r) \wedge \mathsf{reflexive}(r) \wedge \mathsf{symmetric}(r)$

同値関係の例は，等価性，幾何学的合同，そして，n を法とする整数合同です。

 補題 4.1 r が同値関係ならば，$a = b \Rightarrow r(a, b)$ である。

同値関係は，その定義域を**同値類**（*equivalence class*）の集合に分割します。つまり，与えられた要素と同値のすべての要素を含む部分集合です。たいていは，**キー関数**（*key function*）を定義することで同値関係を実装できます。キー関数は，各同値類内のすべての要素に対して一意な値を返す関数です。キー関数の結果に等価性を適用することで，同値を決定します。

property(F : *UnaryFunction*, R : *Relation*)
 requires(Domain(F) = Domain(R))
key_function : F × R
 $(f, r) \mapsto (\forall a, b \in \mathsf{Domain}(F))\,(r(a, b) \Leftrightarrow f(a) = f(b))$

 補題 4.2 $\mathsf{key\_function}(f, r) \Rightarrow \mathsf{equivalence}(r)$

4.2 全順序と弱順序

関係は，それが推移的で**三分法則**（*trichotomy law*）に従っていれば**全順序**（*total ordering*）です。三分法則では，要素のすべての組合せに対して，関係（*relation*），逆（*converse*），等価（*equality*）のどれか 1 つだけが成り立ちます。

property(R : *Relation*)
total_ordering : R
 $r \mapsto \mathsf{transitive}(r)\,\wedge$
  $(\forall a, b \in \mathsf{Domain}(R))$ 次の条件のどれか 1 つだけが成り立つ
   $r(a, b),\ r(b, a),$ あるいは, $a = b$

関係は，それが推移的で，その関係と同じ定義域に対して同値関係が存在し，**弱三分法則**（*weak-trichotomy law*）に従っていれば**弱順序**（*weak ordering*）です。弱三分法則では，要素のすべての組合せに対して，関係（*relation*），逆（*converse*），同

値（*equivalence*）のどれか 1 つだけが成り立ちます。

property(R : *Relation*, E : *Relation*)
 requires(Domain(R) = Domain(E))
weak_ordering : R
 $r \mapsto \text{transitive}(r) \wedge (\exists e \in E) \, \text{equivalence}(e) \wedge$
  $(\forall a, b \in \text{Domain}(R))$ 次の条件のどれか 1 つだけが成り立つ
   $r(a, b), r(b, a),$ あるいは, $e(a, b)$

関係 r が与えられたとしたら, 関係 $\neg r(a, b) \wedge \neg r(b, a)$ は, r の**対称補集合**（*symmetric complement*）と呼ばれます。

 補題 4.3 弱順序の対称補集合は, 同値関係である。

弱順序の例は, 最初のメンバーで順序付けされたペアや, 給与で順序付けされた従業員です。

 補題 4.4 全順序は, 弱順序である。

 補題 4.5 弱順序は, 非対称である。

 補題 4.6 弱順序は, 厳密である。

集合 T に対するキー関数 f は, f の余定義域に対する全順序 r と一緒に, 弱順序 $\tilde{r}(x, y) \Leftrightarrow r(f(x), f(y))$ を定義します。
全順序と弱順序を, それぞれの三分法則により, **線形**（*linear*）順序と呼びます。

4.3 順序選択

弱順序 r と r の定義域の 2 つのオブジェクト a と b が与えられたとしたら, どれが最小であるかを問うことには意味があります。a と b 間で r あるいはその逆が成り立つ場合には, 最小を決定する方法は明らかです。しかし, それらが同値の場合には, 明らかではありません。同様の問題は, 最大を問う場合にも起きます。
 この問題を扱うための特性は, **安定性**（*stability*）として知られています。同値オブジェクトのもとの順序を尊重するアルゴリズムは, **安定**（*stable*）しています。したがって, 最小と最大を, 2 つの引数から成るリスト内の最も小さいものと 2 番目に小さいものをそれぞれ選択することだと考えるならば, 同値要素で呼び出された場合には, 最小は 1 番目の要素を, 最大は 2 番目の要素を返すべきことを, 安定性は要求

します*1。

最小と最大を (j, k) 順序選択へ一般化できます。ここで，k > 0 は引数の数を示しており，0 ≤ j < k は j 番目に小さいものが選択されることを示しています。安定性の概念を形式化するために，k 個の引数の各々は，**安定性インデックス**（*stability index*）と呼ばれる一意の自然数が関連付けされていると仮定してください。もとの弱順序 r が与えられたとしたら，（オブジェクト，安定性インデックス）の組に対して**強化**（*strengthened*）関係 r̂ を定義します。

$$\hat{r}((a, i_a), (b, i_b)) \Leftrightarrow r(a, b) \lor (\neg r(b, a) \land i_a < i_b)$$

r̂ を用いて順序選択アルゴリズムを実装するならば，同値引数による曖昧さはありません。引数の安定性インデックスに対する自然なデフォルトは，引数リスト中の先頭からの順番です。

強化関係 r̂ は，安定性に関する推論のための強力な道具を与えてくれますが，明示的に安定性インデックスを使用することなく，単純な順序選択アルゴリズムを定義することは簡単です。この最小の実装は，a と b が同値で，安定性の定義を満たしている場合には，a を返します *2。

```
template<typename R>
    requires(Relation(R))
const Domain(R)& select_0_2(const Domain(R)& a,
                            const Domain(R)& b, R r)
{
    // 事前条件: weak_ordering(r)
    if (r(b, a)) return b;
    return a;
}
```

同様に，最大の実装は，a と b が同値で，安定性の定義を満たしている場合には，b を返します *3。

```
template<typename R>
    requires(Relation(R))
const Domain(R)& select_1_2(const Domain(R)& a,
                            const Domain(R)& b, R r)
```

---

*1 後の章で，他の種類のアルゴリズムへ安定性の概念を拡張します。
*2 手続きの命名規約については、本節のこの後の部分で説明します。
*3 STL は，a と b が同値の場合に，max(a, b) が a を返すことを誤って要求しています。

```
{
    // 事前条件: weak_ordering(r)
    if (r(b, a)) return a;
    return b;
}
```

この章の残りの部分に関しては，事前条件 weak_ordering(r) は示しませんが，含まれていることとします。

k 個の引数に対する他の順序選択手続きがあれば便利ですが，そのような順序選択手続きを書くことは，k の増加とともに急速に困難になります。それに，多くの様々な手続きも必要となるでしょう。**制限された部分問題への縮小**（*reduction to constrained subproblems*）と呼ばれる技法で，両方の問題に対処します。これから，一連の手続きを開発しますが，ある程度，引数の相対的順序について事前に分かっていることを想定します。

それらの手続きを体系的に名付けることが重要です。$0 \leq j < k$ において，select_j_k で始まる名前は，与えられた順序に従って k 個の引数の j 番目に大きいものを選択することを示します。引数の順序に対する事前条件を示すために，一連の文字を増加する形式で追加します。たとえば，サフィックス _ab は最初の 2 つのパラメータがその並びの順序であることを示します。_abd は 1 番目，2 番目，4 番目のパラメータがその並びの順序であることを示します。パラメータの異なる繋がりに関する事前条件がある場合には，このようなサフィックスを 2 つ以上使用します。

3 要素に対する最小と最大を実装することは簡単です。

```
template<typename R>
    requires(Relation(R))
const Domain(R)& select_0_3(const Domain(R)& a,
                            const Domain(R)& b,
                            const Domain(R)& c, R r)
{
    return select_0_2(select_0_2(a, b, r), c, r);
}

template<typename R>
    requires(Relation(R))
const Domain(R)& select_2_3(const Domain(R)& a,
                            const Domain(R)& b,
                            const Domain(R)& c, R r)
{
```

```
        return select_1_2(select_1_2(a, b, r), c, r);
    }
```

最初の 2 つの要素が，増加順であることが分かっているならば，3 つの要素の中央値を見つけるのは容易です．

```
    template<typename R>
        requires(Relation(R))
    const Domain(R)& select_1_3_ab(const Domain(R)& a,
                                   const Domain(R)& b,
                                   const Domain(R)& c, R r)
    {
        if (!r(c, b)) return b;      // a, b, c はソートされている
        return select_1_2(a, c, r);  // b は中央値ではない
    }
```

select_1_3_ab への事前条件を確立するには，1 つの比較だけが必要です．パラメータは，定数参照として渡されますので，データの移動は発生しません．

```
    template<typename R>
        requires(Relation(R))
    const Domain(R)& select_1_3(const Domain(R)& a,
                                const Domain(R)& b,
                                const Domain(R)& c, R r)
    {
        if (r(b, a)) return select_1_3_ab(b, a, c, r);
        return               select_1_3_ab(a, b, c, r);
    }
```

最悪の場合には，select_1_3 は 3 回の比較を行います．c が，a, b, c の最大値の場合にだけ，この関数は 2 回の比較を行います．入力が均等に分布していると仮定すると，3 分の 1 の確率で 2 回の比較を行うので，比較回数の平均は $2\frac{2}{3}$ となります．

n 個の要素の 2 番目に小さい値を見つけるには，少なくとも，$n + \lceil \log_2 n \rceil - 2$ 回の比較が必要です [*4]．特に，4 つの要素の 2 番目に小さい値を見つけるには 4 回の比較が必要です．

[*4] この結果は，Jozef Schreier が推測し，Sergei Kislitsyn [Knuth, 1998, Theorem S, 209 頁] によって証明されています．

引数の 1 番目と 2 番目が増加順で，3 番目と 4 番目が増加順であることが分かっている場合には，4 つ中の 2 番目を選択することは容易です．

```
template<typename R>
    requires(Relation(R))
const Domain(R)& select_1_4_ab_cd(const Domain(R)& a,
                                  const Domain(R)& b,
                                  const Domain(R)& c,
                                  const Domain(R)& d, R r) {
    if (r(c, a)) return select_0_2(a, d, r);
    return               select_0_2(b, c, r);
}
```

1 番目と 2 番目の引数が増加順であることがすでに分かっているならば，select_1_4_ab_cd に対する事前条件を 1 回の比較で確立できます．

```
template<typename R>
    requires(Relation(R))
const Domain(R)& select_1_4_ab(const Domain(R)& a,
                               const Domain(R)& b,
                               const Domain(R)& c,
                               const Domain(R)& d, R r) {
    if (r(d, c)) return select_1_4_ab_cd(a, b, d, c, r);
    return               select_1_4_ab_cd(a, b, c, d, r);
}
```

select_1_4_ab に対する事前条件は，1 回の比較で確立できます．

```
template<typename R>
    requires(Relation(R))
const Domain(R)& select_1_4(const Domain(R)& a,
                            const Domain(R)& b,
                            const Domain(R)& c,
                            const Domain(R)& d, R r) {
    if (r(b, a)) return select_1_4_ab(b, a, c, d, r);
    return               select_1_4_ab(a, b, c, d, r);
}
```

4.3 順序選択

演習 4.4 select_2_4 を実装しなさい。

オーダー 4 までの順序選択ネットワークの安定性を維持することは，困難ではありません．しかし，オーダー 5 では，制限された部分問題に対応する手続きが，安定性を破って，もとの呼び出し側と異なる順序の引数で呼び出される状況が起きます．そのような状況に対処するための体系的な方法は，実際のパラメータと一緒に安定性インデックスを渡し，強化関係 $\hat{r}$ を使用することです．整数のテンプレートパラメータを使用することで，余分な実行時のコストを回避します．

$a, b, \ldots,$ に対応する安定性インデックスを $ia, ib, \ldots,$ と名前付けします．関数オブジェクトテンプレート compare_strict_or_reflexive を使用して，強化関係 $\hat{r}$ を得ます．そのテンプレートは，bool テンプレートパラメータを受け取ります．そのパラメータが真の場合には，引数の安定性インデックスが増加順であることを意味しています．

```
template<bool strict, typename R>
    requires(Relation(R))
struct compare_strict_or_reflexive;
```

compare_strict_or_reflexive のインスタンスを構築する場合には，テンプレート引数として適切なブール値を提供します．

```
template<int ia, int ib, typename R>
    requires(Relation(R))
const Domain(R)& select_0_2(const Domain(R)& a,
                            const Domain(R)& b, R r)
{
    compare_strict_or_reflexive<(ia < ib), R> cmp;
    if (cmp(b, a, r)) return b;
    return a;
}
```

次の 2 つの場合に，compare_strict_or_reflexive を特化します．(1) 安定性インデックスが増加順であり，その場合には，元の厳密な関係 r を使用します．そして，(2) 減少順であり，その場合には，r に対応する反射的バージョンを使用します．

```
template<typename R>
    requires(Relation(R))
struct compare_strict_or_reflexive<true, R>  // 厳密
```

```cpp
{
    bool operator()(const Domain(R)& a,
                    const Domain(R)& b, R r)
    {
        return r(a, b);
    }
};

template<typename R>
    requires(Relation(R))
struct compare_strict_or_reflexive<false, R> // 反射的
{
    bool operator()(const Domain(R)& a,
                    const Domain(R)& b, R r)
    {
        return !r(b, a); // complement_of_converse_r(a, b)
    }
};
```

安定性インデックスを持つ順序選択手続きから，他の同様な手続きを呼び出す場合には，最初の呼び出しと同じ順序で，パラメータに対応する安定性インデックスが渡されます．

```cpp
template<int ia, int ib, int ic, int id, typename R>
    requires(Relation(R))
const Domain(R)& select_1_4_ab_cd(const Domain(R)& a,
                                  const Domain(R)& b,
                                  const Domain(R)& c,
                                  const Domain(R)& d, R r)
{
    compare_strict_or_reflexive<(ia < ic), R> cmp;
    if (cmp(c, a, r)) return
        select_0_2<ia,id>(a, d, r);
    return
        select_0_2<ib,ic>(b, c, r);
}

template<int ia, int ib, int ic, int id, typename R>
    requires(Relation(R))
```

```
const Domain(R)& select_1_4_ab(const Domain(R)& a,
                               const Domain(R)& b,
                               const Domain(R)& c,
                               const Domain(R)& d, R r)
{
    compare_strict_or_reflexive<(ic < id), R> cmp;
    if (cmp(d, c, r)) return
        select_1_4_ab_cd<ia,ib,id,ic>(a, b, d, c, r);
    return
        select_1_4_ab_cd<ia,ib,ic,id>(a, b, c, d, r);
}

template<int ia, int ib, int ic, int id, typename R>
    requires(Relation(R))
const Domain(R)& select_1_4(const Domain(R)& a,
                            const Domain(R)& b,
                            const Domain(R)& c,
                            const Domain(R)& d, R r)
{
    compare_strict_or_reflexive<(ia < ib), R> cmp;
    if (cmp(b, a, r)) return
        select_1_4_ab<ib,ia,ic,id>(b, a, c, d, r);
    return
        select_1_4_ab<ia,ib,ic,id>(a, b, c, d, r);
}
```

これで，オーダー 5 の選択を実装する準備ができました．

```
template<int ia, int ib, int ic, int id, int ie, typename R>
    requires(Relation(R))
const Domain(R)& select_2_5_ab_cd(const Domain(R)& a,
                                  const Domain(R)& b,
                                  const Domain(R)& c,
                                  const Domain(R)& d,
                                  const Domain(R)& e, R r)
{
    compare_strict_or_reflexive<(ia < ic), R> cmp;
    if (cmp(c, a, r)) return
        select_1_4_ab<ia,ib,id,ie>(a, b, d, e, r);
```

```
        return
            select_1_4_ab<ic,id,ib,ie>(c, d, b, e, r);
}

template<int ia, int ib, int ic, int id, int ie, typename R>
    requires(Relation(R))
const Domain(R)& select_2_5_ab(const Domain(R)& a,
                               const Domain(R)& b,
                               const Domain(R)& c,
                               const Domain(R)& d,
                               const Domain(R)& e, R r)
{
    compare_strict_or_reflexive<(ic < id), R> cmp;
    if (cmp(d, c, r)) return
        select_2_5_ab_cd<ia,ib,id,ic,ie>(
                    a, b, d, c, e, r);
    return
        select_2_5_ab_cd<ia,ib,ic,id,ie>(
                    a, b, c, d, e, r);
}

template<int ia, int ib, int ic, int id, int ie, typename R>
    requires(Relation(R))
const Domain(R)& select_2_5(const Domain(R)& a,
                            const Domain(R)& b,
                            const Domain(R)& c,
                            const Domain(R)& d,
                            const Domain(R)& e, R r)
{
    compare_strict_or_reflexive<(ia < ib), R> cmp;
    if (cmp(b, a, r)) return
        select_2_5_ab<ib,ia,ic,id,ie>(b, a, c, d, e, r);
    return
        select_2_5_ab<ia,ib,ic,id,ie>(a, b, c, d, e, r);
}
```

補題 4.7 select_2_5 は 6 回の比較を行う。

演習 4.5 平均比較回数が若干少ない 5 要素の中間値のためのアルゴリズム

を考えなさい。

安定性インデックスとして，厳密に増加している整数定数の列を与える外部の手続きで順序選択手続きを包むことができます。慣習的に，0 から始まる連続した整数を使用します。

```
template<typename R>
    requires(Relation(R))
const Domain(R)& median_5(const Domain(R)& a,
                          const Domain(R)& b,
                          const Domain(R)& c,
                          const Domain(R)& d,
                          const Domain(R)& e, R r)
{
    return select_2_5<0,1,2,3,4>(a, b, c, d, e, r);
}
```

演習 4.6 この節にあるすべての順序選択手続きの安定性を証明しなさい。

演習 4.7 この節にあるすべての順序選択手続きの正しさと安定性を，網羅的なテストにより検証しなさい。

課題 4.1 順序選択手続きの組み立てにおいて安定性を維持している必要十分な条件の集合を設計しなさい。

課題 4.2 安定したソートとマージのために最小の比較回数の手続き群のライブラリを作成しなさい[*5]。比較回数を最小にするだけではなく，データ移動回数も最小にしなさい。

4.4 自然な全順序

ある型における値の等価性とは，それらの値が同じ実体を表していることを意味していますので，型に対して一意な等価性が存在します。しばしば，型に対する一意の自然な全順序が存在しないことがあります。具象種に関しては，多くの全順序と弱順序が存在するものの，どれも特別な役割を果たしていないことがあります。抽象種

[*5] Knuth [1998, Section 5.3: Optimum Sorting] を参照してください。

に関しては，基本的操作に対する特別な全順序が 1 つ存在するかもしれません．そのような順序は，**自然な全順序**（*natural total ordering*）と呼ばれ，次のように記号 < で表されます．

$TotallyOrdered(\mathsf{T}) \triangleq$
　　$Regular(\mathsf{T})$
　　$\wedge\ <: \mathsf{T} \times \mathsf{T} \to \mathsf{bool}$
　　$\wedge\ \mathsf{total\_ordering}(<)$

たとえば，整数に対する自然な全順序は，基本的な演算を順守します．

$$a < \mathsf{successor}(a)$$
$$a < b \Rightarrow \mathsf{successor}(a) < \mathsf{successor}(b)$$
$$a < b \Rightarrow a + c < b + c$$
$$a < b \wedge 0 < c \Rightarrow ca < cb$$

型によっては，自然な全順序を持っていないことがあります．たとえば，複素数と従業員の記録は，自然な全順序は持っていません．対数オーダーでの検索を可能にするためには，正則型が**デフォルト全順序**（*default total ordering*）を提供する必要があります．これは，単に**デフォルト順序**（*default ordering*）と呼ばれることがあります．自然な全順序が存在しないデフォルト全順序の例は，複素数に関する辞書式順序です．自然な全順序が存在する場合には，デフォルト全順序と一致します．次の表記を使用します．

	仕様	C++
T に対するデフォルト順序	less_T	`less<T>`

4.5　派生手続きの一群

手続きによっては，ある一群に属することが自然な場合があります．ある一群内において，いくつかの手続きが定義されていれば，他の手続きの定義が必然的に決まります．等価性の補完である不等価性は，等価性が定義されていれば必ず定義されます．演算子 = と ≠ は，矛盾なく定義されなければなりません．すべての完全に順序付けされた型に対して，4 つの演算子 <, >, ≤, ≥ のすべてが，次の条件を満たして一緒に定義されなければなりません．

$$a > b \Leftrightarrow b < a$$
$$a \leq b \Leftrightarrow \neg(b < a)$$
$$a \geq b \Leftrightarrow \neg(a < b)$$

4.6 順序選択手続きの拡張

この章の順序選択手続きは，定数参照を扱うために，変更可能なオブジェクトを返しません。変更可能なオブジェクトを返すバージョンを持つことは有用ですし，簡単です。そうすれば，それらを代入の左辺で使用できますし，アクションや累積手続きに対する変更可能な引数として使用できます。順序選択手続きのオーバーロードされた変更可能バージョンは，変更不可能バージョンの各パラメータ型と結果型から const を削除することで実装します。たとえば，select_0_2 は，次の手続きで補完されます。

```
template<typename R>
    requires(Relation(R))
Domain(R)& select_0_2(Domain(R)& a, Domain(R)& b, R r)
{
    if (r(b, a)) return b;
    return a;
}
```

さらに，（< を使うことで）全順序付けされた型は，よく使用されますので，そのような型のバージョンをライブラリは提供すべきです。つまり，個々の手続きに対して，4つのバージョンが存在することを意味します。

全順序と弱順序によって満たされる三分法則と弱三分法則は，2 値を返す関係ではなく，3 値を返す比較手続きが必要であることを示唆しています。なぜならば，状況によっては，それにより余分な手続き呼び出しを避けることになるからです。

演習 4.8 この章のアルゴリズムを 3 値比較を使用して書き直しなさい。

4.7 結論

全順序と弱順序の公理によって，ある特定の順序を汎用アルゴリズムに結び付けるインタフェースを提供します。体系的に小さな問題に対する解法を適用することにより，大きな問題を容易に分解することができます。手続きによっては，意味論的に相互に関連した手続きの集まりとして存在します。

第 5 章

順序代数構造

　この章では，抽象代数の概念階層を，**半群**（*semigroup*）から始めて，**環**（*ring*）と**加群**（*module*）まで示します．それから，代数概念と全順序の考えを結び付けます．順序代数構造がアルキメデスのモノイドの場合には，商と剰余を見つけるための効率的なアルゴリズムを定義できます．同様に，商と剰余により，最大公約数に対する**ユークリッドの互除法**（*Euclid's algorithm*）の一般化されたバージョンが導き出せます．一貫性や独立性などのコンセプトに関連する論理表記を少しだけ取り扱います．結論では，コンピュータの整数算術について議論します．

5.1 　基礎代数構造

　ある要素が，二項演算の第 1 引数あるいは第 2 引数としてもう 1 つの要素と組み合わされた時に，二項演算がそのもう 1 つの要素を返すならば，その二項演算の**単位元**（*identity element*）と呼ばれます．

property(T : *Regular*, Op : *BinaryOperation*)
　　requires(T = Domain(Op))
identity_element : T × Op
　　$(e, \text{op}) \mapsto (\forall a \in \mathsf{T})\, \text{op}(a, e) = \text{op}(e, a) = a$

　　補題 5.1 　単位元は一意である．

$$\text{identity\_element}(e, \text{op}) \wedge \text{identity\_element}(e', \text{op}) \Rightarrow e = e'$$

　空文字列は，文字列結合での単位元です．行列 $\begin{pmatrix} 1 & 0 \\ 0 & 1 \end{pmatrix}$ は，2×2 行列の**乗法的単位元**（*multiplicative identity*）です．一方，$\begin{pmatrix} 0 & 0 \\ 0 & 0 \end{pmatrix}$ は，**加法的単位元**（*additive identity*）です．

変換が次を満たすのであれば，その変換は与えられた要素（たいていは，二項演算の単位元）に関して，二項演算の**逆演算**（*inverse operation*）と呼ばれます。

property(F : *Transformation*, T : *Regular*, Op : *BinaryOperation*)
    requires(Domain(F) = T = Domain(Op))
inverse_operation : F × T × Op
    (inv, e, op) ↦ (∀a ∈ T) op(a, inv(a)) = op(inv(a), a) = e

補題 5.2　$f(n) = n^3$ は，5 を法とするゼロではない剰余を乗算することに対する乗法の逆元である。

二項演算は，引数を交換した場合に同じ結果ならば，**可換**（*commutative*）です。

property(Op : *BinaryOperation*)
commutative : Op
    op ↦ (∀a, b ∈ Domain(Op)) op(a, b) = op(b, a)

変換の合成は結合的ですが，可換ではありません。

結合的演算を持つ集合は，**半群**（*semigroup*）です。第 3 章で述べたように，+ は常に結合的で可換な演算を表すために使用されますので，+ を持つ型は，**加法半群**（*additive semigroup*）と呼ばれます。

$AdditiveSemigroup$(T) ≜
    $Regular$(T)
    ∧ + : T × T → T
    ∧ associative(+)
    ∧ commutative(+)

乗算は，可換ではない場合があります。たとえば，行列の乗算を考えてみてください。

$MultiplicativeSemigroup$(T) ≜
    $Regular$(T)
    ∧ · : T × T → T
    ∧ associative(·)

次の表記を使用します。

	仕様	C++
乗算	·	*

単位元を持つ半群は，**モノイド**（*monoid*）と呼ばれます。加算的単位元は 0 で表されます。それにより，**加算モノイド**（*additive monoid*）の定義が導き出せます。

$AdditiveMonoid(\mathsf{T}) \triangleq$
  $AdditiveSemigroup(\mathsf{T})$
  $\wedge\ 0 \in \mathsf{T}$
  $\wedge\ \mathsf{identity\_element}(0, +)$

次の表記を使用します。

	仕様	C++
加法的単位元	0	T(0)

負ではない実数は加算モノイドです。係数として自然数を持つ行列も同様です。

乗算の単位元は 1 で表されます。それにより，**乗算モノイド**（*multiplicative monoid*）の定義が導き出せます。

$MultiplicativeMonoid(\mathsf{T}) \triangleq$
  $MultiplicativeSemigroup(\mathsf{T})$
  $\wedge\ 1 \in \mathsf{T}$
  $\wedge\ \mathsf{identity\_element}(1, \cdot)$

次の表記を使用します。

	仕様	C++
乗算的単位元	1	T(1)

整数の係数を持つ行列は，乗算モノイドです。

逆演算を持つモノイドは，**群**（*group*）と呼ばれます。加算モノイドが逆演算を持つのであれば，それは単項 − で表されます。そして，二項 − で表される**減算**（*subtraction*）と呼ばれる派生演算が存在します。これにより，**加法群**（*additive group*）の定義が導き出せます。

$AdditiveGroup(\mathsf{T}) \triangleq$
  $AdditiveMonoid(\mathsf{T})$
  $\wedge\ - : \mathsf{T} \to \mathsf{T}$
  $\wedge\ \mathsf{inverse\_operation}(\mathrm{unary}\ -, 0, +)$

$\quad \wedge\ -: \mathsf{T} \times \mathsf{T} \to \mathsf{T}$
$\qquad (a, b) \mapsto a + (-b)$

整数の係数を持つ行列は，加法群です。

補題 5.3 加法群では，$-0 = 0$ である。

加法群のコンセプトが存在するように，対応する**乗法群**（*multiplicative group*）のコンセプトが存在します。そのコンセプトにおいて，逆元は**乗法的逆元**（*multiplicative inverse*）と呼ばれます。そして，二項演算 / で表される**除算**（*division*）と呼ばれる派生演算が存在します。

$MultiplicativeGroup(\mathsf{T}) \triangleq$
$\quad MultiplicativeMonoid(\mathsf{T})$
$\quad \wedge\ \text{multiplicative\_inverse} : \mathsf{T} \to \mathsf{T}$
$\quad \wedge\ \text{inverse\_operation}(\text{multiplicative\_inverse}, 1, \cdot)$
$\quad \wedge\ /: \mathsf{T} \times \mathsf{T} \to \mathsf{T}$
$\qquad (a, b) \mapsto a \cdot \text{multiplicative\_inverse}(b)$

multiplicative_inverse(x) は，x^{-1} と書かれます。

単位円上の複素数の集合 $\{\cos\theta + i\sin\theta\}$ は，可換乗法群です。**単模**（*unimodular*）群 $\mathrm{GL}_n(\mathbb{Z})$（±1 に等しい行列式で整数の係数を持つ $n \times n$ 行列）は，非可換乗法群です。

2 つのコンセプトを，それぞれの演算を結びつける公理により，同じ型に対して組み合わせることができます。型に対して，+ と · が提供されれば，+ と · は，**半環**（*semiring*）を定義している公理に対して相互に関連付けられます。

$Semiring(\mathsf{T}) \triangleq$
$\quad AdditiveMonoid(\mathsf{T})$
$\quad \wedge\ MultiplicativeMonoid(\mathsf{T})$
$\quad \wedge\ 0 \neq 1$
$\quad \wedge\ (\forall a \in \mathsf{T})\, 0 \cdot a = a \cdot 0 = 0$
$\quad \wedge\ (\forall a, b, c \in \mathsf{T})$
$\qquad a \cdot (b + c) = a \cdot b + a \cdot c$
$\qquad \wedge\ (b + c) \cdot a = b \cdot a + c \cdot a$

0 による乗算についての公理は，**消滅特性**（*annihilation property*）と呼ばれます。

5.1 基礎代数構造

+ と · を結びつける最終公理は，**分配性**（*distributivity*）と呼ばれます。

負ではない整数の係数を持つ行列は，半環を構成します。

$CommutativeSemiring(\mathsf{T}) \triangleq$
  $\quad Semiring(\mathsf{T})$
  $\quad \wedge \ \mathsf{commutative}(\cdot)$

負ではない整数は，可換半環を構成します[*1]。

$Ring(\mathsf{T}) \triangleq$
  $\quad AdditiveGroup(\mathsf{T})$
  $\quad \wedge \ Semiring(\mathsf{T})$

整数の係数を持つ行列は，環を構成します。

$CommutativeRing(\mathsf{T}) \triangleq$
  $\quad AdditiveGroup(\mathsf{T})$
  $\quad \wedge \ CommutativeSemiring(\mathsf{T})$

整数は，可換環を構成します。整数の係数を持つ多項式は可換環を構成します。

関係コンセプト（*relational concept*）は，2 つの型に対して定義されたコンセプトです。**半加群**（*semimodule*）は，加法モノイドと可換半環を結び付ける関係コンセプトです。

$Semimodule(\mathsf{T}, \mathsf{S}) \triangleq$
  $\quad AdditiveMonoid(\mathsf{T})$
  $\quad \wedge \ CommutativeSemiring(\mathsf{S})$
  $\quad \wedge \ \cdot : \mathsf{S} \times \mathsf{T} \to \mathsf{T}$
  $\quad \wedge \ (\forall \alpha, \beta \in \mathsf{S})(\forall \mathsf{a}, \mathsf{b} \in \mathsf{T})$

$$\begin{aligned} \alpha \cdot (\beta \cdot \mathsf{a}) &= (\alpha \cdot \beta) \cdot \mathsf{a} \\ (\alpha + \beta) \cdot \mathsf{a} &= \alpha \cdot \mathsf{a} + \beta \cdot \mathsf{a} \\ \alpha \cdot (\mathsf{a} + \mathsf{b}) &= \alpha \cdot \mathsf{a} + \alpha \cdot \mathsf{b} \\ 1 \cdot \mathsf{a} &= \mathsf{a} \end{aligned}$$

$Semimodule(\mathsf{T}, \mathsf{S})$ が成り立てば，T は，S に対して半加群であると言います。ベク

[*1] 訳注：可換半環（*CommutativeSemiring*），環（*Ring*），可換環（*CommutativeRing*）のコンセプトの定義の説明は明らかであるとして原著でも説明されていません。コンセプト定義の後の説明で，例を挙げていることに注意してください。

トル空間から用語を借用し，Tの要素を**ベクトル**（*vector*）と呼び，Sの要素を**スカラー**（*scalar*）と呼びます．たとえば，負ではない整数の係数を持つ多項式は，負ではない整数に対して半加群を構成します．

定理 5.1 $AdditiveMonoid(T) \Rightarrow Semimodule(T, \mathbb{N})$．ここで，スカラー乗算は，$n \cdot x = \underbrace{x + \cdots + x}_{n \text{ times}}$ と定義されます．

証明：モノイド演算の結合性と可換性とともに，スカラー乗算の定義から自明である．たとえば，

$$\begin{aligned} n \cdot a + n \cdot b &= (a + \cdots + a) + (b + \cdots + b) \\ &= (a + b) + \cdots + (a + b) \\ &= n \cdot (a + b) \end{aligned}$$
(証明終)

第 3 章の power を使用することで，$\log_2 n$ ステップで整数による乗算を実装できます．

加法モノイドを加法群で，半環を環で置き換えて，要件を強化することで，半加群は加群に変換されます．

$Module(T, S) \triangleq$
　　$Semimodule(T, S)$
　$\wedge\ AdditiveGroup(T)$
　$\wedge\ Ring(S)$

補題 5.4 すべての加法群は，適切に定義されたスカラー乗算を持つ整数に対して加群である．

コンピュータにおける型は，たいていはコンセプトの部分モデルです．演算が定義されている範囲であれば公理を満たしているが，すべての場合で定義されていないのであれば，モデルは**部分的**（*partial*）です．たとえば，メモリ量の制限により，文字列の結合結果は表現可能ではないかもしれません．しかし，定義されている場合であれば，文字列結合は常に結合的です．

5.2　順序代数構造

構造の代数的特性と一致する形式で構造の要素に対して全順序が定義されている場合には，その全順序は，構造に対する**自然な全順序**（*natural total ordering*）です．

5.2 順序代数構造

$OrderedAdditiveSemigroup(\mathsf{T}) \triangleq$
  $AdditiveSemigroup(\mathsf{T})$
 $\wedge\ TotallyOrdered(\mathsf{T})$
 $\wedge\ (\forall a, b, c \in \mathsf{T})\, a < b \Rightarrow a + c < b + c$

$OrderedAdditiveMonoid(\mathsf{T}) \triangleq$
  $OrderedAdditiveSemigroup(\mathsf{T})$
 $\wedge\ AdditiveMonoid(\mathsf{T})$

$OrderedAdditiveGroup(\mathsf{T}) \triangleq$
  $OrderedAdditiveMonoid(\mathsf{T})$
 $\wedge\ AdditiveGroup(\mathsf{T})$

補題 5.5 順序加法半群では，$a < b \wedge c < d \Rightarrow a + c < b + d$ である。

補題 5.6 自然数に対する半加群と見なされる順序加法モノイドでは，$a > 0 \wedge n > 0 \Rightarrow na > 0$ である。

補題 5.7 順序加法群では，$a < b \Rightarrow -b < -a$ である。

全順序と否定により，絶対値が定義可能となります。

```
template<typename T>
    requires(OrderedAdditiveGroup(T))
T abs(const T& a)
{
    if (a < T(0)) return -a;
    else          return  a;
}
```

次の補題は，abs の重要な特性を捉えています。

補題 5.8 順序加法群では，$a < 0 \Rightarrow 0 < -a$ である。

a の絶対値に対しては表記 $|a|$ を使用します。絶対値は次の特性を満足します。

補題 5.9

$$|a - b| = |b - a|$$
$$|a + b| \leq |a| + |b|$$
$$|a - b| \geq |a| - |b|$$
$$|a| = 0 \Rightarrow a = 0$$
$$a \neq 0 \Rightarrow |a| > 0$$

5.3 剰余

ここまでで，加法モノイドにおける繰り返しの加算から，負ではない整数による乗算が導き出されることを見てきました。加法群では，そのアルゴリズムを逆にして，a が b で割れるなら，形式 $a = nb$ の要素に対する繰り返しの減算によって除算を得ることができます。任意の 2 つの要素に対する剰余を持つ除算にこれを拡張するためには，順序が必要です。順序により，これ以上減算できなくなった時に，アルゴリズムを終了することができます。後で示しますが，対数オーダーのステップ数で終了するアルゴリズムも可能にします。減算は，すべての場所において定義されている必要はありません。**簡約**（*cancellation*）と呼ばれる部分減算で十分です。部分減算では，b が a を超えていない場合にだけ $a - b$ が定義されます。

$CancellableMonoid(\mathsf{T}) \triangleq$
　　$OrderedAdditiveMonoid(\mathsf{T})$
　　$\wedge\ - : \mathsf{T} \times \mathsf{T} \to \mathsf{T}$
　　$\wedge\ (\forall a, b \in \mathsf{T})\ b \leq a \Rightarrow a - b \text{ は定義されている} \wedge (a - b) + b = a$

$CancellableMonoid$ の部分的モデルにおいて，オーバーフローを回避するために，$(a + b) - b = a$ ではなく，$(a - b) + b = a$ として公理を記述します。

```
template<typename T>
    requires(CancellableMonoid(T))
T slow_remainder(T a, T b)
{
    // 事前条件: a ≥ 0 ∧ b > 0
    while (b <= a) a = a - b;
    return a;
}
```

コンセプト *CancellableMonoid* には，slow_remainder の終了を証明する十分な強さはありません。たとえば，整数の係数を持つ，辞書順の多項式に対しては，終了するとは限りません。

演習 5.1 アルゴリズムが終了しない整数の係数を持つ 2 つの多項式の例を示しなさい。

アルゴリズムが終了することを保証するためには，**アルキメデスの公理**（*Axiom of Archimedes*）と呼ばれるもう 1 つの特性を必要とします[*2]。

$ArchimedeanMonoid(\mathsf{T}) \triangleq$
　　$CancellableMonoid(\mathsf{T})$
　　$\wedge\ (\forall a, b \in \mathsf{T})\, (a \geq 0 \wedge b > 0) \Rightarrow$ slow_remainder(a, b) は終了
　　$\wedge\ \mathsf{QuotientType} : ArchimedeanMonoid \to Integer$

アルゴリズムの終了が正当な公理であることに注意してください．この場合は，次と等しいです．

$$(\exists n \in \mathsf{QuotientType}(\mathsf{T}))\, a - n \cdot b < b$$

アルキメデスの公理は，一般的に「$a < n \cdot b$ となる整数 n が存在する」と示されますが，このバージョンは，$n \cdot b$ がオーバーフローする可能性がある部分的アルキメデスのモノイドを扱います．型関数 QuotientType は，slow_remainder により行われる繰り返し回数を表現できる型を返します．

補題 5.10 次のものは，アルキメデスのモノイドです：整数，有理数，2 進小数 $\{\frac{n}{2^k}\}$，3 進小数 $\{\frac{n}{3^k}\}$，実数．

slow_remainder のコードを少し変更して商を返すようにします．

```
template<typename T>
    requires(ArchimedeanMonoid(T))
QuotientType(T) slow_quotient(T a, T b)
{
    // 事前条件: a ≥ 0 ∧ b > 0
    QuotientType(T) n(0);
    while (b <= a) {
```

[*2] "...（2 つの）等しくない面積のうち，大きい方と小さい方との差分を小さい面積に加算することで，どのような有限面積でも超えることができる." Heath [1912, 234 頁] を参照してください．

```
            a = a - b;
            n = successor(n);
        }
        return n;
    }
```

2 倍を繰り返すことで，対数計算量 power アルゴリズムが導き出せます．剰余に対して，関連するアルゴリズムを導き出すことも可能です [*3]．a を 2b で割った剰余 ν を用いて，a を b で割った剰余 u に対する式を導き出します．

$$a = n(2b) + \nu$$

剰余 ν は，約数 2b よりも小さくなければなりませんので，次のようになります．

$$u = \begin{cases} \nu & \nu < b \text{ ならば} \\ \nu - b & \nu \geq b \text{ ならば} \end{cases}$$

したがって，次の再帰手続きが導き出せます．

```
    template<typename T>
        requires(ArchimedeanMonoid(T))
    T remainder_recursive(T a, T b)
    {
        // 事前条件: a ≥ b > 0
        if (a - b >= b) {
            a = remainder_recursive(a, b + b);
            if (a < b) return a;
        }
        return a - b;
    }
```

$a \geq b + b$ ではなく，$a - b \geq b$ を検査することで，$b + b$ のオーバーフローを避けることができます．

```
    template<typename T>
        requires(ArchimedeanMonoid(T))
```

[*3] エジプト人は，剰余を持つ除算を行うために，このアルゴリズムを使用していました．また，乗算を行うためにべき乗アルゴリズムも使用していました．Robins および Shute [1987, 18 頁] を参照してください．

```
T remainder_nonnegative(T a, T b)
{
    // 事前条件: a ≥ 0 ∧ b > 0
    if (a < b) return a;
    return remainder_recursive(a, b);
}
```

演習 5.2 remainder_nonnegative の計算量を解析しなさい。

Floyd と Knuth[1990] が，remainder_nonnegative より 31% 多い演算を行うアルキメデスのモノイドに対する剰余の一定空間アルゴリズムを示しています。しかし，2 で割ることができる場合には，既存のアルゴリズムは演算数が増えません[*4]。多くの場合，2 で割ることができる可能性が高いです。たとえば，定規とコンパスで角度の k 等分を一般的に行うことはできませんが，二等分なら自明です。

$HalvableMonoid(\mathsf{T}) \triangleq$
　　$ArchimedeanMonoid(\mathsf{T})$
　$\land\ \mathsf{half} : \mathsf{T} \to \mathsf{T}$
　$\land\ (\forall a, b \in \mathsf{T})\, (b > 0 \land a = b + b) \Rightarrow \mathsf{half}(a) = b$

half は，「偶数」個の要素に対してのみ定義する必要があることに注意してください。

```
template<typename T>
    requires(HalvableMonoid(T))
T remainder_nonnegative_iterative(T a, T b)
{
    // 事前条件: a ≥ 0 ∧ b > 0
    if (a < b) return a;
    T c = largest_doubling(a, b);
    a = a - c;
    while (c != b) {
        c = half(c);
        if (c <= a) a = a - c;
    }
    return a;
```

[*4] Dijkstra [1972, 13 頁] は，このアルゴリズムを N. G. de Bruijn. によるものとしています。

}
```

ここで，largest_doubling は，次の手続きで定義されます．

```
template<typename T>
    requires(ArchimedeanMonoid(T))
T largest_doubling(T a, T b)
{
    // 事前条件: a ≥ b > 0
    while (b <= a - b) b = b + b;
    return b;
}
```

remainder_nonnegative_iterative の正しさは，次の補題に依存しています．

補題 5.11 二分割可能なモノイドの正の要素を倍にすることを k 回行った結果は，k 回二分割できる．

二分割不可能なアルキメデスのモノイドであれば，remainder_nonnegative を必要とするだけになります．これまで示してきた例 — ユークリッド幾何学で線分，有理数，2 進小数，3 進小数 — は，すべて二分割可能です．

課題 5.1 二分割不可能なモノイドであるアルキメデスのモノイドに有用なモデルは存在しますか．

5.4 最大公約数

アルキメデスのモノイド T における $a \geq 0$ と $b > 0$ に対して，次のように**被整除性**（*divisibility*）を定義します．

$$b \text{ は } a \text{ を割る} \Leftrightarrow (\exists n \in \mathsf{QuotientType}(\mathsf{T})) \, a = nb$$

補題 5.12 正の x, a, b を持つアルキメデスのモノイド T において

- b は a を割る $\Leftrightarrow$ remainder_nonnegative(a, b) = 0
- b は a を割る $\Rightarrow b \leq a$
- $a > b \wedge$ x は a を割る $\wedge$ x は b を割る $\Rightarrow$ x は $(a - b)$ を割る
- x は a を割る $\wedge$ x は b を割る $\Rightarrow$ x は remainder_nonnegative(a, b) を割る
```

5.4 最大公約数

gcd(a, b) で表される a と b の**最大公約数**（*greatest common divisor*）は a と b の約数であり，a と b の他のすべての公約数で割ることができます[*5]。

補題 5.13 アルキメデスのモノイドでは，正の x, a, b に対して，次が成り立つ。

- gcd は可換
- gcd は結合的
- x は a を割る ∧ x は b を割る $\Rightarrow$ x $\leq$ gcd(a, b)
- gcd(a, b) は一意
- gcd(a, a) = a
- a > b $\Rightarrow$ gcd(a, b) = gcd(a − b, b)

ここまでの補題は，次のアルゴリズムが終了するならば，その引数の gcd を返すことを意味します[*6]。

```
template<typename T>
    requires(ArchimedeanMonoid(T))
T subtractive_gcd_nonzero(T a, T b)
{
    // 事前条件: a > 0 ∧ b > 0
    while (true) {
        if (b < a)      a = a - b;
        else if (a < b) b = b - a;
        else            return a;
    }
}
```

補題 5.14 subtractive_gcd_nonzero は，整数と有理数に対して常に終了する。

必ずしも終了するとは限らない型が存在します。特に，実数に対しては必ずしも終了するとは限りません。特に，$\sqrt{2}$ と 1 の入力に対しては終了しません。その事実の証明は，次の 2 つの補題によって決まります。

補題 5.15 $\gcd(\frac{a}{\gcd(a,b)}, \frac{b}{\gcd(a,b)}) = 1$

[*5] この定義はアルキメデスのモノイドに適用されますが，順序には依存しておらず，環などの被整除性を持つ他の構造へ拡張できます。
[*6] これは，ユークリッドの互除法として知られています [Heath, 1925, Volume 3, 14 頁–22 頁]。

補題 5.16 整数 n の平方が偶数ならば，n は偶数である．

定理 5.2 subtractive_gcd_nonzero($\sqrt{2}, 1$) は終了しない．

証明：subtractive_gcd_nonzero($\sqrt{2}, 1$) が終了し，d を返すと仮定する．$m = \frac{\sqrt{2}}{d}$ および $n = \frac{1}{d}$ とする．補題 5.15 により，m と n は，1 より大きい公約数を持っていない．$\frac{m}{n} = \frac{\sqrt{2}}{1} = \sqrt{2}$ であり，したがって，$m^2 = 2n^2$．つまり，m は偶数である．何らかの整数 u に対して，$m = 2u$ である．$4u^2 = 2n^2$ であるので，$n^2 = 2u^2$ である．n は偶数である．m と n は 2 で割れる．これは，矛盾している [*7]．　（証明終）

ユークリッド (*Euclidean*) のモノイドは，アルキメデスのモノイドであり，subtractive_gcd_nonzero は常に終了します．

$EuclideanMonoid(\mathsf{T}) \triangleq$
　　$ArchimedeanMonoid(\mathsf{T})$
　$\land\ (\forall a, b \in \mathsf{T})\,(a > 0 \land b > 0) \Rightarrow$ subtractive_gcd_nonzero(a, b) は終了

補題 5.17 最小の正の要素を持つアルキメデスのモノイドは，ユークリッドのモノイドである．

補題 5.18 有理数は，ユークリッドのモノイドである．

引数の 1 つがゼロの場合に対して subtractive_gcd_nonzero を拡張することは簡単です．なぜなら，$b \neq 0$ を満たすどのような b でも，そのモノイドのゼロを割ることができるからです．

```
template<typename T>
    requires(EuclideanMonoid(T))
T subtractive_gcd(T a, T b)
{
    // 事前条件: a ≥ 0 ∧ b ≥ 0 ∧ ¬(a = 0 ∧ b = 0)
    while (true) {
        if (b == T(0)) return a;
        while (b <= a) a = a - b;
```

[*7] 正方形の辺と対角線の公約数がないこと（通約不可能性）は，ギリシャ人が見つけた最初の数学的証明の 1 つです．アリストテレスは，矛盾による標準的証明（**背理法** (*reductio ad absurdum*)）の模範的な例として，*Prior Analytics*（『分析論前書』）I. 23 の中でそのことに言及しています．

```
            if (a == T(0)) return b;
            while (a <= b) b = b - a;
        }
    }
```

subtractive_gcd 内の 2 つの内側の while 文は，slow_remainder の呼び出しと同じです。対数剰余アルゴリズムを使用することで，型 T に対するプリミティブの減算に依存していますが，a と b の大きさが非常に異なる場合のスピードを向上させます。

```
    template<typename T>
        requires(EuclideanMonoid(T))
    T fast_subtractive_gcd(T a, T b)
    {
        // 事前条件: a ≥ 0 ∧ b ≥ 0 ∧ ¬(a = 0 ∧ b = 0)
        while (true) {
            if (b == T(0)) return a;
            a = remainder_nonnegative(a, b);
            if (a == T(0)) return b;
            b = remainder_nonnegative(b, a);
        }
    }
```

ユークリッドのモノイドのコンセプトは，減算の繰り返しに基づく本来のユークリッドの互除法に対する抽象的枠組み [*8] を与えます。

5.5 gcd の一般化

整数はユークリッドのモノイドを構成しますので，fast_subtractive_gcd を整数に対して使用できます。整数の場合，remainder_nonnegative ではなく，組込の剰余で同じアルゴリズムを使用することもできます。さらに，ある種の非アルキメデスの定義域であっても，適切な剰余関数を持っているのであれば，その定義域に対してアルゴリズムは機能します。たとえば，標準的な長除法アルゴリズムは，10 進整数から実数に関する多項式に容易に拡張できます [*9]。このような剰余を使用して，2 つの多項式の gcd を計算できます。

[*8] 訳注：この本では，名前付けされていませんが，（理論や代数構造と呼ばれることがある）何らかのコンセプトが存在することを枠組み（setting）と呼んでいます。
[*9] Chrystal [1904, Chapter 5] を参照してください。

抽象代数は，ユークリッドの互除法の使用を受け入れるために，ユークリッド環（ユークリッド定義域としても知られています）の概念を導入しています[*10]。しかし，半環の要件で十分です。

$EuclideanSemiring(\mathsf{T}) \triangleq$
　　　$CommutativeSemiring(\mathsf{T})$
　　　$\wedge$ NormType $: EuclideanSemiring \rightarrow Integer$
　　　$\wedge$ w $: \mathsf{T} \rightarrow$ NormType(T)
　　　$\wedge\ (\forall a \in \mathsf{T})\, \mathsf{w}(a) \geq 0$
　　　$\wedge\ (\forall a \in \mathsf{T})\, \mathsf{w}(a) = 0 \Leftrightarrow a = 0$
　　　$\wedge\ (\forall a, b \in \mathsf{T})\, b \neq 0 \Rightarrow \mathsf{w}(a \cdot b) \geq \mathsf{w}(a)$
　　　$\wedge$ remainder $: \mathsf{T} \times \mathsf{T} \rightarrow \mathsf{T}$
　　　$\wedge$ quotient $: \mathsf{T} \times \mathsf{T} \rightarrow \mathsf{T}$
　　　$\wedge\ (\forall a, b \in \mathsf{T})\, b \neq 0 \Rightarrow a = \mathsf{quotient}(a, b) \cdot b + \mathsf{remainder}(a, b)$
　　　$\wedge\ (\forall a, b \in \mathsf{T})\, b \neq 0 \Rightarrow \mathsf{w}(\mathsf{remainder}(a, b)) < \mathsf{w}(b)$

w は，ユークリッド関数（*Euclidean function*）と呼ばれます。

補題 5.19 ユークリッド環においては，$a \cdot b = 0 \Rightarrow a = 0 \vee b = 0$ である。

```
template<typename T>
    requires(EuclideanSemiring(T))
T gcd(T a, T b)
{
    // 事前条件: ¬(a = 0 ∧ b = 0)
    while (true) {
        if (b == T(0)) return a;
        a = remainder(a, b);
        if (a == T(0)) return b;
        b = remainder(b, a);
    }
}
```

remainder_nonnegative を使用する代わりに，型が定義している remainder 関数を使用していることに注意してください。remainder の毎回の適用で w が減少することにより，終了が保証されています。

[*10] van der Waerden [1930, Chapter 3, Section 18] を参照してください。

補題 5.20 gcd は，ユークリッド環に対して終了する。

ユークリッド環では，quotient は半環の要素を返します。これは，ユークリッドのオリジナルの枠組みでの使用を除外しています。つまり，約分可能な 2 つの数値の公約数を決めることを除外します。たとえば，$\gcd(\frac{1}{2}, \frac{3}{4}) = \frac{1}{4}$ を除外します。元々の枠組みと今日の枠組みを**ユークリッドの半加群**（*Euclidean semimodule*）コンセプトで統一できます。ユークリッドの半加群は，quotient が異なる型を返すことを可能にし，公理として gcd の終了を受け入れます。

$EuclideanSemimodule(\mathsf{T}, \mathsf{S}) \triangleq$
　　$Semimodule(\mathsf{T}, \mathsf{S})$
　$\wedge\ \mathsf{remainder} : \mathsf{T} \times \mathsf{T} \to \mathsf{T}$
　$\wedge\ \mathsf{quotient} : \mathsf{T} \times \mathsf{T} \to \mathsf{S}$
　$\wedge\ (\forall a, b \in \mathsf{T})\ b \neq 0 \Rightarrow a = \mathsf{quotient}(a, b) \cdot b + \mathsf{remainder}(a, b)$
　$\wedge\ (\forall a, b \in \mathsf{T})\ (a \neq 0 \vee b \neq 0) \Rightarrow \gcd(a, b)\ \text{は終了する}$

ここで，gcd は次のように定義されます。

```
template<typename T, typename S>
    requires(EuclideanSemimodule(T, S))
T gcd(T a, T b)
{
    // 事前条件: ¬(a = 0 ∧ b = 0)
    while (true) {
        if (b == T(0)) return a;
        a = remainder(a, b);
        if (a == T(0)) return b;
        b = remainder(b, a);
    }
}
```

すべての可換半環は，自分自身に対して半加群ですので，このアルゴリズムは，実数に対する多項式と同様に，quotient が同じ型を返す場合でも使用できます。

5.6　Stein の gcd

1961 年 Josef Stein は，整数に対する新たな gcd アルゴリズム [Stein, 1967] を発見しました。それは，多くの場合にユークリッドの互除法よりも速いです。彼のアル

ゴリズムは，良く知られた次の2つの特性に依存しています。

$$\gcd(a, b) = \gcd(b, a)$$
$$\gcd(a, a) = a$$

すべての $a > b > 0$ に対する次の追加の特性と一緒にまとめます。

$$\gcd(2a, 2b) = 2\gcd(a, b)$$
$$\gcd(2a, 2b + 1) = \gcd(a, 2b + 1)$$
$$\gcd(2a + 1, 2b) = \gcd(2a + 1, b)$$
$$\gcd(2a + 1, 2b + 1) = \gcd(2b + 1, a - b)$$

演習 5.3 整数に対する Stein の gcd を実装し，終了することを証明しなさい。

Stein の gcd は，整数の 2 進表現に依存しているように見えるかもしれませんが，2 が最小の素数であることにより，他の定義域での最小の素数を使用することで，Stein の gcd をその定義域に対しても一般化できます。たとえば，多項式に対する単項 x[11]，あるいは，ガウスの整数です[12]。Stein の gcd は，ユークリッドではない環に対しても使用できます[13]。

課題 5.2 Stein の gcd に対する正しい一般的な枠組みを見つけなさい[14]。

5.7 商

高速な商と剰余の導出は，初めに示した高速な剰余の導出と似ています。a を $2b$ で割る商 n と剰余 v を用いて，a を b で割る商 m と剰余 u に対する式を導出します。

$$a = n(2b) + v$$

剰余 v は，約数 $2b$ より小さくなければなりませんので，次に従います。

$$u = \begin{cases} v & v < b \text{ ならば} \\ v - b & v \geq b \text{ ならば} \end{cases}$$

---

[11] Knuth [1997, Exercise 4.6.1.6 (435 頁) と Solution (673 頁)] を参照してください。
[12] Weilert [2000] を参照してください。
[13] Agarwal および Frandsen [2004] を参照してください。
[14] 訳注：Stein の *gcd* が扱うことができる型がモデル化しているコンセプトを見つけなさい，という意味です。

これにより，次のコードとなります．

```
template<typename T>
    requires(ArchimedeanMonoid(T))
pair<QuotientType(T), T>
quotient_remainder_nonnegative(T a, T b)
{
    // 事前条件: $a \geq 0 \land b > 0$
    typedef QuotientType(T) N;
    if (a < b) return pair<N, T>(N(0), a);
    if (a - b < b) return pair<N, T>(N(1), a - b);
    pair<N, T> q = quotient_remainder_nonnegative(a, b + b);
    N m = twice(q.m0);
    a = q.m1;
    if (a < b) return pair<N, T>(m, a);
    else       return pair<N, T>(successor(m), a - b);
}
```

「二分割」が利用可能であれば，次のようになります．

```
template<typename T>
    requires(HalvableMonoid(T))
pair<QuotientType(T), T>
quotient_remainder_nonnegative_iterative(T a, T b)
{
    // 事前条件: $a \geq 0 \land b > 0$
    typedef QuotientType(T) N;
    if (a < b) return pair<N, T>(N(0), a);
    T c = largest_doubling(a, b);
    a = a - c;
    N n(1);
    while (c != b) {
        n = twice(n);
        c = half(c);
        if (c <= a) {
            a = a - c;
            n = successor(n);
        }
    }
```

```
        return pair<N, T>(n, a);
}
```

5.8 負数の商と剰余

多くのコンピュータ・プロセッサとプログラミング言語が使用している商と剰余の定義は，負数を正しく扱っていません。アルキメデスの群に対するアルキメデスのモノイドのための定義の拡張は，次の特性を満たさなければなりません。ここで，$b \neq 0$ です。

$$a = \mathsf{quotient}(a, b) \cdot b + \mathsf{remainder}(a, b)$$
$$|\mathsf{remainder}(a, b)| < |b|$$
$$\mathsf{remainder}(a + b, b) = \mathsf{remainder}(a - b, b) = \mathsf{remainder}(a, b)$$

最後の特性は，合同の古典的な数学定義に等しいです[*15]。整数論に関する書籍ではたいていは $b > 0$ と仮定していますが，remainder を $b < 0$ へ矛盾なく拡張できます。これらの要件は，ゼロ方向に商を切り捨てる実装では満足しません。なぜならば，3番目の要件を満足しないからです[*16]。3番目の要件を破ることだけではなく，切り捨ては丸めとしては悪い方法です。なぜならば，切り捨てでは，値がゼロとなってしまう頻度がゼロ以外の整数への頻度の2倍となるからです。その結果，均一な分布にはなりません。

負ではない入力に対する3要件を満たす剰余手続き rem と商-剰余手続き quo_rem が与えられたとしたら，正あるいは負の入力に対して正しい結果を生み出すアダプタ手続きを書くことができます。そのアダプタ手続きは，**アルキメデス群**（*Archimedean group*）に対しても機能します。

$ArchimedeanGroup(\mathsf{T}) \triangleq$
$\quad ArchimedeanMonoid(\mathsf{T})$
$\quad \wedge\ AdditiveGroup(\mathsf{T})$

[*15] 「2つの数 a と b が，同じ法 k に関連して同じ剰余を持つのであれば，法 k に関して**合同**（*congruent*）であると呼ばれます。（ガウスに従う）」[Dirichlet, 1863]

[*16] 商と剰余の優れた説明に関しては，Boute [1992] を参照してください。Boute は，E と F として2つの受け入れられる拡張を特定しています。筆者らは，Knuth に従っていますが，それは Boute が F と呼ぶものです。

5.8 負数の商と剰余

```
template<typename Op>
    requires(BinaryOperation(Op) &&
        ArchimedeanGroup(Domain(Op)))
Domain(Op) remainder(Domain(Op) a, Domain(Op) b, Op rem)
{
    // 事前条件: $b \neq 0$
    typedef Domain(Op) T;
    T r;
    if (a < T(0))
        if (b < T(0)) {
            r = -rem(-a, -b);
        } else {
            r =  rem(-a,  b); if (r != T(0)) r = b - r;
        }
    else
        if (b < T(0)) {
            r =  rem(a, -b);  if (r != T(0)) r = b + r;
        } else {
            r =  rem(a,  b);
        }
    return r;
}

template<typename F>
    requires(HomogeneousFunction(F) && Arity(F) == 2 &&
        ArchimedeanGroup(Domain(F)) &&
        Codomain(F) == pair<QuotientType(Domain(F)),
                            Domain(F)>)
pair<QuotientType(Domain(F)), Domain(F)>
quotient_remainder(Domain(F) a, Domain(F) b, F quo_rem)
{
    // 事前条件: $b \neq 0$
    typedef Domain(F) T;
    pair<QuotientType(T), T> q_r;
    if (a < T(0)) {
        if (b < T(0)) {
            q_r = quo_rem(-a, -b); q_r.m1 = -q_r.m1;
        } else {
```

```
                    q_r = quo_rem(-a,  b);
                    if (q_r.m1 != T(0)) {
                        q_r.m1 = b - q_r.m1; q_r.m0 = successor(q_r.m0);
                    }
                    q_r.m0 = -q_r.m0;
                }
            } else {
                if (b < T(0)) {
                    q_r = quo_rem( a, -b);
                    if (q_r.m1 != T(0)) {
                        q_r.m1 = b + q_r.m1; q_r.m0 = successor(q_r.m0);
                    }
                    q_r.m0 = -q_r.m0;
                }
                else
                    q_r = quo_rem( a,  b);
            }
            return q_r;
        }
```

補題 5.21 remainder と quotient_remainder は，それらの関数パラメータが正の引数に対して 3 要件満たす場合には，3 要件を満たす．

5.9 コンセプトとそのモデル

第 2 章から，コンセプトを正式に定義しないで，整数型を使用してきました．この章の初めに定義した順序代数構造に基づいて，整数の扱いを形式化できます．最初に，**離散アルキメデス半環**を定義します．

$DiscreteArchimedeanSemiring(\mathsf{T}) \triangleq$
  $\quad CommutativeSemiring(\mathsf{T})$
  $\quad \wedge\ ArchimedeanMonoid(\mathsf{T})$
  $\quad \wedge\ (\forall a, b, c \in \mathsf{T})\, a < b \wedge 0 < c \Rightarrow a \cdot c < b \cdot c$
  $\quad \wedge\ \neg(\exists a \in \mathsf{T})\, 0 < a < 1$

5.9 コンセプトとそのモデル

離散性（*discreteness*）は，最後の特性を指しています。つまり，0 と 1 の間に要素は存在しません。

離散アルキメデス半環は，負の要素を持つかもしれません。負の要素を持たない関連するコンセプトは，次のものです。

$NonnegativeDiscreteArchimedeanSemiring(\mathsf{T}) \triangleq$
$\quad DiscreteArchimedeanSemiring(\mathsf{T})$
$\quad \wedge \ (\forall a \in \mathsf{T}) \, 0 \leq a$

離散アルキメデス半環は，加法逆元が欠如しています。加法逆元を持つ関連するコンセプトは，次のものです。

$DiscreteArchimedeanRing(\mathsf{T}) \triangleq$
$\quad DiscreteArchimedeanSemiring(\mathsf{T})$
$\quad \wedge \ AdditiveGroup(\mathsf{T})$

2 つの型 T と T' は，手続きと公理を維持しながら T から T' へおよび T' から T への変換関数を書くことができる場合には，**同型**（*isomorphic*）です。

コンセプトは，それを満足させるすべての型が同型であれば，**単葉**（*univalent*）です。コンセプト $NonnegativeDiscreteArchimedeanSemiring$ は単葉です。つまり，それを満足している型は，$\mathbb{N}$，すなわち，自然数に対して同型です[17]。$DiscreteArchimedeanRing$ は単葉です。つまり，それを満足している型は，$\mathbb{Z}$，すなわち，整数に対して同型です。ここまでに説明してきたように，公理を追加することで，コンセプトのモデル数は減少します。したがって，単葉性へ素早く達します。

この章では，一般的なコンセプトから具体的なコンセプトへと演算と公理を追加することで演繹的に説明しています。演繹的方法は，コンセプトおよび関連する定理とアルゴリズムの分類を示しています。実際の発見プロセスでは，整数や実装などの具象モデルから始めて，興味深いアルゴリズムが適用できるもっとも弱いコンセプトを見つけるために演算と公理を取り除くことで帰納的に説明しています。

コンセプトを定義する場合には，公理の独立性と一貫性を検証しなければなりません。そして，その有用性を示さなければなりません。

命題は，すべての公理が真であるが命題が偽であるモデルが存在すれば，公理の集合から**独立**（*independent*）しています。たとえば，結合規則と可換性は独立しています。文字列の結合は結合的ですが，可換ではありません。一方で，2 つの値の平均（$\frac{x+y}{2}$）は可換ですが結合的ではありません。命題は，公理の集合から導き出すこと

---

[17] 本書では，Peano [1908, 27 頁] に従っており，自然数には 0 を含みます。

ができるのであれば，それら公理の集合に**従属**（*dependent*），すなわち，**証明可能**（*provable*）です。

コンセプトは，モデルを持っていれば，**一貫**（*consistent*）しています。例を続けると，自然数の加算は結合的で可換です。コンセプトは，命題とその否定の両方が公理から導き出せるのであれば，**相反**（*inconsistent*）しています。言い換えると，一貫性を示すためにモデルを構築し，相反していることを示すために矛盾を導き出します。

コンセプトは，それが最も抽象的な枠組みである有用なアルゴリズムが存在すれば，**有用** です。 たとえば，同等でバラバラな順序に対する簡約は，どのような結合的かつ可換な演算にも適用できます。

5.10　コンピュータの整数型

一般的に，コンピュータの命令セットは，自然数と整数の部分的表現を提供しています。たとえば，$n = 8, 16, 32, 64, \ldots$ である**有界符号なし 2 進整数型**（*bounded unsigned binary integer type*）U_n は，区間 $[0, 2^n)$ の値を表現可能な符号なし整数型です。$n = 8, 16, 32, 64, \ldots$ である**有界符号付き 2 進整数型**（*bounded signed binary integer type*）S_n は，区間 $[-2^{n-1}, 2^{n-1})$ の値を表現可能な符号付き整数型です。これらの型は有界ですが，典型的なコンピュータの命令では，結果は有界値の組として符号化されますので，それらの型に対する全演算を提供しています。

一般的に，次のようなシグニチャを持つ，有界符号なし型に対する命令が存在します。

$$\text{sum\_extended} : U_n \times U_n \times U_1 \to U_1 \times U_n$$
$$\text{difference\_extended} : U_n \times U_n \times U_1 \to U_1 \times U_n$$
$$\text{product\_extended} : U_n \times U_n \to U_{2n}$$
$$\text{quotient\_remainder\_extended} : U_n \times U_n \to U_n \times U_n$$

U_{2n} は，$U_n \times U_n$（U_n の組）として表現できることに注意してください。これらのハードウェア演算に対して完全なアクセスを提供するプログラミング言語は，整数型に関して効率的で抽象的なソフトウェア部品を書くことを可能にします。

課題 5.3 有界符号なしおよび有界符号付き 2 進整数に対する一連のコンセプトを設計しなさい。今日のコンピュータ・アーキテクチャに対する命令セットの研究には，含まれるべき機能性が示されています。それらの命令セットの素晴らしい抽象化は，MMIX [Knuth, 2005] によって提供されています。

5.11 結論

抽象的用語でアルゴリズムを記述し，アルゴリズム要件に合うように理論を調整することで，アルゴリズムと数学構造を組み合わせて継ぎ目のない全体を形成できます。この章の数学とアルゴリズムは，2000年以上前の成果を抽象的に述べ直したものです。

第6章

イテレータ

この章では，**イテレータ**（*iterator*）のコンセプトを紹介します。イテレータは，アルゴリズムと順次データ構造間のインタフェースです。イテレータのコンセプトの階層は，様々な種類の順次走査に対応します。それらは，シングルパス前方，マルチパス前方，双方向，ランダムアクセスです[*1]。この章では，線形探索や2分探索などの一般的なアルゴリズムに対する様々なインタフェースを調べます。**有界区間**（*bounded range*）と**算入区間**（*counted range*）は，様々な順次アルゴリズムに対してインタフェースを定義する柔軟な方法を提供します。

6.1 読み込み可能性

すべてのオブジェクトはアドレスを持っています。アドレスは，コンピュータメモリに対する整数インデックスです。アドレスにより，オブジェクトへアクセスしたり，オブジェクトを修正したりできます。さらに，アドレスにより，広範囲で様々なデータ構造を構築することができ，その多くは，アドレスが実質的に整数であり，整数のような演算が可能であるという事実に依存しています。

イテレータは，アドレスの様々な側面を抽象化しているコンセプト群であり，アドレスを取り扱うだけではなく，最小限の要件を満たすアドレスに類似したオブジェクトを取り扱うことを可能にします。第7章では，より広範囲のコンセプト群である**座標構造**（*coordinate structure*）を説明します。

イテレータに対しては2種類の演算があります。値へのアクセスと走査です。アクセスには3種類があります。読み込み，書き込み，読み書きです。線形走査には4種類があります。シングルパス前方（入力ストリーム），マルチパス前方（単一リンク

[*1] 筆者らのイテレータの扱いは，StepanovとLee [1995] での扱いをさらに洗練したものですが，いくつかの点で異なっています。

リスト），双方向（双方向リンクリスト），そして，ランダムアクセス（配列）です。

この章では，アクセスの1つ目の種類について調べます。すなわち，別のオブジェクトによって示されるオブジェクトの値を得る能力である読み込み可能性です。型 T は，それに対して定義されている単項関数 source が型 ValueType(T) のオブジェクトを返すのであれば，**読み込み可能**（*readable*）です。

$Readable$(T) $\triangleq$
    $Regular$(T)
    $\wedge$ ValueType : $Readable \rightarrow Regular$
    $\wedge$ source : T $\rightarrow$ ValueType(T)

source は，値が必要である文脈においてだけ使用されています。その結果である値は，値渡しか定数参照渡しで手続きに渡すことができます。

　読み込み可能型のオブジェクトであっても source が定義されていないオブジェクトが存在するかもしれません。source は全体（*total*）である必要はありません。そのコンセプトは，source が特定のオブジェクトに対して定義されているかを決めるための定義空間述語を提供していません。たとえば，型 T へのポインタが与えられたとして，それが正当に構築されたオブジェクトを指しているのかを決定することは不可能です。アルゴリズムにおける source を使用することの正当性は，事前条件から導出しなければなりません。

　読み込み可能型のオブジェクトに対して source を呼び出してデータへアクセスすることは，そのデータをアクセスする他の方法と同じ位い速いです。特に，メインメモリ上に存在する値型 T の読み込み可能型のオブジェクトに対しては，source のコストが，T への通常ポインタの指す先を参照するコストとほぼ同じであることを期待しています。通常のポインタと同様に，メモリ階層によって不均一性[2]が存在するかもしれません。言い換えると，アルゴリズムを高速化するためにイテレータの代わりにポインタを保存する必要はありません。

　他のオブジェクトへのポインタを持たないオブジェクトの型に対して source を拡張することは有用です。そのような型のオブジェクトに対して source が適用された場合に，その引数を返すように拡張します。それにより，型 T の値に対して，プログラムが要件を指定できるようになります。その指定は，型 T の値，型 T へのポインタ，あるいは，一般的に T の値型を持つ読み出し可能型が要件を満足させる方法で行われます。したがって，別途定義されていない限り，ValueType(T) = T であり，source は適用されたオブジェクトを返すと想定します。

---

[2] 訳注：メモリへの実際のアクセスでは，CPU 内のキャッシュメモリが関係するために，どのようなアドレスでも同じコストで参照できるとは限らないという意味です。

6.2 イテレータ

走査は，新たなイテレータを生成できることを必要とします．第2章で見てきたように，型の新たな値を生成する1つの方法は，変換を用いることです．変換は正則ですが，ワンパス・アルゴリズムによっては，走査の正則性は必要としません．そして，入力ストリームなどのモデルによっては，走査の正則性は提供しません．したがって，最も弱いイテレータのコンセプトは，**疑似変換**[*3]（*pseudotransformation*）successor と型関数 DistanceType だけを必要とします．

$Iterator(\mathsf{T}) \triangleq$
  $Regular(\mathsf{T})$
  $\wedge$ DistanceType : $Iterator \rightarrow Integer$
  $\wedge$ successor : $\mathsf{T} \rightarrow \mathsf{T}$
  $\wedge$ successor は必ずしも正則である必要はない

DistanceType は，整数型を返します．その返される整数型は，その型に許される successor の適用のすべてのシーケンスを測定するに十分な大きさのものです．正則性はデフォルトで想定されていますので，正則性が successor に対する要件ではないことを明示的に述べなければなりません．

読み込み可能型に対する source と同様に，successor は全（*total*）である必要はありません．successor が定義されていないイテレータ型のオブジェクトが存在しても構いません．このコンセプトは，successor が特定のオブジェクトに対して定義されているかを決定するための定義空間述語を提供しません．たとえば，配列へのポインタは，何回インクリメントできるかを示す情報を含んでいません．アルゴリズムにおいて successor を使用することの正当性は，事前条件から導出されなければなりません．

次は，successor に対応するアクションを定義しています．

```
template<typename I>
    requires(Iterator(I))
void increment(I& x)
{
    // 事前条件: successor(x) は定義されている
    x = successor(x);
}
```

[*3] 疑似変換は，変換のシグニチャですが，正則ではありません．

線形探索やコピーなどの多くの重要なアルゴリズムは，**シングルパス** (*single-pass*)
です．すなわち，それらのアルゴリズムは，successor を一度だけ各イテレータの値に
適用します．したがって，それらのアルゴリズムは，入力ストリームで使用できます．
そして，それが，successor が正則であることの要件を必要としない理由です．すなわ
ち，i = j は，successor が定義されている場合であっても，successor(i) = successor(j)
を意味しません．さらに，successor(i) が呼ばれた後は，i とそれに等しいイテレータ
は，もはや整形式 (*well formed*) ではないかもしれません．それらのイテレータは部
分的な形式を保っており，破壊あるいは代入することができます．しかし，successor,
source, = をそれらに適用すべきではありません．

successor(i) = successor(j) は，i = j を意味しないことに注意してください．たと
えば，2 つのヌル終端の単方向リンクリストを考えてみてください．

イテレータは，データのコレクション全体を走査する他の方法と同じ速さで線形に
走査します．

整数型が *Iterator* をモデル化するためには，その整数型は距離型を持っていなけ
ればなりません．符号なし整数型は，それ自身の距離型です．有界符号付き 2 進整数
型 S_n に対しては，その距離型は，対応する符号なし型 U_n です．

6.3 区間

f がイテレータ型のオブジェクトで，n が対応する距離型のオブジェクトの場合に
は，f から開始する，n 個のイテレータからなる**弱区間** (*weak range*) [f, n) に対し
て演算を行うアルゴリズムの定義が欲しくなります．それは，次の形式のコードを使
用します．

```
while (!zero(n)) { n = predecessor(n); ... f = successor(f); }
```

次のプロパティにより，上記の繰り返しが可能になります．

property(I : *Iterator*)
weak_range : I × DistanceType(I)
　　(f, n) ↦ (∀i ∈ DistanceType(I))
　　　　　　($0 \leq i \leq n$) ⇒ $\text{successor}^i(f)$ は定義されている

補題 6.1 $0 \leq j \leq i \land \text{weak\_range}(f, i) \Rightarrow \text{weak\_range}(f, j)$

弱区間では，そのサイズまで進めることができます．

```
template<typename I>
    requires(Iterator(I))
I operator+(I f, DistanceType(I) n)
{
    // 事前条件: $n \geq 0 \land \mathsf{weak\_range}(f, n)$
    while (!zero(n)) {
        n = predecessor(n);
        f = successor(f);
    }
    return f;
}
```

次の公理を追加することで，区間に循環が存在しないことを保証します。

property(I : *Iterator*, N : *Integer*)
counted_range : $\mathrm{I} \times \mathrm{N}$
　　$(f, n) \mapsto \mathsf{weak\_range}(f, n) \land$
　　　　　　　$(\forall i, j \in \mathrm{N})\,(0 \leq i < j \leq n) \Rightarrow$
　　　　　　　　　　$\mathsf{successor}^i(f) \neq \mathsf{successor}^j(f)$

f と l がイテレータ型のオブジェクトの場合，f から開始して，境界が l であるイテレータからなる**有界区間**（*bounded range*）[f, l) を扱うアルゴリズムの定義が欲しくなります。それは，次の形式のコードを使用します。

```
while (f != l) { ... f = successor(f); }
```

次のプロパティにより，上記の繰り返しが可能になります。

property(I : *Iterator*)
bounded_range : $\mathrm{I} \times \mathrm{I}$
　　$(f, l) \mapsto (\exists k \in \mathsf{DistanceType}(\mathrm{I}))\, \mathsf{counted\_range}(f, k) \land \mathsf{successor}^k(f) = l$

有界区間を使用している繰り返しの構造は，l に最初に遭遇すると終了します。したがって，弱区間とは異なり，循環を持つことができません。

有界区間では，イテレータに対する部分的減算を実装できます[4]。

```
template<typename I>
    requires(Iterator(I))
```

---

[4] 第 2 章の distance に似ていることに注意してください。

```
        DistanceType(I) operator-(I l, I f)
        {
            // 事前条件: bounded_range(f, l)
            DistanceType(I) n(0);
            while (f != l) {
                n = successor(n);
                f = successor(f);
            }
            return n;
        }
```

successor は正則ではないかもしれませんので，事前条件が成り立つ場合，すなわち，有界区間のサイズを計算した場合にだけ，減算は使用されるべきです。

この本における，イテレータと整数間の + と − の定義は，+ と − が同じ型に対して常に定義されている数学的使用とは矛盾していません。数学の場合と同様に，イテレータと整数間の +，および，イテレータ間の − はどちらも，successor に関して帰納的に定義されています。自然数に対する加算の標準的な帰納的定義は，successor 関数[5]を使用します。

$$a + 0 = a$$
$$a + \mathsf{successor}(b) = \mathsf{successor}(a + b)$$

イテレータに対する f + n の繰り返し定義は，f と n が異なる型であっても，同じです。自然数と同様に，結合規則の変形は帰納法により証明可能です。

補題 6.2 $(f + n) + m = f + (n + m)$

事前条件では，区間内の一部であることを指定する必要があります。**半開**（*half-open*）**区間**と**閉**（*closed*）**区間**を導入するために，**区間**（*interval*）から規則を借用します（付録 A 参照）。弱区間あるいは算入区間，および，有界区間に対して様々な表記を使用します。

$n \geq 0$ を満たす n が整数である**半開弱**（*half-open weak*）**区間**あるいは**算入**（*counted*）**区間** $[f, n)$ は，イテレータ $\{\mathsf{successor}^k(f) \mid 0 \leq k < n\}$ のシーケンスを表します。$n \geq 0$ を満たす n が整数である**閉弱**（*closed weak*）**区間**あるいは**算入**（*counted*）**区間** $[f, n]$ は，イテレータ $\{\mathsf{successor}^k(f) \mid 0 \leq k \leq n\}$ のシーケンスを表

---

[5] Grassmann [1861] が最初に導入しました。Grassmann の定義は，Peano [1908] で普及しました。

半開（*half-open*）有界区間 [f, l) は，半開算入区間 [f, l − f) に等しいです。閉（*closed*）有界区間 [f, l] は，閉算入区間 [f, l − f] に等しいです。
　　区間の**サイズ**（*size*）は，それが表すシーケンス内のイテレータ数です。

　　補題 6.3 successor は，半開区間のすべてのイテレータに対して定義されており，閉区間の最後を除いたすべてのイテレータに対して定義されている。

　　r が区間で，i がイテレータならば，「i が r に対応するイテレータの集合のメンバーなら i ∈ r である」と言います。

　　補題 6.4 i ∈ [f, l) ならば，[f, i) と [i, l) はどちらも，有界区間である。

　　空の半開区間は，あるイテレータ i を使って [i, 0) もしくは [i, i) と特定されます。空の閉区間は存在しません。

　　補題 6.5 i ∉ [i, 0) ∧ i ∉ [i, i)

　　補題 6.6 空区間は，最初の要素も最後の要素も持っていない。

　　特定のイテレータから開始する，イテレータの空シーケンスを表現することは有用です。たとえば，2分探索は，与えられた値と等しい値を持つイテレータのシーケンスを探します。このシーケンスは，そのような値が存在しなければ空ですが，挿入されるとしたら現れるであろう場所に位置しています。
　　イテレータ l は，半開有界区間 [f, l) の**境界**（*limit*）と呼ばれます。イテレータ f + n は，半開弱区間 [f, n) の境界です。空区間は，最初と最後の要素を持っていませんが，境界を持っていることに注意してください。

　　補題 6.7 半開弱区間 [f, n) のサイズは n。閉弱区間 [f, n] のサイズは n+1。
　　半開有界区間 [f, l) のサイズは l − f。閉有界区間 [f, l] のサイズは (l − f) + 1。

　　i と j が算入区間あるいは有界区間内のイテレータならば，i ≠ j ∧ bounded_range(i, j) を意味する関係 i ≺ j を定義します。言い換えると，successor の1回以上の適用で，i から j へ通じるということです。関係 ≺（「先行」）および対応する反射関係 ⪯（「先行あるいは等しい」）は，アルゴリズムの事前条件や事後条件などの仕様内で用いられます。イテレータ型の値の多くの組に対して，≺ は定義されていません。したがって，一般的に ≺ を実装するコードを書く効果的な方法はありません。たとえば，リンク構造内で1つのノードが他のノードより先行していることを

決定するための効率的な方法はありません．その2つのノードは，一緒にリンクされていないこともあります．

6.4　読み込み可能区間

Readable と *Iterator* をモデル化している型のイテレータの区間は，その区間内のすべてのイテレータに対して source が定義されていれば，**読み込み可能**（*readable*）です．

property(I : *Readable*)
　requires(Iterator(I))
readable_bounded_range : I × I
　　(f, l) ↦ bounded_range(f, l) ∧ (∀i ∈ [f, l)) source(i) は定義されている

source は，区間の境界に対して定義されている必要がないことに注意してください．また，successor が適用された後はイテレータは整形式ではないかもしれませんので，イテレータのサクセサー（*successor*）を得た後にそのイテレータに source が適用できることは保証されません．readable_weak_range と readable_counted_range は同様に定義されます．

読み込み可能区間を与えられたとすると，その区間内の個々の値に対して手続きを適用できます．

```
template<typename I, typename Proc>
    requires(Readable(I) && Iterator(I) &&
        Procedure(Proc) && Arity(Proc) == 1 &&
        ValueType(I) == InputType(Proc, 0))
Proc for_each(I f, I l, Proc proc)
{
    // 事前条件: readable_bounded_range(f, l)
    while (f != l) {
        proc(source(f));
        f = successor(f);
    }
    return proc;
}
```

手続きが走査中に有益な情報を蓄積できますので，手続きを返しています[*6]．

[*6] 関数オブジェクトは，このような用途で使用できます．

次の手続きで線形検索を実装します。

```
template<typename I>
    requires(Readable(I) && Iterator(I))
I find(I f, I l, const ValueType(I)& x)
{
    // 事前条件: readable_bounded_range(f, l)
    while (f != l && source(f) != x) f = successor(f);
    return f;
}
```

返されたイテレータが区間の境界に等しいか，その値は x に等しいです。境界が返された場合は，検索の失敗を示しています。サイズ n の区間の検索に対しては n + 1 個の結果が存在しますので，このアルゴリズムや多くのアルゴリズムで，境界は有用な目的を果たします。find が関わる検索は，返されたイテレータを 1 つ進めて find を再度呼び出すことで再開できます。

x との比較を，不等式から等式を使用するように変更することで，find_not が得られます。

等しい値を検索するということを，単項述語を満足する最初の値を検索することに一般化できます。

```
template<typename I, typename P>
    requires(Readable(I) && Iterator(I) &&
        UnaryPredicate(P) && ValueType(I) == Domain(P))
I find_if(I f, I l, P p)
{
    // 事前条件: readable_bounded_range(f, l)
    while (f != l && !p(source(f))) f = successor(f);
    return f;
}
```

述語の否定の適用ではなく，述語を適用することで，find_if_not を得られます。

演習 6.1 find_if と find_if_not を使用して，有界区間と述語をそれぞれ受け取る数量関数 all, none, not_all, some を実装しなさい。

find と数量関数により，条件を満たす値を検索できます。さらに，条件を満足している値の個数を数えることもできます。

```
template<typename I, typename P, typename J>
    requires(Readable(I) && Iterator(I) &&
        UnaryPredicate(P) && Iterator(J) &&
        ValueType(I) == Domain(P))
J count_if(I f, I l, P p, J j)
{
    // 事前条件: readable_bounded_range(f, l)
    while (f != l) {
        if (p(source(f))) j = successor(j);
        f = successor(f);
    }
    return j;
}
```

jに整数を加算するために線形時間を必要とする場合には，明示的にjを渡すことは有用です．型Jは，Iを含めて，どのような整数型やイテレータ型でも可能です．

演習 6.2 適切な関数オブジェクトを for_each へ渡し，返された関数オブジェクトから累積結果を取り出すことで，count_if を実装しなさい．

自然なデフォルトは，ゼロから数え始めてイテレータの距離型を使用することです．

```
template<typename I, typename P>
    requires(Readable(I) && Iterator(I) &&
        UnaryPredicate(P) && ValueType(I) == Domain(P))
DistanceType(I) count_if(I f, I l, P p) {
    // 事前条件: readable_bounded_range(f, l)
    return count_if(f, l, p, DistanceType(I)(0));
}
```

述語を等価性検査で置き換えることで，count が得られます．検査を否定することで，count_not と count_if_not が得られます．

a_i の合計に対する表記 $\sum_{i=0}^{n} a_i$ は，他の二項演算に頻繁に一般化されます．たとえば，$\prod_{i=0}^{n} a_i$ は積に対して使用されますし，$\bigwedge_{i=0}^{n} a_i$ は論理積に対して使用されます．それぞれの場合で，演算は結合的であり，グループ化が重要ではないことを意味しています．Kenneth Iverson は，この表記をプログラミング言語 APL において，**簡約演算子**（*reduction operator*）/で統一しました．その演算子は，二項演算とシー

ケンスを受け取り，要素を簡約して単一の結果を生成します[*7]。たとえば，+/1 2 3 は 6 に等しいです。

Iverson は簡約を結合演算に限定していません。ここでは，Iverson の簡約を拡張して，区間に対するイテレータでも機能するようにしますが，**部分結合的**（*partially associative*）演算に限定します。つまり，演算が隣接する要素間で定義されていれば，再結合可能です。

property(Op : *BinaryOperation*)
partially_associative : Op
    op $\mapsto$ ($\forall a, b, c \in$ Domain(Op))
        もし op(a, b) と op(b, c) が定義されていれば，
        op(op(a, b), c) と op(a, op(b, c))) は定義されて，等しい

部分結合的であるが結合的ではない演算の例として，$l_0 = f_1$ の場合だけ定義される 2 つの区間 $[f_0, l_0)$ と $[f_1, l_1)$ の連結を考えてみてください。

二項演算が行われる前に，i から a_i を獲得して，各イテレータに単項関数を適用することを許します。任意の部分結合的演算は，単位元を持たないかもしれませんので，空ではない区間に対する簡約のバージョンを提供します。

```
template<typename I, typename Op, typename F>
    requires(Iterator(I) && BinaryOperation(Op) &&
        UnaryFunction(F) &&
        I == Domain(F) && Codomain(F) == Domain(Op))
Domain(Op) reduce_nonempty(I f, I l, Op op, F fun)
{
    // 事前条件: bounded_range(f, l) ∧ f ≠ l
    // 事前条件: partially_associative(op)
    // 事前条件: (∀x ∈ [f, l)) fun(x) は定義されている
    Domain(Op) r = fun(f);
    f = successor(f);
    while (f != l) {
        r = op(r, fun(f));
        f = successor(f);
    }
    return r;
}
```

[*7] Iverson [1962] を参照してください。

fun に対する自然なデフォルトは source です．空区間に対して返されるべきものとして単位元を渡すことができます．

```
template<typename I, typename Op, typename F>
    requires(Iterator(I) && BinaryOperation(Op) &&
        UnaryFunction(F) &&
        I == Domain(F) && Codomain(F) == Domain(Op))
Domain(Op) reduce(I f, I l, Op op, F fun, const Domain(Op)& z)
{
    // 事前条件: bounded_range(f, l)
    // 事前条件: partially_associative(op)
    // 事前条件: (∀x ∈ [f, l)) fun(x) は定義されている
    if (f == l) return z;
    return reduce_nonempty(f, l, op, fun);
}
```

単位元が関わる演算が遅いか，あるいは，実装するために余分なロジックを必要とする場合には，次の手続きが有用です．

```
template<typename I, typename Op, typename F>
    requires(Iterator(I) && BinaryOperation(Op) &&
        UnaryFunction(F) &&
        I == Domain(F) && Codomain(F) == Domain(Op))
Domain(Op) reduce_nonzeroes(I f, I l,
                            Op op, F fun, const Domain(Op)& z)
{
    // 事前条件: bounded_range(f, l)
    // 事前条件: partially_associative(op)
    // 事前条件: (∀x ∈ [f, l)) fun(x) は定義されている
    Domain(Op) x;
    do {
        if (f == l) return z;
        x = fun(f);
        f = successor(f);
    } while (x == z);
    while (f != l) {
        Domain(Op) y = fun(f);
        if (y != z) x = op(x, y);
```

```
        f = successor(f);
    }
    return x;
}
```

有界区間を受け取るアルゴリズムには，弱区間あるいは算入区間を受け取る対応をしたバージョンがあります。しかし，より多くの情報を返す必要があります。

```
template<typename I, typename Proc>
    requires(Readable(I) && Iterator(I) &&
        Procedure(Proc) && Arity(Proc) == 1 &&
        ValueType(I) == InputType(Proc, 0))
pair<Proc, I> for_each_n(I f, DistanceType(I) n, Proc proc)
{
    // 事前条件: readable_weak_range(f, n)
    while (!zero(n)) {
        n = predecessor(n);
        proc(source(f));
        f = successor(f);
    }
    return pair<Proc, I>(proc, f);
}
```

イテレータの最終値は返さなければなりません。なぜならば，successor の正則性の欠如により，再計算ができないかもしれないからです。successor が正則であるイテレータに対してでさえ，それを再計算するコストは，区間のサイズに対して線形の時間を要することがあります。

```
template<typename I>
    requires(Readable(I) && Iterator(I))
pair<I, DistanceType(I)> find_n(I f, DistanceType(I) n,
                                const ValueType(I)& x)
{
    // 事前条件: readable_weak_range(f, n)
    while (!zero(n) && source(f) != x) {
        n = predecessor(n);
        f = successor(f);
    }
```

```
        return pair<I, DistanceType(I)>(f, n);
}
```

検索の再開を可能にするために，find_n はイテレータの最終値とカウントを返します。

演習 6.3 有界区間を受け取る find，数量関数，count，reduce のすべてに対して，弱区間を受け取るバージョンを実装しなさい。

区間内のある要素が述語を満足していることに確信がある場合には，find_if のループでの 2 つの検査のうち 1 つを取り除くことができます。そのような要素は，**番兵**(*sentinel*) と呼ばれます。

```
template<typename I, typename P>
    requires(Readable(I) && Iterator(I) &&
        UnaryPredicate(P) && ValueType(I) == Domain(P))
I find_if_unguarded(I f, P p) {
    // 事前条件: (∃l) readable_bounded_range(f, l) ∧ some(f, l, p)
    while (!p(source(f))) f = successor(f);
    return f;
    // 事後条件: p(source(f))
}
```

述語の否定の適用ではなく，述語を適用することで，find_if_not_unguarded が得られます。

同じ値型を持つ 2 つの区間とその値型に対する関係を与えることで，値の一致していないペアを探すことができます。

```
template<typename I0, typename I1, typename R>
    requires(Readable(I0) && Iterator(I0) &&
        Readable(I1) && Iterator(I1) && Relation(R) &&
        ValueType(I0) == ValueType(I1) &&
        ValueType(I0) == Domain(R))
pair<I0, I1> find_mismatch(I0 f0, I0 l0, I1 f1, I1 l1, R r)
{
    // 事前条件: readable_bounded_range(f0, l0)
    // 事前条件: readable_bounded_range(f1, l1)
    while (f0 != l0 && f1 != l1 && r(source(f0), source(f1))) {
```

```
            f0 = successor(f0);
            f1 = successor(f1);
        }
        return pair<I0, I1>(f0, f1);
    }
```

演習 6.4 find_mismatch に対する事後条件を述べなさい。そして，両方のイテレータの最終値を返す理由を説明しなさい。

find_mismatch での関係に対する自然なデフォルトは，その値型に対する等価性です。

演習 6.5 算入区間と有界区間の 4 通りの組み合わせすべてに対する find_mismatch の対応したバージョンを設計しなさい。

時には，区間同士ではなく，同一区間の隣接要素間での不一致を見つけることが重要です。

```
    template<typename I, typename R>
        requires(Readable(I) && Iterator(I) &&
            Relation(R) && ValueType(I) == Domain(R))
    I find_adjacent_mismatch(I f, I l, R r)
    {
        // 事前条件: readable_bounded_range(f, l)
        if (f == l) return l;
        ValueType(I) x = source(f);
        f = successor(f);
        while (f != l && r(x, source(f))) {
            x = source(f);
            f = successor(f);
        }
        return f;
    }
```

successor が適用された後にイテレータに対して source を適用できませんので，前の値をコピーしておかなければなりません。Iterator の弱い要件は，一致していないペアの最初のイテレータを返すとすると，そのイテレータが整形されていない値を返す可能性があることを意味しています。

6.5 区間の増加

イテレータの値型に対する関係があり，その関係が区間内のすべての隣接する値のペアに対して成り立てば，そのイテレータ型に関する区間は，**関係保存**（*relation preserving*）と呼ばれます。言い換えると，find_adjacent_mismatch は，この区間および関係で呼び出された場合に境界を返します。

```
template<typename I, typename R>
    requires(Readable(I) && Iterator(I) &&
        Relation(R) && ValueType(I) == Domain(R))
bool relation_preserving(I f, I l, R r)
{
    // 事前条件: readable_bounded_range(f, l)
    return l == find_adjacent_mismatch(f, l, r);
}
```

弱順序 r があり，区間が r の逆の否定に対して関係を保存していれば，区間は **r 増加**（*r-increasing*）であると言います。弱順序 r があり，r に関して関係保存であれば，その区間は**厳密に r 増加**（*strictly r-increasing*）であると言います[8]。厳密に増加する区間であることの検査を実装することは簡単です。

```
template<typename I, typename R>
    requires(Readable(I) && Iterator(I) &&
        Relation(R) && ValueType(I) == Domain(R))
bool strictly_increasing_range(I f, I l, R r)
{
    // 事前条件: readable_bounded_range(f, l) ∧ weak_ordering(r)
    return relation_preserving(f, l, r);
}
```

関数オブジェクトを用いることで，増加区間に対する検査を実装できます。

```
template<typename R>
    requires(Relation(R))
struct complement_of_converse
```

---

[8] 著者によっては，「増加」と「厳密に増加」ではなく，それぞれ，「非減少」と「増加」を使用します。

```
{
    typedef Domain(R) T;
    R r;
    complement_of_converse(const R& r) : r(r) { }
    bool operator()(const T& a, const T& b)
    {
        return !r(b, a);
    }
};

template<typename I, typename R>
    requires(Readable(I) && Iterator(I) &&
        Relation(R) && ValueType(I) == Domain(R))
bool increasing_range(I f, I l, R r)
{
    // 事前条件: readable_bounded_range(f, l) ∧ weak_ordering(r)
    return relation_preserving(
        f, l,
        complement_of_converse<R>(r));
}
```

strictly_increasing_counted_range と increasing_counted_range を定義することは簡単です。

イテレータの値型に対する述語 p があり，イテレータ型に対する区間が，述語を満足しないすべての値に続いて述語を満足するすべての値が続いているのであれば，その区間は，p 分割 (p-*partitioned*) であると言います。区間が p 分割であることを示す検査は簡単です。

```
template<typename I, typename P>
    requires(Readable(I) && Iterator(I) &&
        UnaryPredicate(P) && ValueType(I) == Domain(P))
bool partitioned(I f, I l, P p)
{
    // 事前条件: readable_bounded_range(f, l)
    return l == find_if_not(find_if(f, l, p), l, p);
}
```

find_if の呼び出しにより返されるイテレータは，**分割点**（*partition point*）と呼ばれます．それは，もしあれば，述語を満足する値を持つ最初のイテレータです．

演習 6.6 算入区間が p 分割であるかを検査する述語 partitioned_n を実装しなさい．

失敗した検査は区間内の他のイテレータの値について何の情報も提供しませんので，線形検索は，successor の適用後に source を呼び出さなければなりません．しかし，分割された区間の均一性により，より多くの情報を得られます．

補題 6.8 もし，p が述語で，$[f, l)$ が p 分割区間なら，

$$(\forall m \in [f, l)) \, \neg p(\text{source}(m)) \Rightarrow (\forall j \in [f, m]) \, \neg p(\text{source}(j))$$
$$(\forall m \in [f, l)) \, p(\text{source}(m)) \Rightarrow (\forall j \in [m, l)) \, p(\text{source}(j))$$

これは，分割点を見つけるための二分法アルゴリズムを示唆しています．均一な分布を仮定すると，区間の中間点を検査することで，2 の倍数で検索空間を減らします．しかし，このようなアルゴリズムは，すでに走査済みの部分区間を走査する必要があるかもしれず，それには successor の正則性が必要です．

6.6 前方イテレータ

successor を正則にすることで，2 回以上同一区間を走査できるようになり，2 個以上のイテレータをその区間で維持できるようになります．

$ForwardIterator(\mathsf{T}) \triangleq$
　　　$Iterator(\mathsf{T})$
　　　$\wedge \; \text{regular\_unary\_function}(\text{successor})$

Iterator と *ForwardIterator* は 1 つの公理だけ異なっていることに注意してください．新たな演算は存在しません．successor に加えて，この章の後の部分で紹介する前方イテレータコンセプトを洗練して定義する他のすべての関数的手続きは正則です．successor の正則性により，進める前に値を保存することなく，find_adjacent_mismatch を実装することが可能になります．

```
template<typename I, typename R>
    requires(Readable(I) && ForwardIterator(I) &&
        Relation(R) && ValueType(I) == Domain(R))
```

6.6 前方イテレータ

```
I find_adjacent_mismatch_forward(I f, I l, R r)
{
    // 事前条件: readable_bounded_range(f, l)
    if (f == l) return l;
    I t;
    do {
        t = f;
        f = successor(f);
    } while (f != l && r(source(t), source(f)));
    return f;
}
```

t は，この一致していないペアの最初の要素を指しており，返せることに注意してください。

第 10 章では，様々なイテレータ・コンセプトに対して書かれたアルゴリズムのバージョンをオーバーロードするためのコンセプト・ディスパッチ（*concept dispatch*）の使用方法を示します。_forward などのサフィックスで，異なるバージョンを明確にできます。

successor の正則性により，分割点を見つけるための二分法アルゴリズムを実装することもできます。

```
template<typename I, typename P>
    requires(Readable(I) && ForwardIterator(I) &&
        UnaryPredicate(P) && ValueType(I) == Domain(P))
I partition_point_n(I f, DistanceType(I) n, P p)
{
    // 事前条件: readable_counted_range(f, n) ∧ partitioned_n(f, n, p)
    while (!zero(n)) {
        DistanceType(I) h = half_nonnegative(n);
        I m = f + h;
        if (p(source(m))) {
            n = h;
        } else {
            n = n - successor(h); f = successor(m);
        }
    }
    return f;
}
```

補題 6.9 partition_point_n は，p 分割区間 $[f, n)$ の分割点を返す。

有界区間内の分割点を二分法[*9]で見つけるためには，最初に区間のサイズを知る必要があります。

```
template<typename I, typename P>
    requires(Readable(I) && ForwardIterator(I) &&
        UnaryPredicate(P) && ValueType(I) == Domain(P))
I partition_point(I f, I l, P p)
{
    // 事前条件: readable_bounded_range(f, l) ∧ partitioned(f, l, p)
    return partition_point_n(f, l - f, p);
}
```

分割点の定義は，弱順序 r に対する r 増加区間に関する二分探索を容易に導き出します。増加区間に現れるか否かに関係なく，いかなる値 a に対しても，**下限境界**（*lower bound*）と**上限境界**（*upper bound*）と呼ばれる区間内の 2 つのイテレータを決定します。下限境界は，a に等しい値が増加シーケンス中に発生するであろう最初の位置です。同様に，上限境界は，a に等しい値が発生するであろう最後の位置の次です。したがって，a に等しい要素は，下限境界から上限境界の半開区間内にだけ現れます。たとえば，全順序を仮定すると，値 a に対する下限境界 l と上限境界 u を持つシーケンスは，次のようになります。

$$\underbrace{x_0, x_1, \ldots, x_{l-1}}_{x_i < a}, \underbrace{x_l, \ldots, x_{u-1}}_{x_i = a}, \underbrace{x_u, x_{u+1}, \ldots, x_{n-1}}_{x_i > a}$$

3 つの領域のどれでも空かもしれないことに注意してください。

補題 6.10 増加区間 $[f, l)$ 内で，その区間の値型のどのような値 a に対しても，その区間は次の 2 つの述語により分割される。

$$\text{lower\_bound}_a(x) \Leftrightarrow \neg r(x, a)$$
$$\text{upper\_bound}_a(x) \Leftrightarrow r(a, x)$$

[*9] 二分法の技法は，Bolzano [1817] および全く独立に Cauchy [1821] における「中間値の定理」（*Intermediate Value Theorem*）の証明まで少なくともさかのぼります。Bolzano と Cauchy は連続関数の最も一般的な場合に対してその技法を使用しましたが，Lagrange [1795] はそれ以前に，多項式の根を近似する特定の問題を解くために，その技法を使用しました。検索に対する二分法の最初の記述は，John W. Mauchly の講義 "Sorting and collating" [Mauchly, 1946] でした。

これにより，対応する述語の分割点として，下限境界と上限境界を厳密に定義できます。

補題 6.11 下限境界イテレータは，上限境界イテレータより先行するか等しい。

述語に相当する関数オブジェクトを実装することで，下限境界を決定するアルゴリズムが容易に導き出せます。

```
template<typename R>
    requires(Relation(R))
struct lower_bound_predicate
{
    typedef Domain(R) T;
    const T& a;
    R r;
    lower_bound_predicate(const T& a, R r) : a(a), r(r) { }
    bool operator()(const T& x) { return !r(x, a); }
};

template<typename I, typename R>
    requires(Readable(I) && ForwardIterator(I) &&
        Relation(R) && ValueType(I) == Domain(R))
I lower_bound_n(I f, DistanceType(I) n,
                const ValueType(I)& a, R r)
{
    // 事前条件: weak_ordering(r) ∧ increasing_counted_range(f, n, r)
    lower_bound_predicate<R> p(a, r);
    return partition_point_n(f, n, p);
}
```

同様に，上限境界に対しては，

```
template<typename R>
    requires(Relation(R))
struct upper_bound_predicate
{
    typedef Domain(R) T;
    const T& a;
```

```
        R r;
        upper_bound_predicate(const T& a, R r) : a(a), r(r) { }
        bool operator()(const T& x) { return r(a, x); }
};

template<typename I, typename R>
    requires(Readable(I) && ForwardIterator(I) &&
        Relation(R) && ValueType(I) == Domain(R))
I upper_bound_n(I f, DistanceType(I) n,
                const ValueType(I)& a, R r)
{
    // 事前条件: weak_ordering(r) ∧ increasing_counted_range(f, n, r)
    upper_bound_predicate<R> p(a, r);
    return partition_point_n(f, n, p);
}
```

演習 6.7 lower_bound_n と upper_bound_n を呼び出すことで行われる比較の合計回数よりも少ない比較を行い，下限境界と上限境界の両方を返す手続きを実装しなさい[*10]。

区間の中央に述語を適用することは，分割点アルゴリズムに述語を適用する最適な最悪回数を保証します．他の選択は，より大きな部分区間がその分割点を含むことを保証するアルゴリズムに負けることになります．分割点の期待される位置を事前に知っていることで，その分割点を調べることになります．

partition_point_n は述語を $\lfloor \log_2 n \rfloor + 1$ 回適用します．なぜならば，区間の長さはステップごとに因数 2 で約分されるからです．アルゴリズムは，イテレータ/整数加算を対数回実行します．

補題 6.12 前方イテレータに対して，アルゴリズムにより実行される successor 演算の合計回数は，区間のサイズ以下である．

partition_point は，l − f も計算し，それは，前方イテレータに対しては successor をさらに n 回呼び出します．述語の適用が successor を呼び出すより高価な場合には，リンクリストなどの前方イテレータに対してこれを使用することは価値があります．

[*10] STL での同様な関数は equal_range と呼ばれます．

補題 6.13 期待する分割点への距離が区間の半分のサイズに等しいと仮定すると，partition_point が前方イテレータに対する分割点を find_if よりも速く見つけるのは，以下の場合である．

$$\text{コスト}_{\text{successor}} < \left(1 - 2\frac{\log_2 n}{n}\right) \text{コスト}_{\text{述語}}$$

6.7 インデックス付きイテレータ

partition_point，lower_bound，upper_bound が線形検索よりも優れているためには，イテレータへの整数の加算，および，イテレータからのイテレータの減算が速いことを保証する必要があります．

$IndexedIterator(\mathsf{T}) \triangleq$
 $ForwardIterator(\mathsf{T})$
 $\wedge\ + : \mathsf{T} \times \mathsf{DistanceType}(\mathsf{T}) \to \mathsf{T}$
 $\wedge\ - : \mathsf{T} \times \mathsf{T} \to \mathsf{DistanceType}(\mathsf{T})$
 $\wedge\ +$ は定数時間を要する
 $\wedge\ -$ は定数時間を要する

successor に関して $Iterator$ に対して定義されている演算 $+$ と $-$ は，ここではプリミティブで速いことが必要とされます．つまり，このコンセプトは，計算量要件を強化している分だけ $ForwardIterator$ と異なります．インデックス付きイテレータに対する $+$ と $-$ のコストは，基本的に successor のコストに等しいことが期待されます．

6.8 双方向イテレータ

インデックス付けは可能ではありませんが，戻ることができる場合があります．

$BidirectionalIterator(\mathsf{T}) \triangleq$
 $ForwardIterator(\mathsf{T})$
 $\wedge\ \mathsf{predecessor} : \mathsf{T} \to \mathsf{T}$
 $\wedge\ \mathsf{predecessor}$ は定数時間を要する
 $\wedge\ (\forall i \in \mathsf{T})\ \mathsf{successor}(i)$ は定義されている $\Rightarrow$
  $\mathsf{predecessor}(\mathsf{successor}(i))$ は定義されていて i に等しい
 $\wedge\ (\forall i \in \mathsf{T})\ \mathsf{predecessor}(i)$ は定義されている $\Rightarrow$
  $\mathsf{successor}(\mathsf{predecessor}(i))$ は定義されていて i に等しい

successor と同様に，predecessor は全体 (*total*) である必要はありません．そのコンセプトの公理は，その定義空間を successor の定義空間に関連付けます．predecessor のコストは，基本的には successor のコストと同じであると期待されます．

補題 6.14 もし successor が双方向イテレータである i と j に対して定義されていれば，

$$\text{successor}(i) = \text{successor}(j) \Rightarrow i = j$$

双方向イテレータの弱区間内では，その区間の先頭まで戻ることが可能です．

```
template<typename I>
    requires(BidirectionalIterator(I))
I operator-(I l, DistanceType(I) n)
{
    // 事前条件: n ≥ 0 ∧ (∃f ∈ I) weak_range(f, n) ∧ l = f + n
    while (!zero(n)) {
        n = predecessor(n);
        l = predecessor(l);
    }
    return l;
}
```

双方向イテレータでは，後方に検索できます．前述したように，n 個のイテレータの区間を検索する場合には，n + 1 個の結果が存在します．そのことは，前方あるいは後方検索のどちらでも成り立ちます．したがって，形式 (f, l) で，左区間に関して半開を表現するための方法が必要です．「見つからなかった」ことを示すために，f を返します．それにより，イテレータ i で満足する要素を見つけられた場合には，successor(i) を返すことが強制されます．

```
template<typename I, typename P>
    requires(Readable(I) && BidirectionalIterator(I) &&
        UnaryPredicate(P) && ValueType(I) == Domain(P))
I find_backward_if(I f, I l, P p)
{
    // 事前条件: (f, l] は左区間に関して読み込み可能な有界半開
    while (l != f && !p(source(predecessor(l))))
        l = predecessor(l);
    return l;
}
```

これを find_if と比較することで，プログラム変換が明らかになります．f と l は役割を交換できます．source(i) は source(predecessor(i)) になります．そして，successor(i) は predecessor(i) になります．この変換において，空ではない区間では，l は参照可能ですが，f は参照可能ではありません．

示したプログラム変換は，前方イテレータの区間を受け取るどのようなアルゴリズムに対しても適用できます．したがって，双方向イテレータ型が与えられた場合に，successor が predecessor に，predecessor が successor に，source が predecessor の source になる別の双方向イテレータを生成するアダプタ型が実装可能となります[11]．このアダプタ型により，イテレータあるいは前方イテレータに対するアルゴリズムを，双方向イテレータに対して後方に機能させることが可能となります．そして，双方向イテレータに対するアルゴリズムに対して走査方向を交換することが可能となります．

演習 6.8 ループ内で predecessor を一度だけ呼び出すように find_backward_if を書き直しなさい．

演習 6.9 successor と predecessor の両方を使用するアルゴリズムの例として，区間が回文，つまり，前方と後方で同じに読めるかを決定する述語を実装しなさい．

6.9 ランダムアクセス・イテレータ

イテレータ型によっては，インデックス付きイテレータと双方向イテレータの両方の要件を満たします．それらの型は**ランダムアクセス・イテレータ**（*random-access iterator*）と呼ばれ，コンピュータアドレスの最大限の機能を提供します．

$RandomAccessIterator(\mathsf{T}) \triangleq$
$\quad IndexedIterator(\mathsf{T}) \wedge BidirectionalIterator(\mathsf{T})$
$\quad \wedge\ TotallyOrdered(\mathsf{T})$
$\quad \wedge\ (\forall i, j \in \mathsf{T})\, i < j \Leftrightarrow i \prec j$
$\quad \wedge\ \mathsf{DifferenceType} : RandomAccessIterator \to Integer$
$\quad \wedge\ + : \mathsf{T} \times \mathsf{DifferenceType}(\mathsf{T}) \to \mathsf{T}$
$\quad \wedge\ - : \mathsf{T} \times \mathsf{DifferenceType}(\mathsf{T}) \to \mathsf{T}$
$\quad \wedge\ - : \mathsf{T} \times \mathsf{T} \to \mathsf{DifferenceType}(\mathsf{T})$

---

[11] STL ではリバース・イテレータ・アダプタと呼ばれます．

∧ < は定数時間を要する

∧ イテレータと整数間の − は定数時間を要する

DifferenceType(T) は，距離と加法逆元を含むために十分な大きさです。i と j が有効な区間のイテレータならば，i − j は常に定義されています。イテレータに負の整数を加算したり，負の整数を減算したりすることも可能です。

より弱いイテレータ型に対して，演算 + と − は，1 つの区間内で定義されているだけです。ランダムアクセス・イテレータ型に対しては，+ と − だけではなく，< にも同じことが成り立ちます。一般に，2 つのイテレータに対する演算は，それらが同じ区間に属している場合にだけ定義されます。

課題 6.1 ランダムアクセス・イテレータの演算にお互いに関連する公理を定義しなさい。

次の定理がありますので，ランダムアクセス・イテレータを詳細には説明しません。

定理 6.1 ランダムアクセス・イテレータの明示的に与えられた区間に対して定義されている手続きでも，同じ計算量を持つインデックス付きイテレータに対して定義されている手続きが存在する。

> **証明：** ランダムアクセス・イテレータに対する演算は，同じ区間に属するイテレータに対して定義されているだけなので，インデックス付きイテレータ型が与えられたら，ランダムアクセス・イテレータ型を生成するアダプタ型を実装することが可能である。そのようなイテレータの状態はイテレータ f と整数 i を含んでおり，イテレータ f + i を表している。+，−，< などのイテレータ演算は，i に対して演算を行う。一方，source は，f + i に対して演算を行う。つまり，その区間の開始を指しているイテレータは，区間内のインデックスと一緒に使って，ランダムアクセス・イテレータのように振る舞う。　　（証明終）

この定理は，区間の開始が分かっている文脈におけるこれらのコンセプトの理論的な等値性を示しています。実際には，より弱いコンセプトを使用することに対する性能上のペナルティが無いことが分かっています。しかし，場合によっては，区間の開始を含むようにシグニチャを調整する必要があります。

課題 6.2 シーケンス内のサブシーケンスを見つけるための一連の抽象手続きを実装しなさい。適切なアルゴリズムを選択するためのトレードオフを述

べなさい[*12]。

6.10 結論

代数学は，半群，モノイド，群といったコンセプトの階層を提供しています。そのことは，最も一般的な文脈におけるアルゴリズムを述べることを可能にします。同様に，イテレータ・コンセプト（図 6.1）は，それらの最も一般的な文脈における順次データ構造に対するアルゴリズムを述べることを可能にします。これらのコンセプトの開発では，3 種類の洗練を使用しました。演算の追加，意味論の強化，そして，計算量要件の強化です。特に，3 つのコンセプトである**イテレータ**（*iterator*），**前方イテレータ**（*forward iterator*），**インデックス付きイテレータ**（*indexed iterator*）は，演算が異なっているのではなく，意味論と計算量によってのみ異なっています。様々なイテレータ・コンセプト，算入区間と有界区間，および，区間順序に対する様々な検索アルゴリズムは，順次プログラミングの基礎を提供します。

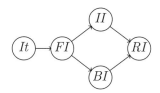

図 6.1　イテレータ・コンセプト

[*12] この問題に対して最も知られているアルゴリズムの 2 つは，Boyer および Moore [1977] と Knuth, et al. [1977] です。Musser および Nishanov [1997] は，これらのアルゴリズムに対する抽象的な枠組みのための良い基礎を提供しています。

第 7 章

座標構造

　第 6 章は，不変な線形形状を持つデータ構造内のオブジェクトとアルゴリズム間のインタフェースとして，一連のイテレータ・コンセプトを紹介しました。この章では，イテレータ・コンセプトを超えて，さらに複雑な形状を持つ座標構造を扱います。**分岐座標**（*bifurcate coordinate*）を紹介し，木走査に繰り返しを使うマシンを用いて，二分木に対するアルゴリズムを実装します。座標構造に対する概念スキーマを説明した後，同型（*isomorphism*），同値性（*equivalence*），順序（*ordering*）に対するアルゴリズムで締めくくります。

7.1　分岐座標

　イテレータを使うことで，各位置で 1 つのサクセサーだけを持つ線形構造を走査することができます。任意の数のサクセサーを持つデータ構造が存在しますが，この章では，すべての位置で左および右とラベル付けされた 2 つのサクセサーだけを持つ重要なデータ構造を学習します。そのような構造に対するアルゴリズムを定義するために，次のコンセプトを定義します。

$BifurcateCoordinate(\mathsf{T}) \triangleq$
　　$Regular(\mathsf{T})$
　$\land\ \mathsf{WeightType} : BifurcateCoordinate \to Integer$
　$\land\ \mathsf{empty} : \mathsf{T} \to \mathsf{bool}$
　$\land\ \mathsf{has\_left\_successor} : \mathsf{T} \to \mathsf{bool}$
　$\land\ \mathsf{has\_right\_successor} : \mathsf{T} \to \mathsf{bool}$
　$\land\ \mathsf{left\_successor} : \mathsf{T} \to \mathsf{T}$
　$\land\ \mathsf{right\_successor} : \mathsf{T} \to \mathsf{T}$
　$\land\ (\forall i, j \in \mathsf{T})\,(\mathsf{left\_successor}(i) = j \lor \mathsf{right\_successor}(i) = j) \Rightarrow \neg\mathsf{empty}(j)$

WeightType 型関数は，分岐座標を使用する走査内でのすべてのオブジェクトを数えることができる型を返します。WeightType は，イテレータ型に対する DistanceType に似ています。

　述語 empty はあらゆる場所に定義されています。それが真を返すならば，他の手続きはどれも定義されていません。empty は，has_left_successor と has_right_successor の両方に対する定義空間述語の否定です。has_left_successor は，left_successor に対する定義空間述語です。そして，has_right_successor は，right_successor に対する定義空間述語です。言い換えると，分岐座標が空でなければ，has_left_successor と has_right_successor は定義されています。それらのどちらか一方が真を返すならば，対応するサクセサー関数は定義されています。イテレータでは，アルゴリズムは区間の終わりを示すために境界やカウントを使用しています。分岐座標では，分岐が終了している多くの位置が存在します。したがって，座標がサクセサーを持つかを決定するために，述語 has_left_successor と has_right_successor を導入します。

　この本では，すべての演算が正則である $BifurcateCoordinate$ に対するアルゴリズムを記述します。これは，$Iterator$ コンセプトとは異なっています。$Iterator$ コンセプトでは，find などの最も基本的なアルゴリズムは successor の正則性を必要としませんし，入力ストリームといった正則ではないモデルが存在します。left_successor と right_successor の適用が実際の二分木の形状を変更する構造は，演算が正則ではない $WeakBifurcateCoordinate$ のコンセプトを必要とします。

　イテレータを介してアクセスされる構造の形状は，弱区間に対しては循環の可能性があります。算入区間や有界区間に対しては線形です。分岐座標を介してアクセスされる構造の形状を議論するためには，到達可能性の概念が必要です。

　分岐座標 y が別の座標 x の**真の子孫**（$proper\ descendant$）となるのは，y が x の左サクセサーか右サクセサーであるか，x の左サクセサーか右サクセサーの真の子孫の場合です。分岐座標 y は，y = x であるか，y が x の真の子孫であれば，座標 x の**子孫**（$descendant$）です。

　x の子孫は，x の子孫すべての y に対して y が自分自身の真の子孫でなければ，**無閉路有向グラフ**（**DAG**）（$directed\ acyclic\ graph$）を形成します。つまり，そのような座標のサクセサーのシーケンスは，それ自身に戻ってきません。x は，その子孫の DAG の**ルート**（$root$）と呼ばれます。x の子孫が DAG を形成して，数が有限ならば，それらは**有限 DAG**（$finite\ DAG$）を形成します。有限 DAG の**高さ**（$height$）は，そのルートから開始したサクセサーの最大シーケンスより 1 つ多いか，空ならゼロです。

　分岐座標 y は，それが x の左サクセサーの子孫であれば，x から**左到達可能**（$left\ reachable$）です。そして，同様に右サクセサーの子孫であれば**右到達可能**（$right\ reachable$）です。

xの子孫が有限 DAG を形成し，x の子孫のすべての y, z に対して，z が y から左到達可能でも右到達可能でもなければ，木（tree）を形成します．つまり，ある座標からそのすべての子孫に対する一意なサクセサーのシーケンスが存在します．第 6 章での有界区間あるいは算入区間のプロパティと同様に，木であることのプロパティは，終了を保証する有限性により，本章でのアルゴリズムに対して同じ役割を果たします．

property(C : *BifurcateCoordinate*)
tree : C
    x ↦ x の子孫は木を形成する

木の重さと高さを計算する再帰的アルゴリズムは，次の通りです．

```
template<typename C>
    requires(BifurcateCoordinate(C))
WeightType(C) weight_recursive(C c)
{
    // 事前条件: tree(c)
    typedef WeightType(C) N;
    if (empty(c)) return N(0);
    N l(0);
    N r(0);
    if (has_left_successor(c))
        l = weight_recursive(left_successor(c));
    if (has_right_successor(c))
        r = weight_recursive(right_successor(c));
    return successor(l + r);
}

template<typename C>
    requires(BifurcateCoordinate(C))
WeightType(C) height_recursive(C c)
{
    // 事前条件: tree(c)
    typedef WeightType(C) N;
    if (empty(c)) return N(0);
    N l(0);
    N r(0);
    if (has_left_successor(c))
```

```
        l = height_recursive(left_successor(c));
    if (has_right_successor(c))
        r = height_recursive(right_successor(c));
    return successor(max(l, r));
}
```

補題 7.1 height_recursive(x) $\leq$ weight_recursive(x)

height_recursive は DAG の高さを正しく計算しますが，個々の座標に対して，1 回だけではなく，その座標への通り道の数だけ訪れます．つまり，weight_recursive は，DAG の重さを正しく計算しません．DAG と循環構造を走査するアルゴリズムは，どの座標をすでに訪れているかを覚えておくために**印付け**（*marking*）を必要とします．

3 つの主要な深さ優先木走査順序があります．それら 3 つはすべて，左子孫を走査して，それから右子孫を走査します．**前順**（*preorder*）は，座標の子孫を走査する前にその座標を訪れます．**間順**（*inorder*）は左子孫と右子孫の走査の間にその座標を訪れます．**後順**（*postorder*）は，すべての子孫を走査した後にその座標を訪れます．これら 3 つの走査を，次の型定義で行います．

```
enum visit { pre, in, post };
```

パラメータとして座標と一緒に visit を受け取る手続きを渡すことで，1 つの手続きで，どのような走査の組み合わせでも行うことができます．

```
template<typename C, typename Proc>
    requires(BifurcateCoordinate(C) &&
        Procedure(Proc) && Arity(Proc) == 2 &&
        visit == InputType(Proc, 0) &&
        C == InputType(Proc, 1))
Proc traverse_nonempty(C c, Proc proc)
{
    // 事前条件: tree(c) ∧ ¬empty(c)
    proc(pre, c);
    if (has_left_successor(c))
        proc = traverse_nonempty(left_successor(c), proc);
    proc(in, c);
    if (has_right_successor(c))
        proc = traverse_nonempty(right_successor(c), proc);
```

```
        proc(post, c);
        return proc;
}
```

7.2 双方向分岐座標

再帰走査は木の高さに比例したスタック空間を必要とし，木の高さは重さと同じように大きくなる可能性があります。大きくてバランスしていない木に対しては，再帰走査は受け入れられません。それに加えて，traverse_nonempty に対するインタフェースは複数の木の並行走査を許しません。一般的に，2つ以上の木を並行して走査するには，木ごとにスタックを必要とします。ある座標とその前の座標のスタックを組み合わせることで，プレディセサーを得るための追加の変換操作を持つ新たな座標型を得ることができます。（毎回スタックをコピーすることを避けるには，変換よりもアクションを使用するのがより効率的です。）そのような座標は，コンセプト**双方向分岐座標**（*bidirectional bifurcate coordinate*）をモデル化することになります。このコンセプトのより単純で柔軟なモデルが存在します。各ノードにプレディセサー・リンクを含む木です。このような木は，並行でかつ固定空間の走査を可能とし，様々な再バランスアルゴリズムを可能とします。余分なリンクに対するオーバーヘッドは，たいていは正当化されます。

$BidirectionalBifurcateCoordinate(\mathsf{T}) \triangleq$
　　$BifurcateCoordinate(\mathsf{T})$
　$\wedge$ has_predecessor : $\mathsf{T} \to$ bool
　$\wedge$ $(\forall i \in \mathsf{T})$ $\neg$empty(i) $\Rightarrow$ has_predecessor(i) は定義されている
　$\wedge$ predecessor : $\mathsf{T} \to \mathsf{T}$
　$\wedge$ $(\forall i \in \mathsf{T})$ has_left_successor(i) $\Rightarrow$
　　　predecessor(left_successor(i)) は定義されて，i に等しい
　$\wedge$ $(\forall i \in \mathsf{T})$ has_right_successor(i) $\Rightarrow$
　　　predecessor(right_successor(i)) は定義されて，i に等しい
　$\wedge$ $(\forall i \in \mathsf{T})$ has_predecessor(i) $\Rightarrow$
　　　is_left_successor(i) $\vee$ is_right_successor(i)

ここで，is_left_successor と is_right_successor は，次のように定義されます。

```
template<typename T>
    requires(BidirectionalBifurcateCoordinate(T))
```

```
    bool is_left_successor(T j)
    {
        // 事前条件: has_predecessor(j)
        T i = predecessor(j);
        return has_left_successor(i) && left_successor(i) == j;
    }


    template<typename T>
        requires(BidirectionalBifurcateCoordinate(T))
    bool is_right_successor(T j)
    {
        // 事前条件: has_predecessor(j)
        T i = predecessor(j);
        return has_right_successor(i) && right_successor(i) == j;
    }
```

補題 7.2 x と y が双方向分岐座標ならば,

$$\text{left\_successor}(x) = \text{left\_successor}(y) \Rightarrow x = y$$
$$\text{left\_successor}(x) = \text{right\_successor}(y) \Rightarrow x = y$$
$$\text{right\_successor}(x) = \text{right\_successor}(y) \Rightarrow x = y$$

演習 7.1 次のような座標 x の存在は,双方向分岐座標の公理と矛盾するか考えなさい.

$$\text{is\_left\_successor}(x) \land \text{is\_right\_successor}(x)$$

traverse_nonempty は,個々の座標がサクセサーを持っているか否かに関係なく座標を3回訪れます.1つの座標に対する3回の訪問は,常に同じ順序(pre, in, post)で行います.したがって,現在の座標と,その座標に対して行われた visit が与えられれば,その座標とその座標のプレディセサーの情報を使用するだけで,次の座標と次の状態を決定できます.このことから,双方向分岐座標を持つ木の走査に対する繰り返し定数空間アルゴリズムが導き出せます.その走査は,多くのアルゴリズムの一部として使用される一連の文から構成される**マシン**(*machine*)[*1] を使用します.

[*1] 訳注:ここでは,状態マシン(*state machine*)を意味していますが,非常に単純でかつ小さな手続きとして記述されるため,この本では「マシン」と呼んでいます.

```cpp
template<typename C>
    requires(BidirectionalBifurcateCoordinate(C))
int traverse_step(visit& v, C& c)
{
    // 事前条件: has_predecessor(c) ∨ v ≠ post
    switch (v) {
    case pre:
        if (has_left_successor(c)) {
                    c = left_successor(c);   return 1;
        }   v = in;                          return 0;
    case in:
        if (has_right_successor(c)) {
            v = pre; c = right_successor(c); return 1;
        }   v = post;                        return 0;
    case post:
        if (is_left_successor(c))
            v = in;
                    c = predecessor(c);     return -1;
    }
}
```

手続きが返す値は，高さの変化です．traverse_step に基づくアルゴリズムは，もとの座標が最後（post）の訪問に到達した時に終了するループを使用します．

```cpp
template<typename C>
    requires(BidirectionalBifurcateCoordinate(C))
bool reachable(C x, C y)
{
    // 事前条件: tree(x)
    if (empty(x)) return false;
    C root = x;
    visit v = pre;
    do {
        if (x == y) return true;
        traverse_step(v, x);
    } while (x != root || v != post);
    return false;
}
```

補題 7.3 reachable が真を返すならば，戻る前には $v =$ pre である。

木の重さを計算するためには，走査における pre の訪問を数えます。

```cpp
template<typename C>
    requires(BidirectionalBifurcateCoordinate(C))
WeightType(C) weight(C c)
{
    // 事前条件: tree(c)
    typedef WeightType(C) N;
    if (empty(c)) return N(0);
    C root = c;
    visit v = pre;
    N n(1); // 不変式: n は，ここまでの pre の訪問回数
    do {
        traverse_step(v, c);
        if (v == pre) n = successor(n);
    } while (c != root || v != post);
    return n;
}
```

演習 7.2 pre の代わりに，in あるいは post の訪問回数を数えるように weight を変更しなさい。

木の高さを計算するためには，現在の高さと今までの最大値を保持する必要があります。

```cpp
template<typename C>
    requires(BidirectionalBifurcateCoordinate(C))
WeightType(C) height(C c)
{
    // 事前条件: tree(c)
    typedef WeightType(C) N;
    if (empty(c)) return N(0);
    C root = c;
    visit v = pre;
    N n(1); // 不変式: n はここまでの pre の訪問の高さの最大
    N m(1); // 不変式: m は，現在の pre の訪問の高さ
```

```
        do {
            m = (m - N(1)) + N(traverse_step(v, c) + 1);
            n = max(n, m);
        } while (c != root || v != post);
        return n;
    }
```

-1 と $+1$ が追加されているのは，WeightType が符号なしの場合を考慮してです。

traverse_nonempty に相当する繰り返し手続きを定義できます。再帰呼び出しで実行されるのではないため，木が空であるかの検査を含めています。

```
    template<typename C, typename Proc>
        requires(BidirectionalBifurcateCoordinate(C) &&
            Procedure(Proc) && Arity(Proc) == 2 &&
            visit == InputType(Proc, 0) &&
            C == InputType(Proc, 1))
    Proc traverse(C c, Proc proc)
    {
        // 事前条件: tree(c)
        if (empty(c)) return proc;
        C root = c;
        visit v = pre;
        proc(pre, c);
        do {
            traverse_step(v, c);
            proc(v, c);
        } while (c != root || v != post);
        return proc;
    }
```

演習 7.3 双方向分岐座標の子孫が DAG を形成するかを決定するために traverse_step と第 2 章の手続きを使用しなさい。

イテレータに対するプロパティ readable_bounded_range は，区間内のすべてのイテレータに対して source が定義されることを述べています。分岐座標に対する同様なプロパティは，次の通りです。

property(C : *Readable*)
　requires(BifurcateCoordinate(C))
readable_tree : C
　　$x \mapsto \mathsf{tree}(x) \land (\forall y \in \mathsf{C})\, \mathsf{reachable}(x, y) \Rightarrow \mathsf{source}(y)$ は定義されている

分岐座標に対して，find や count といったイテレータアルゴリズムを拡張する方法が2つあります。特別なバージョンを作成するか，アダプタ型を実装するかです。

課題 7.1 第6章のアルゴリズムの双方向分岐座標に対するバージョンを実装しなさい。

課題 7.2 座標に対する走査順序（pre, in, あるいは post）を渡すことで，双方向分岐座標型に対して指定した走査順序で座標にアクセスするイテレータ型を生成するアダプタ型を設計しなさい。

7.3 座標構造

今までのところ，個別のコンセプトを定義して，各コンセプトは手続きの集まりとそれらの意味論を明確に述べています。時には，コンセプトの集まりに共通な特性を記述する方法である**コンセプト・スキーマ**（*concept schema*）を定義することは有用です。コンセプト・スキーマに対してアルゴリズムを定義することは不可能ですが，同じコンセプト・スキーマに属する異なるコンセプトに対して関連するアルゴリズムの構造を記述することは可能です。たとえば，線形走査を記述しているイテレータ・コンセプトと二分木の走査を記述している分岐座標コンセプトを定義しました。任意のデータ構造内での走査を可能にするために，**座標構造**（*coordinate structure*）と呼ばれるコンセプト・スキーマを導入します。座標構造は，様々な走査関数を持ついくつかの相互に関連する座標型を持つかもしれません。座標構造はデータ構造の走査方法を抽象化しています。一方，第12章で紹介する複合オブジェクトは，記憶管理と所有を抽象化しています。複数の座標構造が，オブジェクトの同じ集合を記述できます。

コンセプトは，1個以上の座標型，0個以上の値型，1個以上の走査関数，0個以上のアクセス関数から構成されていれば，**座標構造**です。各走査関数は，1個以上の座標型，あるいは，座標型と値型を，1つの座標型へマップします。一方，各アクセス関数は，1個以上の座標型，あるいは，座標型と値型を1つの値型へマップします。たとえば，座標構造と見なせば，読み込み可能なインデックス付きイテレータは，1

つの値型，および，イテレータ型と距離型である 2 つの座標型を持ちます．走査関数
は，＋（イテレータに距離を加算）と −（2 つのイテレータ間の距離を計算）であり，
source という 1 つのアクセス関数があります．

7.4　同型，同値，順序

　同じ座標構造コンセプトの座標からなる 2 つのコレクションは，同じ形状を持って
いれば**同型**（*isomorphic*）です．より正式には，1 つ目のコレクションの座標に対す
る走査関数の適切な適用が，2 つ目のコレクションの対応する座標に同じ走査関数を
適用したことに相当する座標を返すような，2 つのコレクション間に 1 対 1 の対応が
存在すれば，その 2 つのコレクションは同型です．

　同型は，座標が指しているオブジェクトの値に依存しません．同型を検査するため
のアルゴリズムは，走査関数だけを使用しています．しかし，同型は，対応する座標
に対して同じアクセス関数が定義されているか，あるいは，定義されていないことを
要求します．たとえば，2 つの有界区間か算入区間は，同じサイズであれば同型です．
前方イテレータの 2 つの弱区間は，第 2 章で定義したように，同じ軌道構造を持てば
同型です．2 つの木は，両方が空の時には同型です．どちらも空ではない時には，次
のコードにより同型であるかを決定できます．

```
template<typename C0, typename C1>
    requires(BifurcateCoordinate(C0) &&
        BifurcateCoordinate(C1))
bool bifurcate_isomorphic_nonempty(C0 c0, C1 c1)
{
    // 事前条件: tree(c0) ∧ tree(c1) ∧ ¬empty(c0) ∧ ¬empty(c1)
    if (has_left_successor(c0))
        if (has_left_successor(c1)) {
            if (!bifurcate_isomorphic_nonempty(
                    left_successor(c0), left_successor(c1)))
                return false;
        } else return false;
    else if (has_left_successor(c1)) return false;
    if (has_right_successor(c0))
        if (has_right_successor(c1)) {
            if (!bifurcate_isomorphic_nonempty(
                    right_successor(c0), right_successor(c1)))
                return false;
        } else return false;
```

```
        else if (has_right_successor(c1)) return false;
        return true;
}
```

補題 7.4 双方向分岐座標に対して，同時に行う走査が同じシーケンスの訪問を行うのであれば，2 つの木は同型である。

```
template<typename C0, typename C1>
    requires(BidirectionalBifurcateCoordinate(C0) &&
        BidirectionalBifurcateCoordinate(C1))
bool bifurcate_isomorphic(C0 c0, C1 c1)
{
    // 事前条件: tree(c0) ∧ tree(c1)
    if (empty(c0)) return empty(c1);
    if (empty(c1)) return false;
    C0 root0 = c0;
    visit v0 = pre;
    visit v1 = pre;
    while (true) {
        traverse_step(v0, c0);
        traverse_step(v1, c1);
        if (v0 != v1) return false;
        if (c0 == root0 && v0 == post) return true;
    }
}
```

　第 6 章は，正則性の概念の一部である等価性と全順序にそれぞれ依存する線形検索と二分検索に対するアルゴリズムを含んでいました。座標構造の座標のコレクションに対する等価性と順序を導き出すことで，個々のオブジェクトではなく，オブジェクトのコレクションを検索できます。

　同じ読み込み可能座標構造コンセプトであり，同じ値型を持つ座標からなる 2 つのコレクションは，同型でかつ 2 つのコレクションからの対応する座標へ同じサクセス関数を適用すれば同値のオブジェクトを返すのであれば，与えられた同値関係（値型ごとに 1 つ）のもとで同値です。同値関係を値型に対する等価性で置き換えることで，座標のコレクションに対する等価性の自然な定義が導き出せます。

　2 つの読み込み可能な有界区間は，サイズが同じで，対応するイテレータが同じ値を持っていれば同値です。

```
template<typename I0, typename I1, typename R>
    requires(Readable(I0) && Iterator(I0) &&
        Readable(I1) && Iterator(I1) &&
        ValueType(I0) == ValueType(I1) &&
        Relation(R) && ValueType(I0) == Domain(R))
bool lexicographical_equivalent(I0 f0, I0 l0, I1 f1, I1 l1, R r)
{
    // 事前条件: readable_bounded_range(f0, l0)
    // 事前条件: readable_bounded_range(f1, l1)
    // 事前条件: equivalence(r)
    pair<I0, I1> p = find_mismatch(f0, l0, f1, l1, r);
    return p.m0 == l0 && p.m1 == l1;
}
```

値型の等価性を実装している関数オブジェクトを，lexicographical_equivalent へ渡すことで，簡単に lexicographical_equal を実装できます．

```
template<typename T>
    requires(Regular(T))
struct equal
{
    bool operator()(const T& x, const T& y)
    {
        return x == y;
    }
};

template<typename I0, typename I1>
    requires(Readable(I0) && Iterator(I0) &&
        Readable(I1) && Iterator(I1) &&
        ValueType(I0) == ValueType(I1))
bool lexicographical_equal(I0 f0, I0 l0, I1 f1, I1 l1)
{
    return lexicographical_equivalent(f0, l0, f1, l1,
                                      equal<ValueType(I0)>());
}
```

2 つの読み込み可能な木は，それらが同型で，かつ，対応する座標が同じ値を持っていれば同値です．

```
template<typename C0, typename C1, typename R>
    requires(Readable(C0) && BifurcateCoordinate(C0) &&
        Readable(C1) && BifurcateCoordinate(C1) &&
        ValueType(C0) == ValueType(C1) &&
        Relation(R) && ValueType(C0) == Domain(R))
bool bifurcate_equivalent_nonempty(C0 c0, C1 c1, R r)
{
    // 事前条件: readable_tree(c0) ∧ readable_tree(c1)
    // 事前条件: ¬empty(c0) ∧ ¬empty(c1)
    // 事前条件: equivalence(r)
    if (!r(source(c0), source(c1))) return false;
    if (has_left_successor(c0))
        if (has_left_successor(c1)) {
            if (!bifurcate_equivalent_nonempty(
                    left_successor(c0), left_successor(c1), r))
                return false;
        } else return false;
    else if (has_left_successor(c1)) return false;
    if (has_right_successor(c0))
        if (has_right_successor(c1)) {
            if (!bifurcate_equivalent_nonempty(
                    right_successor(c0), right_successor(c1), r))
                return false;
        } else return false;
    else if (has_right_successor(c1)) return false;
    return true;
}
```

双方向分岐座標に対しては，同時に行う2つの木の走査が同じ訪問のシーケンスとなり，かつ，対応する座標が同じ値を持てば同値です．

```
template<typename C0, typename C1, typename R>
    requires(Readable(C0) &&
        BidirectionalBifurcateCoordinate(C0) &&
        Readable(C1) &&
        BidirectionalBifurcateCoordinate(C1) &&
        ValueType(C0) == ValueType(C1) &&
        Relation(R) && ValueType(C0) == Domain(R))
```

```
bool bifurcate_equivalent(C0 c0, C1 c1, R r)
{
    // 事前条件: readable_tree(c0) ∧ readable_tree(c1)
    // 事前条件: equivalence(r)
    if (empty(c0)) return empty(c1);
    if (empty(c1)) return false;
    C0 root0 = c0;
    visit v0 = pre;
    visit v1 = pre;
    while (true) {
        if (v0 == pre && !r(source(c0), source(c1)))
            return false;
        traverse_step(v0, c0);
        traverse_step(v1, c1);
        if (v0 != v1) return false;
        if (c0 == root0 && v0 == post) return true;
    }
}
```

同値（等価）の値の接頭辞を無視し，長いものより短いものが前に来る辞書順序を使用して，弱（全）順序をイテレータの読み込み可能区間に拡張できます．

```
template<typename I0, typename I1, typename R>
    requires(Readable(I0) && Iterator(I0) &&
        Readable(I1) && Iterator(I1) &&
        ValueType(I0) == ValueType(I1) &&
        Relation(R) && ValueType(I0) == Domain(R))
bool lexicographical_compare(I0 f0, I0 l0, I1 f1, I1 l1, R r)
{
    // 事前条件: readable_bounded_range(f0, l0)
    // 事前条件: readable_bounded_range(f1, l1)
    // 事前条件: weak_ordering(r)
    while (true) {
        if (f1 == l1) return false;
        if (f0 == l0) return true;
        if (r(source(f0), source(f1))) return true;
        if (r(source(f1), source(f0))) return false;
        f0 = successor(f0);
```

```
            f1 = successor(f1);
    }
}
```

r として，< を値型に対して使う関数オブジェクトを渡すことで，lexicographical_less として特化させることは簡単です．

```
        template<typename T>
            requires(TotallyOrdered(T))
        struct less
        {
            bool operator()(const T& x, const T& y)
            {
                return x < y;
            }
        };

        template<typename I0, typename I1>
            requires(Readable(I0) && Iterator(I0) &&
                Readable(I1) && Iterator(I1) &&
                ValueType(I0) == ValueType(I1))
        bool lexicographical_less(I0 f0, I0 l0, I1 f1, I1 l1)
        {
            return lexicographical_compare(f0, l0, f1, l1,
                                        less<ValueType(I0)>());
        }
```

演習 7.4 lexicographical_compare において，3 番目と 4 番目の if 文は入れ替えることができて，1 番目と 2 番目の if 文は入れ替えることができない理由を説明しなさい．

演習 7.5 find_mismatch を使用して lexicographical_compare を実装しなかった理由を説明しなさい．

同値のルートからの部分木を無視して，左サクセサーを持たない座標は左サクセサーを持つ座標に先行すると見なすことで，辞書順序を分岐座標へ拡張することもできます．現在の値と左部分木で結果を決定できなければ，右サクセサーを持たない座標は，右サクセサーを持つ座標に先行すると見なしてください．

演習 7.6 読み込み可能な分岐座標に対する bifurcate_compare_nonempty を実装しなさい。

上記の演習を終えれば，双方向座標と繰り返し走査に基づく単純な木の比較の良さを理解できると思います。

```
template<typename C0, typename C1, typename R>
    requires(Readable(C0) &&
        BidirectionalBifurcateCoordinate(C0) &&
        Readable(C1) &&
        BidirectionalBifurcateCoordinate(C1) &&
        ValueType(C0) == ValueType(C1) &&
        Relation(R) && ValueType(C0) == Domain(R))
bool bifurcate_compare(C0 c0, C1 c1, R r)
{
    // 事前条件: readable_tree(c0) ∧ readable_tree(c1) ∧ weak_ordering(r)
    if (empty(c1)) return false;
    if (empty(c0)) return true;
    C0 root0 = c0;
    visit v0 = pre;
    visit v1 = pre;
    while (true) {
        if (v0 == pre) {
            if (r(source(c0), source(c1))) return true;
            if (r(source(c1), source(c0))) return false;
        }
        traverse_step(v0, c0);
        traverse_step(v1, c1);
        if (v0 != v1) return v0 > v1;
        if (c0 == root0 && v0 == post) return false;
    }
}
```

bifurcate_compare へ常に偽となる関係を渡すことで，bifurcate_shape_compare を実装できます。それにより，木の区間のソートが可能となり，upper_bound を使用して，対数時間で同型木を見つけることができます。

課題 7.3 一連のデータ構造に対する座標構造を設計し，その座標構造に対

して同型，同値，順序を拡張しなさい．

7.5 結論

　線形構造は，コンピュータ・サイエンスでは基本的な役割を果たします．そして，イテレータは，構造とそれに作用するアルゴリズム間の自然なインタフェースを提供します．しかし，独自の非線形な座標構造を持つ非線形なデータ構造は存在します．双方向分岐座標は，イテレータ区間に対するアルゴリズムとはかなり異なる繰り返しアルゴリズムの例です．この章では，同型，等価，順序の概念を様々な形状の座標のコレクションに対して拡張しました．

第 8 章

可変サクセサーを持つ座標

　この章では，再リンクを可能にするイテレータと座標構造コンセプトを紹介します。**再リンク**（*relink*）とは，特定の座標に対する successor あるいは他の走査関数を修正することです。再リンクにより，ある座標の source の値を保存するようなソートといった再配列が可能になります。座標の何らかの構造特性を保存する再リンク・マシンを紹介します。走査中に座標を一時的に再リンクすることで，スタックあるいはプレディセサーを使用しないで，木の走査を可能にするマシンで最後にまとめます。

8.1　リンクイテレータ

　第 6 章では，イテレータの successor を不変と見なしました。つまり，ある特定のイテレータ値に対する successor 適用は，常に同じ値を返しました。**リンクイテレータ**（*linked iterator*）型は，**リンカーオブジェクト**（*linker object*）が存在する前方イテレータ型です。つまり，イテレータへのリンカーオブジェクトの適用により，そのイテレータの successor を変更することが可能になります。そのようなイテレータは，リンクリストによりモデル化され，リンクリストではノード間の関係を変えることができます。同じデータ構造の様々なリンクを可能にするために，イテレータ型に対してオーバーロードされた単一の set_successor ではなく，リンカーオブジェクトを使用します。たとえば，双方向リンクリストは，サクセサーのリンクとプレディセサーのリンクを両方設定することでリンクされますが，サクセサーのリンクだけを設定しても構いません。つまり，最終パスになるまでプレディセサーのリンクの維持を省くことでマルチパスのアルゴリズムの処理を最小化できます。したがって，リンクイテレータに対するコンセプトを，対応するリンカーオブジェクトで明確に記述します。リンカーオブジェクトに対する要件を定義するために，次の関連するコンセプトを定義します。

$ForwardLinker(S) \triangleq$
  $\textsf{IteratorType} : ForwardLinker \to ForwardIterator$
  $\wedge$ 次において $\textsf{I} = \textsf{IteratorType}(\textsf{S})$ とする:
    $(\forall \textsf{s} \in \textsf{S})\,(\textsf{s} : \textsf{I} \times \textsf{I} \to \textsf{void})$
    $\wedge\ (\forall \textsf{s} \in \textsf{S})\,(\forall \textsf{i}, \textsf{j} \in \textsf{I})$ もし $\textsf{successor}(\textsf{i})$ が定義されていれば,
      $\textsf{s}(\textsf{i}, \textsf{j})$ は, $\textsf{successor}(\textsf{i}) = \textsf{j}$ を確立する

$BackwardLinker(S) \triangleq$
  $\textsf{IteratorType} : BackwardLinker \to BidirectionalIterator$
  $\wedge$ 次において $\textsf{I} = \textsf{IteratorType}(\textsf{S})$ とする:
    $(\forall \textsf{s} \in \textsf{S})\,(\textsf{s} : \textsf{I} \times \textsf{I} \to \textsf{void})$
    $\wedge\ (\forall \textsf{s} \in \textsf{S})\,(\forall \textsf{i}, \textsf{j} \in \textsf{I})$ もし $\textsf{predecessor}(\textsf{j})$ が定義されていれば,
      $\textsf{s}(\textsf{i}, \textsf{j})$ は, $\textsf{i} = \textsf{predecessor}(\textsf{j})$ を確立する

$BidirectionalLinker(S) \triangleq ForwardLinker(S) \wedge BackwardLinker(S)$

2つの区間は,共通のイテレータを含んでいなければ,互いに交わらない ($disjoint$) です。半開有界区間に対しては,次に相当します。

property$(\textsf{I} : Iterator)$
$\textsf{disjoint} : \textsf{I} \times \textsf{I} \times \textsf{I} \times \textsf{I}$
  $(\textsf{f0}, \textsf{l0}, \textsf{f1}, \textsf{l1}) \mapsto (\forall \textsf{i} \in \textsf{I})\,\neg(\textsf{i} \in [\textsf{f0}, \textsf{l0}) \wedge \textsf{i} \in [\textsf{f1}, \textsf{l1}))$

そして,他の種類の区間に対しても同様です。リンクイテレータはイテレータですので,区間に対して定義したすべての概念から恩恵を得られます。ただし,リンクイテレータに対しては,区間が互いに交わらないこと,および他のすべてのプロパティが時間の経過とともに変化することがあります。前方リンカーだけを持つ前方イテレータ(単方向リンクリスト)の互いに交わらない区間が,普通は nil と呼ばれる同じ境界を共有することが可能です。

8.2 リンク再配列

リンク再配列 (*link rearrangement*) は,1つ以上のリンク区間を受け取り,1つ以上のリンク区間を返し,そして,次の特性を満足するアルゴリズムです。

- 複数の入力区間(算入か有界のどちらか)は,それぞれが互いに交わらない。
- 複数の出力区間(算入か有界のどちらか)は,それぞれが互いに交わらない。
- 1つの入力区間のすべてのイテレータは,複数の出力区間の1つに現れる。

- 1つの出力区間のすべてのイテレータは，複数の入力区間の1つに現れる。
- 各出力区間のすべてのイテレータは，再配列前と同じオブジェクトを指定する。そして，そのオブジェクトは同じ値を持つ。

入力区間で成り立っていた **successor** と **predecessor** の関係は，出力区間では成り立たないかもしれないことに注意してください。

リンク再配列は，出力区間の2つのイテレータ i ≺ j が同じ入力区間から来ている場合に，i ≺ j がもともとの入力区間で成り立っていたならば，**順位保存**（*precedence preserving*）です。

リンク再配列を実装するには，互いに交わらないこと，保存，順序の特性を満たすように注意する必要があります。3つの短い手続き，すなわち，マシンを示して説明します。それらのマシンは，走査あるいはリンクを行い，リンク区間の分割，組合せ，逆順といったリンク再配列を構築します。最初の2つのマシンは，参照渡しされる2つのイテレータオブジェクト間の関係 f = successor(t) を確立あるいは維持します。

```
template<typename I>
    requires(ForwardIterator(I))
void advance_tail(I& t, I& f)
{
    // 事前条件: successor(f) is defined
    t = f;
    f = successor(f);
}

template<typename S>
    requires(ForwardLinker(S))
struct linker_to_tail
{
    typedef IteratorType(S) I;
    S set_link;
    linker_to_tail(const S& set_link) : set_link(set_link) { }
    void operator()(I& t, I& f)
    {
        // 事前条件: successor(f) is defined
        set_link(t, f);
        advance_tail(t, f);
    }
};
```

空ではない有界区間内の最後のイテレータを見つけるために advance_tail を使用できます [*1]。

```
template<typename I>
    requires(ForwardIterator(I))
I find_last(I f, I l)
{
    // 事前条件: bounded_range(f, l) ∧ f ≠ l
    I t;
    do
        advance_tail(t, f);
    while (f != l);
    return t;
}
```

advance_tail と linker_to_tail を一緒に用いることで，各イテレータに適用された**疑似述語**（*pseudopredicate*）の値に基づき，1 つの区間を 2 つの区間に分割することができます．**疑似述語**は必ずしも正則ではなく，その結果は入力だけではなくその状態に依存するかもしれません．たとえば，疑似述語はその引数を無視して，偽と真の値を交互に返すかもしれません．そのアルゴリズムは，リンクイテレータの有界区間，リンクイテレータに対する疑似述語，そして，リンカーオブジェクトを受け取ります．アルゴリズムは，区間のペアを返します．つまり，疑似述語を満足しないイテレータと満足するイテレータです．これらの返された区間を閉有界区間 [h, t] として表現することは有用です．h は最初のイテレータすなわち**先頭**（*head*）イテレータであり，t は最後つまり**末尾**（*tail*）イテレータです．個々の区間の末尾を返すことで，呼び出し側は区間を走査する必要はなく，そのイテレータを再リンクできます（たとえば，find_last を使用して）．しかし，返された区間のどちらかは空である可能性があり，そのことを h = t = l を満たす値を返すことで表現します．ここで，l は入力区間の限界です．2 つの返された区間の末尾の successor リンクは，アルゴリズムにより修正されません．次がそのアルゴリズムです．

```
template<typename I, typename S, typename Pred>
    requires(ForwardLinker(S) && I == IteratorType(S) &&
        UnaryPseudoPredicate(Pred) && I == Domain(Pred))
pair< pair<I, I>, pair<I, I> >
```

[*1] 第 6 章の find_adjacent_mismatch_forward は処理の中で advance_tail と同じことを行っていたことに注意してください．

8.2 リンク再配列

```
split_linked(I f, I l, Pred p, S set_link)
{
    // 事前条件: bounded_range(f, l)
    typedef pair<I, I> P;
    linker_to_tail<S> link_to_tail(set_link);
    I h0 = l; I t0 = l;
    I h1 = l; I t1 = l;
    if (f == l)                                         goto s4;
    if (p(f)) { h1 = f; advance_tail(t1, f); goto s1; }
    else      { h0 = f; advance_tail(t0, f); goto s0; }
s0: if (f == l)                                         goto s4;
    if (p(f)) { h1 = f; advance_tail(t1, f); goto s3; }
    else      {         advance_tail(t0, f); goto s0; }
s1: if (f == l)                                         goto s4;
    if (p(f)) {         advance_tail(t1, f); goto s1; }
    else      { h0 = f; advance_tail(t0, f); goto s2; }
s2: if (f == l)                                         goto s4;
    if (p(f)) {         link_to_tail(t1, f); goto s3; }
    else      {         advance_tail(t0, f); goto s2; }
s3: if (f == l)                                         goto s4;
    if (p(f)) {         advance_tail(t1, f); goto s3; }
    else      {         link_to_tail(t0, f); goto s2; }
s4: return pair<P, P>(P(h0, t0), P(h1, t1));
}
```

この手続きは，状態マシンです．変数 t0 と t1 は，それぞれ 2 つの出力区間の末尾を指しています．状態は，次の条件に相当します．

s0: $\text{successor}(t0) = f \wedge \neg p(t0)$
s1: $\text{successor}(t1) = f \wedge p(t1)$
s2: $\text{successor}(t0) = f \wedge \neg p(t0) \wedge p(t1)$
s3: $\text{successor}(t1) = f \wedge \neg p(t0) \wedge p(t1)$

再リンクは，状態 s2 と状態 s3 の間を遷移する時だけに必要です．ある状態から直後の状態への goto 文は，対称性のために書かれています．

補題 8.1 split_linked が返す 2 つの区間 $[h, t]$ の個々の区間に対して，$h = l \Leftrightarrow t = l$ である．

演習 8.1 split_linked が返す 2 つの区間の 1 つが空でないと仮定して，イテレータ t が指しているものが何であって，successor(t) の値が何であるかを説明しなさい．

補題 8.2 split_linked は順位保存リンク再配列である．

advance_tail と linker_to_tail を使用し，入力区間の残り部分の先頭に疑似関係を適用することで，2 つの区間を単一の区間にまとめるアルゴリズムを実装することもできます．**疑似関係**（*pseudorelation*）は二項同次疑似述語であり，したがって，必ずしも正則とは限りません．そのアルゴリズムは，リンクイテレータの 2 つの有界区間，リンクイテレータ型に対する疑似関係，そして，リンカーオブジェクトを受け取ります．アルゴリズムは，トリプル (f, t, l) を返します．ここで，$[f, l)$ は組み合わされたイテレータの半開区間であり，$t \in [f, l)$ は最後に訪問したイテレータです．その後の find_last(t, l) の呼び出しは，区間内の最後のイテレータを返します．これにより，他の区間にリンクすることが可能となります．次がそのアルゴリズムです．

```
template<typename I, typename S, typename R>
    requires(ForwardLinker(S) && I == IteratorType(S) &&
        PseudoRelation(R) && I == Domain(R))
triple<I, I, I>
combine_linked_nonempty(I f0, I l0, I f1, I l1, R r, S set_link)
{
    // 事前条件: bounded_range(f0, l0) ∧ bounded_range(f1, l1)
    // 事前条件: f0 ≠ l0 ∧ f1 ≠ l1 ∧ disjoint(f0, l0, f1, l1)
    typedef triple<I, I, I> T;
    linker_to_tail<S> link_to_tail(set_link);
    I h; I t;
    if (r(f1, f0)) { h = f1; advance_tail(t, f1); goto s1; }
    else           { h = f0; advance_tail(t, f0); goto s0; }
s0: if (f0 == l0)                                   goto s2;
    if (r(f1, f0)) {           link_to_tail(t, f1); goto s1; }
    else           {           advance_tail(t, f0); goto s0; }
s1: if (f1 == l1)                                   goto s3;
    if (r(f1, f0)) {           advance_tail(t, f1); goto s1; }
    else           {           link_to_tail(t, f0); goto s0; }
s2: set_link(t, f1); return T(h, t, l1);
s3: set_link(t, f0); return T(h, t, l0);
}
```

演習 8.2 空入力を許す combine_linked を実装しなさい。最後に訪問したイテレータとしてどのような値を返すべきですか。

この手続きも，状態マシンです．変数 t は，出力区間の末尾を指しています．状態は，次の条件に対応しています．

s0: $\mathrm{successor}(t) = f0 \land \neg r(f1, t)$
s1: $\mathrm{successor}(t) = f1 \land r(t, f0)$

再リンクは，状態 s0 と状態 s1 の間で遷移する場合にだけ必要です．

補題 8.3 $\mathrm{combine\_linked\_nonempty}(f0, l0, f1, l1, r, s)$ が (h, t, l) を返すならば，h は f0 あるいは f1 と等しく，そして，それとは関係なく，l は l0 あるいは l1 に等しい．

補題 8.4 状態 s2 に到達した時に，t は入力区間 $[f0, l0)$ 内であり，$\mathrm{successor}(t) = l0$ および $f1 \neq l1$ である．状態 s3 に到達した時には，t は入力区間 $[f1, l1)$ 内であり，$\mathrm{successor}(t) = l1$ および $f0 \neq l0$ である．

補題 8.5 combine_linked_nonempty は，順位保存リンク再配列である．

3つ目のマシンは，リストの末尾ではなく，リストの先頭にリンクします．

```
template<typename I, typename S>
    requires(ForwardLinker(S) && I == IteratorType(S))
struct linker_to_head
{
    S set_link;
    linker_to_head(const S& set_link) : set_link(set_link) { }
    void operator()(I& h, I& f)
    {
        // 事前条件: successor(f) は定義されている
        IteratorType(S) tmp = successor(f);
        set_link(f, h);
        h = f;
        f = tmp;
    }
};
```

このマシンを使うことで，イテレータの区間を逆順にすることができます．

```
template<typename I, typename S>
    requires(ForwardLinker(S) && I == IteratorType(S))
I reverse_append(I f, I l, I h, S set_link)
{
    // 事前条件: bounded_range(f,l) ∧ h ∉ [f,l)
    linker_to_head<I, S> link_to_head(set_link);
    while (f != l) link_to_head(h, f);
    return h;
}
```

末尾を共有することを避けるには，h は互いに交わらないリンクリスト（単方向リンクリストに対しては，nil は受け入れられます）か l であるべきです．h に対する初期値として l を使用することもできましたが（そうすれば reverse_linked が得られます），別の蓄積パラメータを渡す方が有用です．

8.3　リンク再配列の適用

リンクイテレータ型の値型に対する述語があれば，区間を分割するために split_linked を使用できます．値に対する述語からイテレータに対する述語に変換するアダプタが必要です．

```
template<typename I, typename P>
    requires(Readable(I) &&
        Predicate(P) && ValueType(I) == Domain(P))
struct predicate_source
{
    P p;
    predicate_source(const P& p) : p(p) { }
    bool operator()(I i)
    {
        return p(source(i));
    }
};
```

このアダプタで，与えられた述語を満足しない値と満足する値に区間を分割することができます．

```
template<typename I, typename S, typename P>
    requires(ForwardLinker(S) && I == IteratorType(S) &&
        UnaryPredicate(P) && ValueType(I) == Domain(P))
pair< pair<I, I>, pair<I, I> >
partition_linked(I f, I l, P p, S set_link)
{
    predicate_source<I, P> ps(p);
    return split_linked(f, l, ps, set_link);
}
```

リンクイテレータ型の値型に対する弱順序があれば，増加区間をマージするために combine_linked_nonempty を使用できます．再度，値に対する関係からイテレータに対する関係へ変換するためにアダプタを必要とします．

```
template<typename I0, typename I1, typename R>
    requires(Readable(I0) && Readable(I1) &&
        ValueType(I0) == ValueType(I1) &&
        Relation(R) && ValueType(I0) == Domain(R))
struct relation_source
{
    R r;
    relation_source(const R& r) : r(r) { }
    bool operator()(I0 i0, I1 i1)
    {
        return r(source(i0), source(i1));
    }
};
```

この関係で区間を結合した後，唯一残っている作業は，結合された区間の最終イテレータを見つけて l1 に設定することです．

```
template<typename I, typename S, typename R>
    requires(Readable(I) &&
        ForwardLinker(S) && I == IteratorType(S) &&
        Relation(R) && ValueType(I) == Domain(R))
pair<I, I> merge_linked_nonempty(I f0, I l0, I f1, I l1,
                                 R r, S set_link)
{
```

```
    // 事前条件: f0 ≠ l0 ∧ f1 ≠ l1
    // 事前条件: increasing_range(f0, l0, r)
    // 事前条件: increasing_range(f1, l1, r)
    relation_source<I, I, R> rs(r);
    triple<I, I, I> t = combine_linked_nonempty(f0, l0, f1, l1,
                                                rs, set_link);
    set_link(find_last(t.m1, t.m2), l1);
    return pair<I, I>(t.m0, l1);
}
```

補題 8.6 [f0, l0) と [f1, l1) が空ではない増加有界区間であれば，merge_linked_nonempty による両区間のマージは，増加有界区間になる．

補題 8.7 i0 ∈ [f0, l0) と i1 ∈ [f1, l1) が，r のもとで同値の値を持つイテレータならば，merge_linked_nonempty によるそれらの区間のマージ内で i0 ≺ i1 である．

merge_linked_nonempty が与えられると，マージソートを実装することは簡単です．

```
template<typename I, typename S, typename R>
    requires(Readable(I) &&
        ForwardLinker(S) && I == IteratorType(S) &&
        Relation(R) && ValueType(I) == Domain(R))
pair<I, I> sort_linked_nonempty_n(I f, DistanceType(I) n,
                                  R r, S set_link)
{
    // 事前条件: counted_range(f, n) ∧ n > 0 ∧ weak_ordering(r)
    typedef DistanceType(I) N;
    typedef pair<I, I> P;
    if (n == N(1)) return P(f, successor(f));
    N h = half_nonnegative(n);
    P p0 = sort_linked_nonempty_n(f, h, r, set_link);
    P p1 = sort_linked_nonempty_n(p0.m1, n - h, r, set_link);
    return merge_linked_nonempty(p0.m0, p0.m1,
                                 p1.m0, p1.m1, r, set_link);
}
```

補題 8.8 sort_linked_nonempty_n は，リンク再配列である．

8.3 リンク再配列の適用

補題 8.9 $[f, n)$ が空ではない算入区間であれば，sort_linked_nonempty_n はそれを増加区間へと再配列する。

リンク区間に対するソートは，入力内のイテレータ $i \prec j$ が弱順序 r に関して同じ値を持つ場合に，出力においても $i \prec j$ であれば，弱順序 r に対して**安定** (*stable*) しています。

補題 8.10 提供された弱順序 r に関して，sort_linked_nonempty_n は安定している。

演習 8.3 sort_linked_nonempty_n における関係の適用回数とリンカーオブジェクトの数の最悪値と平均を求める式を導き出しなさい。

sort_linked_nonempty_n が行う演算の回数は最適に近いです。しかし，参照のローカル性が弱いため，リンク構造がキャッシュメモリに収まらないのであれば，その有用性が限られます。そのような状況では，余分なメモリが利用可能であれば，リンクリストを配列にコピーして，その配列をソートすべきです。

リンク区間のソートは，predecessor には依存しません。次の不変式

$$i = \mathsf{predecessor}(\mathsf{successor}(i))$$

を維持するには，比較回数に比例する逆方向のリンク演算を多く必要とします。不変式を一時的に破ることで余分な作業を避けられます。I がリンク双方向イテレータ型だとし，forward_linker と backward_linker がそれぞれ I に対する前方リンカーオブジェクトと後方リンカーオブジェクトだと仮定してみてください。リストを単方向リンクとして扱って，ソート手続きに forward_linker を使い，その後，先頭から後ろの各イテレータに backward_linker を適用することで predecessor リンクを修正することができます。

```
pair<I, I> p = sort_linked_nonempty_n(f, n,
                                      r, forward_linker);
f = p.m0;
while (f != p.m1) {
    backward_linker(f, successor(f));
    f = successor(f);
}
```

演習 8.4 リンク区間とイテレータの値型に対する同値関係を受け取り，同じ値を持つ隣接する一連のイテレータの最初のイテレータ以外をすべて 2 つ目の区間へ移動させることで，2 つの区間を生成する優先順位保存リンク再配列を実装しなさい。

8.4 リンク分岐座標

successor の修正ができれば，結合や分割などのリンク再配列のアルゴリズムが導き出せます。他の座標構造に対する可変な走査関数を持つことは有用です。そのことを，リンク分岐座標で示します。

リンクイテレータに対しては，様々なリンク演算を使用する必要があるので，パラメータとしてリンク演算を渡しました。たとえば，ソートから後方リンクを復元する場合です。リンク分岐座標に対しては，リンク演算の代替バージョンの必要性は無いと考えられますので，それらを次のコンセプトで定義します。

$LinkedBifurcateCoordinate(\mathsf{T}) \triangleq$
　　$BifurcateCoordinate(\mathsf{T})$
　$\land$ set_left_successor : $\mathsf{T} \times \mathsf{T} \to$ void
　　　$(i, j) \mapsto$ は left_successor$(i) = j$ を確立する
　$\land$ set_right_successor : $\mathsf{T} \times \mathsf{T} \to$ void
　　　$(i, j) \mapsto$ は right_successor$(i) = j$ を確立する

set_left_successor と set_right_successor に対する定義空間は，空ではない座標の集合です。

木は，考えられるデータ構造とアルゴリズムを豊富に構成しています。この章を締めくくるにあたり，重要なプログラミング技法を示すためのアルゴリズムを少し示します。**リンク逆転** (*link reversal*) と呼ばれるこの技法は，木を走査しながらリンクを修正し，完全な走査が終わった後には元の状態を復元します。この技法は，定数の追加空間しか必要としません。リンク逆転には，走査関数が定義されていない座標である**空** (*empty*) 座標を取り扱うことを可能にする追加の公理を必要とします。

$EmptyLinkedBifurcateCoordinate(\mathsf{T}) \triangleq$
　　$LinkedBifurcateCoordinate(\mathsf{T})$
　$\land$ empty$(\mathsf{T}())$[*2]

[*2] 言い換えると，empty は，デフォルトで構築された値に対しては真であり，おそらく他の値に対してもそうです。

8.4 リンク分岐座標

$\land\ \lnot\mathsf{empty}(i) \Rightarrow$
  $\mathsf{left\_successor}(i)$ と $\mathsf{right\_successor}(i)$ は定義されている
$\land\ \lnot\mathsf{empty}(i) \Rightarrow$
  $(\lnot\mathsf{has\_left\_successor}(i) \Leftrightarrow \mathsf{empty}(\mathsf{left\_successor}(i)))$
$\land\ \lnot\mathsf{empty}(i) \Rightarrow$
  $(\lnot\mathsf{has\_right\_successor}(i) \Leftrightarrow \mathsf{empty}(\mathsf{right\_successor}(i)))$

第 7 章の traverse_step は，双方向分岐座標を走査する効率的な方法ですが，predecessor 関数を必要とします。predecessor 関数が利用可能ではなく，バランスしていない木であるために再帰的（スタックに基づく）走査が受け入れられない場合には，リンク逆転は，一時的にプレディセサーへのリンクを通常はサクセサーを含むリンクに保存します。そうすることで，ルートを戻るパスを保証します[*3]。

前の木ノードの座標と一緒に木ノードの左サクセサーと右サクセサーがトリプルを構成すると考えれば，そのトリプルの 3 つのメンバーの回転を次のマシンで行うことができます。

```
template<typename C>
    requires(EmptyLinkedBifurcateCoordinate(C))
void tree_rotate(C& curr, C& prev)
{
    // 事前条件: ¬empty(curr)
    C tmp = left_successor(curr);
    set_left_successor(curr, right_successor(curr));
    set_right_successor(curr, prev);
    if (empty(tmp)) { prev = tmp; return; }
    prev = curr;
    curr = tmp;
}
```

tree_rotate を繰り返し適用することで，木全体の走査ができます。

```
template<typename C, typename Proc>
    requires(EmptyLinkedBifurcateCoordinate(C) &&
        Procedure(Proc) && Arity(Proc) == 1 &&
```

[*3] リンク逆転は Schorr および Waite [1967] で紹介され，それとは独立して，L. P. Deutsch が発見しています。タグビット無しのバージョンは，Robson [1973] と Morris [1979] に記述されました。Lindstrom [1973] と，それとは独立して Dwyer [1974] によるリンクを回転させる特定の技法を本書では示しています。

```
                C == InputType(Proc, 0))
Proc traverse_rotating(C c, Proc proc)
{
    // 事前条件: tree(c)
    if (empty(c)) return proc;
    C curr = c;
    C prev;
    do {
        proc(curr);
        tree_rotate(curr, prev);
    } while (curr != c);
    do {
        proc(curr);
        tree_rotate(curr, prev);
    } while (curr != c);
    proc(curr);
    tree_rotate(curr, prev);
    return proc;
}
```

定理 8.1 traverse_rotating(c, proc) の呼び出しと c の空ではない子孫 i を考えてみてください。ここで，i は初期値の左サクセサー l と右サクセサー r を持ち，プレディセサー p を持ちます。そうすると，

1. i の左サクセサーと右サクセサーは，3 つの遷移を行います。

$$(l, r) \stackrel{pre}{\to} (r, p) \stackrel{in}{\to} (p, l) \stackrel{post}{\to} (l, r)$$

2. n_l と n_r が l と r の重さであれば，遷移 $(r, p) \stackrel{in}{\to} (p, l)$ と遷移 $(p, l) \stackrel{post}{\to} (l, r)$ は，それぞれ $3n_l + 1$ 回と $3n_r + 1$ 回の tree_rotate の呼び出しを行います。

3. k が tree_rotate の呼び出し実行回数であれば，$k \bmod 3$ の値は，i のサクセサーの 3 つの遷移の個々に対して異なります。

4. traverse_rotating(c, proc) の呼び出し中は，tree_rotate の呼び出し合計回数は $3n$ です。ここで，n は c の重さです。

証明： n に対する帰納法により，n は c の重さである。

演習 8.5 7 つのノードを持つ完全な 2 分木の traverse_rotating による走査

の各状態のダイアグラムを描きなさい。

traverse_rotating は，第 7 章の traverse_nonempty と同じ順序の前順，間順，後順の訪問を行います．あいにく，ある座標に対する特定の訪問が pre，in，あるいは，post のどの訪問かを決定する方法は分かっていません．それでも，traverse_rotating を使って，木の重さといった有用な事柄を計算することができます

```
template<typename T, typename N>
    requires(Integer(N))
struct counter
{
    N n;
    counter() : n(0) { }
    counter(N n) : n(n) { }
    void operator()(const T&) { n = successor(n); }
}


template<typename C>
    requires(EmptyLinkedBifurcateCoordinate(C))
WeightType(C) weight_rotating(C c)
{
    // 事前条件: tree(c)
    typedef WeightType(C) N;
    return traverse_rotating(c, counter<C, N>()).n / N(3);
}
```

訪問をモジュロ 3 で数えることで，各座標を一回だけ訪問するようにもできます．

```
template<typename N, typename Proc>
    requires(Integer(N) &&
        Procedure(Proc) && Arity(Proc) == 1)
struct phased_applicator
{
    N period;
    N phase;
    N n;
    // 不変式: n, phase ∈ [0, period)
    Proc proc;
```

```
        phased_applicator(N period, N phase, N n, Proc proc) :
            period(period), phase(phase), n(n), proc(proc) { }
        void operator()(InputType(Proc, 0) x)
        {
            if (n == phase) proc(x);
            n = successor(n);
            if (n == period) n = 0;
        }
    };


    template<typename C, typename Proc>
        requires(EmptyLinkedBifurcateCoordinate(C) &&
            Procedure(Proc) && Arity(Proc) == 1 &&
            C == InputType(Proc, 0))
    Proc traverse_phased_rotating(C c, int phase, Proc proc)
    {
        // 事前条件: tree(c) ∧ 0 ≤ phase < 3
        phased_applicator<int, Proc> applicator(3, phase, 0, proc);
        return traverse_rotating(c, applicator).proc;
    }
```

課題 8.1 2分木に対する同型，同値，順序を実装するために tree_rotate の使用を検討しなさい．

8.5 結論

可変走査関数を持つリンク座標構造は，リンク区間のソートといった有用な再配列アルゴリズムを可能にします．単純なマシンのようなコンポーネントからそのようなアルゴリズムをシステム的に組み立てることで，正確な数学特性を持つ効率的なコードが導き出せます．goto を統制された方法で使用することは，状態マシンを実装するための正当な方法です．1個以上のオブジェクトが関わる不変式は，オブジェクトの1つを更新する間は一時的に破っても構いません．あるアルゴリズムが定義したスコープから抜ける前に不変式が回復されるのであれば，そのスコープ内で一時的に不変式が破られても構いません．

第 9 章

コピー

　この章では，書き込み可能イテレータを紹介します。書き込み可能イテレータのアクセス関数により，イテレータの値を修正することが可能です。1 つのオブジェクトをコピーして入力と出力のイテレータを更新するような単一機能のマシンから構築される一連のコピーアルゴリズムを使って，書き込み可能イテレータの利用方法を示します。事前条件を慎重に特定することで，入力区間と出力区間がオーバーラップしていてもコピーできます。同じサイズでオーバーラップしていない 2 つの可変区間であれば，内容を交換するための一連のスワップ・アルゴリズムを使用できます。

9.1 書き込み可能性

　この章は，イテレータと他の座標構造に対する 2 番目の種類のアクセス，すなわち，書き込み可能性について説明します。型は，それに対して単項手続き sink が定義されていれば，**書き込み可能**（*writable*）です。右辺が ValueType(T) のオブジェクトへと評価される代入の左辺にだけ，sink は使用できます。

$Writable(\mathsf{T}) \triangleq$
　　$\mathsf{ValueType} : Writable \to Regular$
　　$\wedge \ (\forall \mathrm{x} \in \mathsf{T})(\forall \nu \in \mathsf{ValueType}(\mathsf{T})) \ \mathsf{sink}(\mathrm{x}) \leftarrow \nu \ \text{は整形式文}$

　コンセプト *Writable* によって正当化される sink(x) の唯一の利用は，代入の左辺に対してです。もちろん，*Writable* をモデル化しているある特定の型が，他の利用方法をサポートしても構いません。

　sink は全体（*total*）である必要はありません。sink が定義されていない書き込み可能型のオブジェクトが存在しているかもしれません。読み込み可能性と同様，このコンセプトは，特定のオブジェクトに対して sink が定義されているかどうかを判断する

ための定義空間述語を提供していません．アルゴリズムにおけるその正当な利用は，事前条件から導出可能でなければなりません．

オブジェクト x の特定の状態に対して，sink(x) への単一代入だけが，コンセプト *Writable* により正当化できます．ある特定の型は，sink(x) に対して後続の代入を許すプロトコルを提供するかもしれません[*1]．

書き込み可能オブジェクト x と読み込み可能オブジェクト y は，sink(x) と source(y) の両方が定義されていて，sink(x) に対してどのような値 v を代入しても，source(y) の値が v として現れるのであれば，エイリアス（*aliased*）です．

property(T : *Writable*, U : *Readable*)
    requires(ValueType(T) = ValueType(U))
  aliased : T × U
    (x, y) ↦ sink(x) は定義されている ∧
        source(y) は定義されている ∧
        ($\forall v \in$ ValueType(T)) sink(x) ← v は source(y) = v を確立する

アクセスの最後の種類は**可変性**（*mutability*）であり，それは一貫性のある方法で読み込み可能性と書き込み可能性を組合せています．

$Mutable$(T) ≜
    $Readable$(T) ∧ $Writable$(T)
  ∧ ($\forall x \in$ T) sink(x) は定義されている ⇔ source(x) は定義されている
  ∧ ($\forall x \in$ T) sink(x) は定義されている ⇒ aliased(x, x)
  ∧ deref : T → ValueType(T)&
  ∧ ($\forall x \in$ T) sink(x) は定義されている ⇔ deref(x) は定義されている

可変イテレータに関して，source(x) あるいは sink(x) を deref(x) で置換することは，プログラムの意味や性能に影響を与えません．

Writable と *Iterator* をモデル化している型のイテレータの区間は，その区間のすべてのイテレータに対して sink が定義されていれば，**書き込み可能**（*writable*）です．

property(I : *Writable*)
    requires(*Iterator*(I))
writable_bounded_range : I × I
    (f, l) ↦ bounded_range(f, l) ∧ ($\forall i \in$ [f, l)) sink(i) は定義されている

writable_weak_range と writable_counted_range は同様に定義されます．

[*1] Jerry Schwarz は，より洗練された可能性のあるインタフェースを提案しています．sink を store(v, x) といった手続き store で置換することは，sink(x) ← v と等価です．

読み込み可能イテレータ i で，source(i) を 1 回以上呼び出しても構いませんし，常に同じ値を返します。つまり，正則です。それにより，find_if などの単純で有用なアルゴリズムを書くことができます。しかし，書き込み可能イテレータ j では，sink(j) への代入は繰り返し可能ではありません。successor への呼び出しは、イテレータを通した 2 つの代入を分離しなければなりません。読み込み可能イテレータと書き込み可能イテレータのこの非対称性は，意図的なものです。つまり，有用なアルゴリズムを排除していませんし，出力ストリームなどのバッファされていないものをモデル化することを可能にしています。*Iterator* コンセプトでの非正則 successor および非正則 sink は，アルゴリズムをメモリ上のデータ構造だけではなく，入出力ストリームでも使用することができるようにしています。

Mutable と *ForwardIterator* をモデル化している型のイテレータの区間は，その区間内のすべてのイテレータに対して，sink，source および deref が定義されていれば，可変（*mutable*）です。マルチパスのアルゴリズムだけが，同じ区間から読むことと書き込むことの両方を行います。したがって，可変区間に対しては少なくとも前方イテレータを必要とします。そして，イテレータに対する 2 つの代入を successor への呼び出しで分離されなければならないという要件は不要です。

property(I : *Mutable*)
    requires(*ForwardIterator*(I))
mutable_bounded_range : I × I
    $(f, l) \mapsto$ bounded_range$(f, l) \land (\forall i \in [f, l))$ sink(i) は定義されている

mutable_weak_range と mutable_counted_range は，同様に定義されます。

9.2 位置ベースコピー

ここからは，1 つ以上の入力区間から 1 つ以上の出力区間へのオブジェクトのコピーに対する一連のアルゴリズムを示します。一般に，それらのアルゴリズムの事後条件は，出力区間内のオブジェクトと入力区間内のオブジェクトのもとの値間の等価性を述べています。入力区間と出力区間が**重なり合う**（*overlap*）のでなければ，求められる事後条件を確立することは簡単です。しかし，重なり合っている区間でのオブジェクトのコピーは一般的に有用ですので，各アルゴリズムの事前条件はどのような種類の重なり合いが許されるかを明確にしています。

重なり合いに対する基本規則は次の通りです。入力区間内のイテレータが出力区間内のイテレータでエイリアスされているのであれば，アルゴリズムは，出力イテレータに対して sink を適用した後に，入力イテレータに対して source を適用してはいけないということです。アルゴリズムを示す際に，正確な条件を明らかにし，その条件

を表現するための汎用特性を明らかにします。

コピーアルゴリズムを構成したマシンは，すべて参照による 2 つのイテレータを取り，コピーを行い、イテレータを更新する責任を負います。最も頻繁に使用されるマシンは 1 つのオブジェクトをコピーし，それから両方のイテレータを進めます。

```
template<typename I, typename O>
    requires(Readable(I) && Iterator(I) &&
        Writable(O) && Iterator(O) &&
        ValueType(I) == ValueType(O))
void copy_step(I& f_i, O& f_o)
{
    // 事前条件: source(f_i) と sink(f_o) は定義されている
    sink(f_o) = source(f_i);
    f_i = successor(f_i);
    f_o = successor(f_o);
}
```

コピーアルゴリズムの一般形式は，終了条件が満たされるまでコピーステップを行うことです。たとえば，copy は最初のイテレータにより特定される出力区間へ半開有界区間をコピーします。

```
template<typename I, typename O>
    requires(Readable(I) && Iterator(I) &&
        Writable(O) && Iterator(O) &&
        ValueType(I) == ValueType(O))
O copy(I f_i, I l_i, O f_o)
{
    // 事前条件: not_overlapped_forward(f_i, l_i, f_o, f_o + (l_i - f_i))
    while (f_i != l_i) copy_step(f_i, f_o);
    return f_o;
}
```

copy は，出力区間の境界を返します。なぜなら，呼び出し側はその境界が分からないかもしれないからです。出力イテレータ型は，複数の走査を許さないかもしれません。その場合に，境界を返されなければ，作業を継続することができません。

copy に対する事後条件は，出力区間内の値のシーケンスが入力区間の値の元のシーケンスと等しいことです。この事後条件を満たすためには，事前条件は，入力区間の読み込み可能性と出力区間の書き込み可能性，出力区間の十分サイズ，および，入力

区間と出力区間が重なり合っていた場合は，エイリアスされた出力イテレータが書き込まれた後に入力イテレータが読み込まれないことを保証しなければなりません。これらの条件は，プロパティ not_overlapped_forward を用いて形式化されます。入力区間のインデックスが出力区間のインデックスを越えない位置でエイリアス化されたイテレータが発生するのであれば，読み込み可能区間と書き込み可能区間は，**前方重なり合い**（*overlapped foward*）ではありません。

property(I : *Readable*, O : *Writable*)
    requires(*Iterator*(I) ∧ *Iterator*(O))
not_overlapped_forward : I × I × O × O
    $(f_i, l_i, f_o, l_o) \mapsto$
        readable_bounded_range(f_i, l_i) ∧
        writable_bounded_range(f_o, l_o) ∧
        $(\forall k_i \in [f_i, l_i))(\forall k_o \in [f_o, l_o))$
            aliased$(k_o, k_i) \Rightarrow k_i - f_i \leq k_o - f_o$

時には，入力区間と出力区間のサイズは異なるかもしれません。

```
template<typename I, typename O>
    requires(Readable(I) && Iterator(I) &&
        Writable(O) && Iterator(O) &&
        ValueType(I) == ValueType(O))
pair<I, O> copy_bounded(I f_i, I l_i, O f_o, O l_o)
{
    // 事前条件: not_overlapped_forward(f_i, l_i, f_o, l_o)
    while (f_i != l_i && f_o != l_o) copy_step(f_i, f_o);
    return pair<I, O>(f_i, f_o);
}
```

入力区間と出力区間の終わりが呼び出し側に分かっていても，両方の終わりを返すことで，呼び出し側はどちらの区間がより小さくて，大きい方の区間のどこでコピーが停止したかを判断することが可能になります。copy と比べると，出力の事前条件は緩和されています。つまり，出力範囲は入力範囲よりも短くても構いません。最も緩和された事前条件は，次であるべきだといえます。

$$\text{not\_overlapped\_forward}(f_i, f_i + n, f_o, f_o + n)$$

ここで，$n = \min(l_i - f_i, l_o - f_o)$ です。

次の補助マシンは，算入区間に対する終了条件を処理します。

```
template<typename N>
    requires(Integer(N))
bool count_down(N& n)
{
    // 事前条件: n ≥ 0
    if (zero(n)) return false;
    n = predecessor(n);
    return true;
}
```

copy_n は，最初のイテレータで指定された半開算入区間を出力区間へコピーします．

```
template<typename I, typename O, typename N>
    requires(Readable(I) && Iterator(I) &&
        Writable(O) && Iterator(O) &&
        ValueType(I) == ValueType(O) &&
        Integer(N))
pair<I, O> copy_n(I f_i, N n, O f_o)
{
    // 事前条件: not_overlapped_forward($f_i, f_i + n, f_o, f_o + n$)
    while (count_down(n)) copy_step(f_i, f_o);
    return pair<I, O>(f_i, f_o);
}
```

2つの算入区間に対する copy_bounded の効果は，その2つのサイズの小さい方で copy_n を呼ぶことで得られます．

区間が前方重なり合いの場合だとしても，イテレータ型が *BidirectionalIterator* をモデル化していて後方への移動を許容していれば，コピーすることは可能です．それにより，次のマシンが導き出せます．

```
template<typename I, typename O>
    requires(Readable(I) && BidirectionalIterator(I) &&
        Writable(O) && BidirectionalIterator(O) &&
        ValueType(I) == ValueType(O))
void copy_backward_step(I& l_i, O& l_o)
{
    // 事前条件: source(predecessor($l_i$)) と sink(predecessor($l_o$))
    //          は定義されている
```

```
            l_i = predecessor(l_i);
            l_o = predecessor(l_o);
            sink(l_o) = source(l_i);
    }
```

半開区間の境界から始めるので，コピーする前にイテレータを前に戻す必要があります。それにより copy_backward が導き出せます。

```
    template<typename I, typename O>
        requires(Readable(I) && BidirectionalIterator(I) &&
            Writable(O) && BidirectionalIterator(O) &&
            ValueType(I) == ValueType(O))
    O copy_backward(I f_i, I l_i, O l_o)
    {
        // 事前条件: not_overlapped_backward(f_i, l_i, l_o - (l_i - f_i), l_o)
        while (f_i != l_i) copy_backward_step(l_i, l_o);
        return l_o;
    }
```

copy_backward_n も同様です。

copy_backward に対する事前条件は，copy に類似しており，プロパティ not_overlapped_backward を用いて形式化されます。入力区間の境界からのインデックスが出力区間の境界からのインデックスを越えない位置でエイリアス化されたイテレータが発生するのであれば，読み込み可能区間と書き込み可能区間は，**後方重なり合い**（*overlapped backward*）ではありません。

property(I : *Readable*, O : *Writable*)
  requires(*Iterator*(I) ∧ *Iterator*(O))
not_overlapped_backward : I × I × O × O
  $(f_i, l_i, f_o, l_o) \mapsto$
    readable_bounded_range$(f_i, l_i) \wedge$
    writable_bounded_range$(f_o, l_o) \wedge$
    $(\forall k_i \in [f_i, l_i))(\forall k_o \in [f_o, l_o))$
      aliased$(k_o, k_i) \Rightarrow l_i - k_i \leq l_o - k_o$

区間のどちらかが *BidirectionalIterator* をモデル化しているイテレータ型ならば，出力で後方に移動させるマシンか，入力を後方に移動させるマシンを用いることで，入力区間に関して出力区間の方向を逆にすることができます。

```
template<typename I, typename O>
    requires(Readable(I) && BidirectionalIterator(I) &&
        Writable(O) && Iterator(O) &&
        ValueType(I) == ValueType(O))
void reverse_copy_step(I& l_i, O& f_o)
{
    // 事前条件: source(predecessor($l_i$)) と sink($f_o$) は定義されている
    l_i = predecessor(l_i);
    sink(f_o) = source(l_i);
    f_o = successor(f_o);
}


template<typename I, typename O>
    requires(Readable(I) && Iterator(I) &&
        Writable(O) && BidirectionalIterator(O) &&
        ValueType(I) == ValueType(O))
void reverse_copy_backward_step(I& f_i, O& l_o)
{
    // 事前条件: source($f_i$) と sink(predecessor($l_o$)) は定義されている
    l_o = predecessor(l_o);
    sink(l_o) = source(f_i);
    f_i = successor(f_i);
}
```

これにより，次のアルゴリズムが導き出せます．

```
template<typename I, typename O>
    requires(Readable(I) && BidirectionalIterator(I) &&
        Writable(O) && Iterator(O) &&
        ValueType(I) == ValueType(O))
O reverse_copy(I f_i, I l_i, O f_o)
{
    // 事前条件: not_overlapped($f_i, l_i, f_o, f_o + (l_i - f_i)$)
    while (f_i != l_i) reverse_copy_step(l_i, f_o);
    return f_o;
}

template<typename I, typename O>
    requires(Readable(I) && Iterator(I) &&
```

```
                Writable(O) && BidirectionalIterator(O) &&
                ValueType(I) == ValueType(O))
    O reverse_copy_backward(I f_i, I l_i, O l_o)
    {
        // 事前条件: not_overlapped(f_i, l_i, l_o - (l_i - f_i), l_o)
        while (f_i != l_i) reverse_copy_backward_step(f_i, l_o);
        return l_o;
    }
```

reverse_copy_n と reverse_copy_backward_n も，同様です．

reverse_copy と reverse_copy_backward の両方に対する事後条件は，出力区間は入力区間の値のもとのシーケンスを逆にしたコピーであることです．最も緩和されているわけではありませんが，実用的な事前条件は，入力区間と出力区間が重なり合わないことです．それを，プロパティ not_overlapped を使用して形式化します．読み込み可能区間と書き込み可能区間は，共通のエイリアス化されたイテレータを持たなければ，重なり合っていません．

property(I : *Readable*, O : *Writable*)
 requires(Iterator(I) ∧ Iterator(O))
not_overlapped : $I \times I \times O \times O$
 $(f_i, l_i, f_o, l_o) \mapsto$
  readable_bounded_range$(f_i, l_i) \land$
  writable_bounded_range$(f_o, l_o) \land$
  $(\forall k_i \in [f_i, l_i))\,(\forall k_o \in [f_o, l_o))\,\neg$aliased$(k_o, k_i)$

演習 9.1 reverse_copy とその対である reverse_copy_backward に対する最も緩和された事前条件を見つけなさい．

copy だけではなく copy_backward を導入する主な理由は，区間の重なりがどちらの方向であっても処理することですが，reverse_copy だけではなく reverse_copy_backward を導入する理由は，イテレータ要件に関してより大きな柔軟性を提供するためです．

9.3 述語ベースコピー

ここまで示してきたアルゴリズムは，入力区間のすべてのオブジェクトを出力区間へコピーしています．そして，それらの事後条件はイテレータの値に依存していませ

ん。この節のアルゴリズムは，述語引数を受け取り，各コピーステップを制御するためにその述語引数を使用します。

たとえば，コピーステップを単項述語に対する条件付きにすることで，copy_select が導き出せます。

```
template<typename I, typename O, typename P>
    requires(Readable(I) && Iterator(I) &&
        Writable(O) && Iterator(O) &&
        ValueType(I) == ValueType(O) &&
        UnaryPredicate(P) && I == Domain(P))
O copy_select(I f_i, I l_i, O f_t, P p)
{
    // 事前条件: not_overlapped_forward(f_i, l_i, f_t, f_t + n_t)
    // ここで n_t は，p を満たすイテレータの数に対する上限境界です
    while (f_i != l_i)
        if (p(f_i)) copy_step(f_i, f_t);
        else f_i = successor(f_i);
    return f_t;
}
```

n_t に対する最悪の場合は，$l_i - f_i$ です。状況によっては，より小さな値を保証するかもしれません。

最もよくある例は，イテレータに対して述語を適用するのではなく，その値に対して適用することです。

```
template<typename I, typename O, typename P>
    requires(Readable(I) && Iterator(I) &&
        Writable(O) && Iterator(O) &&
        ValueType(I) == ValueType(O) &&
        UnaryPredicate(P) && ValueType(I) == Domain(P))
O copy_if(I f_i, I l_i, O f_t, P p)
{
    // 事前条件: copy_select の事前条件と同じ
    predicate_source<I, P> ps(p);
    return copy_select(f_i, l_i, f_t, ps);
}
```

第 8 章では，イテレータのリンク区間に対して操作する split_linked と combine_linked_nonempty を示しました。類似のコピーアルゴリズムが存在します。

```
template<typename I, typename O_f, typename O_t, typename P>
    requires(Readable(I) && Iterator(I) &&
        Writable(O_f) && Iterator(O_f) &&
        Writable(O_t) && Iterator(O_t) &&
        ValueType(I) == ValueType(O_f) &&
        ValueType(I) == ValueType(O_t) &&
        UnaryPredicate(P) && I == Domain(P))
pair<O_f, O_t> split_copy(I f_i, I l_i, O_f f_f, O_t f_t, P p)
{
    // 事前条件: 下記参照
    while (f_i != l_i)
        if (p(f_i)) copy_step(f_i, f_t);
        else        copy_step(f_i, f_f);
    return pair<O_f, O_t>(f_f, f_t);
}
```

演習 9.2 split_copy に対する事後条件を記述しなさい。

事後条件を満足させるために，split_copy の呼び出しが，2つの出力区間が全く重なり合わないことを保証しなければなりません．出力区間が前方重なり合いではない限り，出力区間のどちらかが入力区間と重なり合うことは許容されます．これにより，次の事前条件となります．

$\mathsf{not\_write\_overlapped}(f_f, n_f, f_t, n_t) \land$
$\quad ((\mathsf{not\_overlapped\_forward}(f_i, l_i, f_f, f_f + n_f) \land \mathsf{not\_overlapped}(f_i, l_i, f_t, l_t)) \lor$
$\quad (\mathsf{not\_overlapped\_forward}(f_i, l_i, f_t, f_t + n_t) \land \mathsf{not\_overlapped}(f_i, l_i, f_f, l_f)))$

ここで，n_f と n_t は，それぞれ，p を満たさないイテレータの数と満たすイテレータの数の上限境界です．

プロパティ not_write_overlapped の定義は，書き込みエイリアス（*write aliasing*）の概念に依存しています．つまり，sink(x) と sink(y) の両方が定義されているような 2つの書き込み可能オブジェクト x と y があり，x への書き込みが y への書き込みとなります．

property($\mathsf{T}: Writable, \mathsf{U}: Writable$)
$\quad$ **requires**($\mathsf{ValueType}(\mathsf{T}) = \mathsf{ValueType}(\mathsf{U})$)
write_aliased : $\mathsf{T} \times \mathsf{U}$
$\quad (x, y) \mapsto \mathsf{sink}(x)$ は定義されている $\land\ \mathsf{sink}(y)$ は定義されている $\land$
$\quad\quad (\forall V \in Readable)\,(\forall v \in V)\,\mathsf{aliased}(x, v) \Leftrightarrow \mathsf{aliased}(y, v)$

これにより，書き込み重なり合いではない (*not write overlapped*)，つまり，共通のエイリアス化されたシンク (*sink*) を持たない書き込み可能区間の定義が導き出せます．

property(O_0 : *Writable*, O_1 : *Writable*)
　requires(Iterator(O_0) ∧ Iterator(O_1))
not_write_overlapped : $O_0 \times O_0 \times O_1 \times O_1$
　　(f_0, l_0, f_1, l_1) $\mapsto$
　　　writable_bounded_range(f_0, l_0) ∧
　　　writable_bounded_range(f_1, l_1) ∧
　　　($\forall k_0 \in [f_0, l_0))(\forall k_1 \in [f_1, l_1))$ ¬write_aliased(k_0, k_1)

select_copy と同様に，split_copy の最もよくある例は，イテレータに対して述語を適用するのではなく，その値に対して適用することです[*2]．

```
template<typename I, typename O_f, typename O_t, typename P>
    requires(Readable(I) && Iterator(I) &&
        Writable(O_f) && Iterator(O_f) &&
        Writable(O_t) && Iterator(O_t) &&
        ValueType(I) == ValueType(O_f) &&
        ValueType(I) == ValueType(O_t) &&
        UnaryPredicate(P) && ValueType(I) == Domain(P))
pair<O_f, O_t> partition_copy(I f_i, I l_i, O_f f_f, O_t f_t, P p)
{
    // 事前条件: split_copy と同じ
    predicate_source<I, P> ps(p);
    return split_copy(f_i, l_i, f_f, f_t, ps);
}
```

2 つの出力区間のそれぞれの値は，入力区間と相対的に同じ順序です．partition_copy_n も同様です．

combine_copy に対するコードは同様に単純です．

```
template<typename I0, typename I1, typename O, typename R>
    requires(Readable(I0) && Iterator(I0) &&
        Readable(I1) && Iterator(I1) &&
        Writable(O) && Iterator(O) &&
```

[*2] T. K. Lakshman が，このインタフェースを筆者らに示してくれました．

```
            BinaryPredicate(R) &&
            ValueType(I0) == ValueType(O) &&
            ValueType(I1) == ValueType(O) &&
            I0 == InputType(R, 1) && I1 == InputType(R, 0))
    O combine_copy(I0 f_i0, I0 l_i0, I1 f_i1, I1 l_i1, O f_o, R r)
    {
        // 事前条件: 下記参照
        while (f_i0 != l_i0 && f_i1 != l_i1)
            if (r(f_i1, f_i0)) copy_step(f_i1, f_o);
            else               copy_step(f_i0, f_o);
        return copy(f_i1, l_i1, copy(f_i0, l_i0, f_o));
    }
```

combine_copy に対して，入力区間の読み込みの重なり合いは受け入れられます．さらに，入力区間の 1 つが出力区間と重なり合うことも許容されます．しかし，そのような重なり合いは前方方向ではいけませんし，combine_copy の事前条件であるプロパティ backward_offset で記述されているように，少なくとも，もう 1 つの入力区間のサイズ分の後方方向のオフセットでなければなりません．

$$(\text{backward\_offset}(f_{i_0}, l_{i_0}, f_o, l_o, l_{i_1} - f_{i_1}) \wedge \text{not\_overlapped}(f_{i_1}, l_{i_1}, f_o, l_o)) \vee$$
$$(\text{backward\_offset}(f_{i_1}, l_{i_1}, f_o, l_o, l_{i_0} - f_{i_0}) \wedge \text{not\_overlapped}(f_{i_0}, l_{i_0}, f_o, l_o))$$

ここで，$l_o = f_o + (l_{i_0} - f_{i_0}) + (l_{i_1} - f_{i_1})$ は，出力区間の境界です．

入力区間のインデックスに n を加えたものが，出力区間のインデックスを越えない位置でエイリアス化されたイテレータが発生するのであれば，プロパティ backward_offset は，これらの読み込み可能区間，書き込み可能区間，および，$n \geq 0$ であるオフセット n によって満足させられます．

property(I : *Readable*, O : *Writable*, N : *Integer*)
  requires(*Iterator*(I) $\wedge$ *Iterator*(O))
backward_offset : I $\times$ I $\times$ O $\times$ O $\times$ N
  $(f_i, l_i, f_o, l_o, n) \mapsto$
    readable_bounded_range$(f_i, l_i) \wedge$
    $n \geq 0 \wedge$
    writable_bounded_range$(f_o, l_o) \wedge$
    $(\forall k_i \in [f_i, l_i))(\forall k_o \in [f_o, l_o))$
      aliased$(k_o, k_i) \Rightarrow k_i - f_i + n \leq k_o - f_o$

not_overlapped_forward(f_i, l_i, f_o, l_o) = backward_offset$(f_i, l_i, f_o, l_o, 0)$ であることに

注意してください。

演習 9.3 combine_copy に対する事後条件を記述し，その事前条件が成り立つのであれば，事後条件が満足されることを証明しなさい。

combine_copy_backward も同様です。同じ事後条件が成り立つことを保証するためには，if 節の順序は，combine_copy での順序の逆でなければなりません。

```
template<typename I0, typename I1, typename O, typename R>
    requires(Readable(I0) && BidirectionalIterator(I0) &&
        Readable(I1) && BidirectionalIterator(I1) &&
        Writable(O) && BidirectionalIterator(O) &&
        BinaryPredicate(R) &&
        ValueType(I0) == ValueType(O) &&
        ValueType(I1) == ValueType(O) &&
        I0 == InputType(R, 1) && I1 == InputType(R, 0))
O combine_copy_backward(I0 f_i0, I0 l_i0, I1 f_i1, I1 l_i1,
                       O l_o, R r)
{
    // 事前条件: 下記参照
    while (f_i0 != l_i0 && f_i1 != l_i1) {
        if (r(predecessor(l_i1), predecessor(l_i0)))
            copy_backward_step(l_i0, l_o);
        else
            copy_backward_step(l_i1, l_o);
    }
    return copy_backward(f_i0, l_i0,
                         copy_backward(f_i1, l_i1, l_o));
}
```

combine_copy_backward に対する事前条件は，次の通りです。

$(\mathsf{forward\_offset}(f_{i_0}, l_{i_0}, f_o, l_o, l_{i_1} - f_{i_1}) \wedge \mathsf{not\_overlapped}(f_{i_1}, l_{i_1}, f_o, l_o)) \vee$
$(\mathsf{forward\_offset}(f_{i_1}, l_{i_1}, f_o, l_o, l_{i_0} - f_{i_0}) \wedge \mathsf{not\_overlapped}(f_{i_0}, l_{i_0}, f_o, l_o))$

ここで，$f_o = l_o - ((l_{i_0} - f_{i_0}) + (l_{i_1} - f_{i_1}))$ は，出力区間の最初のイテレータです。
入力区間の境界からのインデックスに n を加えたものが，出力区間の境界からのインデックスを越えない位置でエイリアス化されたイテレータが発生するのであれば，

プロパティ forward_offset は，これらの読み込み可能区間，書き込み可能区間，および，$n \geq 0$ であるオフセット n によって満足させられます．

property$(\mathrm{I}: Readable, \mathrm{O}: Writable, \mathrm{N}: Integer)$
　　requires$(Iterator(\mathrm{I}) \wedge Iterator(\mathrm{O}))$
forward_offset $: \mathrm{I} \times \mathrm{I} \times \mathrm{O} \times \mathrm{O} \times \mathrm{N}$
　　$(f_i, l_i, f_o, l_o, n) \mapsto$
　　　　readable_bounded_range$(f_i, l_i) \wedge$
　　　　$n \geq 0 \wedge$
　　　　writable_bounded_range$(f_o, l_o) \wedge$
　　　　$(\forall k_i \in [f_i, l_i))(\forall k_o \in [f_o, l_o))$
　　　　　　aliased$(k_o, k_i) \Rightarrow l_i - k_i + n \leq l_o - k_o$

not_overlapped_backward$(f_i, l_i, f_o, l_o) = $ forward_offset$(f_i, l_i, f_o, l_o, 0)$ であることに注意してください．

演習 9.4 combine_copy_backward に対する事後条件を記述し，その事前条件が成り立つのであれば，事後条件が満足されることを証明しなさい．

combine_copy と combine_copy_backward に対して，値型に対する弱順序が渡された場合には，増加区間をマージすることになります．

```
template<typename I0, typename I1, typename O, typename R>
    requires(Readable(I0) && Iterator(I0) &&
        Readable(I1) && Iterator(I1) &&
        Writable(O) && Iterator(O) &&
        Relation(R) &&
        ValueType(I0) == ValueType(O) &&
        ValueType(I1) == ValueType(O) &&
        ValueType(I0) == Domain(R))
O merge_copy(I0 f_i0, I0 l_i0, I1 f_i1, I1 l_i1, O f_o, R r)
{
    // 事前条件: combine_copy に対する事前条件に加えて
    //     weak_ordering(r) ∧
    //     increasing_range(f_i0, l_i0, r) ∧ increasing_range(f_i1, l_i1, r)
    relation_source<I1, I0, R> rs(r);
    return combine_copy(f_i0, l_i0, f_i1, l_i1, f_o, rs);
}
```

```
    template<typename I0, typename I1, typename O, typename R>
        requires(Readable(I0) && BidirectionalIterator(I0) &&
            Readable(I1) && BidirectionalIterator(I1) &&
            Writable(O) && BidirectionalIterator(O) &&
            Relation(R) &&
            ValueType(I0) == ValueType(O) &&
            ValueType(I1) == ValueType(O) &&
            ValueType(I0) == Domain(R))
    O merge_copy_backward(I0 f_i0, I0 l_i0, I1 f_i1, I1 l_i1, O l_o,
                          R r)
    {
        // 事前条件: combine_copy_backward に対する事前条件に加えて
        //     weak_ordering(r) ∧
        //     increasing_range(f_{i_0}, l_{i_0}, r) ∧ increasing_range(f_{i_1}, l_{i_1}, r)
        relation_source<I1, I0, R> rs(r);
        return combine_copy_backward(f_i0, l_i0, f_i1, l_i1, l_o,
                                     rs);
    }
```

演習 9.5 適切な戻り値を持つ combine_copy_n と combine_copy_backward_n を実装しなさい。

補題 9.1 入力区間のサイズが n_0 と n_1 であれば, merge_copy と merge_copy_backward は, $n_0 + n_1$ 回の代入を行い, 最悪の場合には, $n_0 + n_1 - 1$ 回の比較を行う。

演習 9.6 比較回数の最善の場合と平均を求めなさい。

課題 9.1 今日のコンピュータシステムは, メモリをコピーするための高度に最適化されたライブラリ手続きを含んでいます。たとえば, memmove と memcpy は, この本で説明していない最適化技法を使用しています。読者が使用しているプラットフォームで提供されている手続きを調べて, 使用している技法を調べなさい (たとえば, ループ展開やソフトウェア・パイプライン)。そして, それらの技法をできる限り多く表現する抽象手続きを設計しなさい。どのような型要件と事前条件が, それぞれの技法に必要ですか。それらの最適化を遂行するための完全な柔軟性をコンパイラに与えるのはどのような言語拡張ですか。

9.4 区間交換

1つの区間を別の区間にコピーする代わりに，時には同じサイズの2つの区間を交換することが有用です．つまり，対応する位置のオブジェクトの値を交換することです．交換アルゴリズムはコピーアルゴリズムに非常に似ています．ただし，代入が，2つの可変イテレータが指しているオブジェクトの値を交換する手続きで置き換えられています．

```
template<typename I0, typename I1>
    requires(Mutable(I0) && Mutable(I1) &&
        ValueType(I0) == ValueType(I1))
void exchange_values(I0 x, I1 y)
{
    // 事前条件: deref(x) と deref(y) は定義されている
    ValueType(I0) t = source(x);
            sink(x) = source(y);
            sink(y) = t;
}
```

演習 9.7 exchange_values の事後条件は何ですか．

補題 9.2 exchange_values(i, j) と exchange_values(j, i) の効果は，同じである．

オブジェクトを実際に構築したり破壊したりすることを避けて，2つのオブジェクトの値を単純に交換する exchange_values を実装することが望ましいです．そうすれば，オブジェクトが所有するリソースの量によるコストの増加は発生しません．第12章で，実際の型（*underlying type*）の概念で，その目標を達成します．

コピーと同様に，2つのイテレータを参照で受け取り，イテレータの交換と更新を行うマシンを使って 交換アルゴリズムを構築します．1つのマシンは2つのオブジェクトを交換して，それから両方のイテレータを増加させます．

```
template<typename I0, typename I1>
    requires(Mutable(I0) && ForwardIterator(I0) &&
        Mutable(I1) && ForwardIterator(I1) &&
        ValueType(I0) == ValueType(I1))
void swap_step(I0& f0, I1& f1)
```

```
    {
        // 事前条件: deref(f₀) と deref(f₁) は定義されている
        exchange_values(f0, f1);
        f0 = successor(f0);
        f1 = successor(f1);
    }
```

これにより，copy に類似している最初のアルゴリズムが導き出せます．

```
    template<typename I0, typename I1>
        requires(Mutable(I0) && ForwardIterator(I0) &&
            Mutable(I1) && ForwardIterator(I1) &&
            ValueType(I0) == ValueType(I1))
    I1 swap_ranges(I0 f0, I0 l0, I1 f1)
    {
        // 事前条件: mutable_bounded_range(f₀, l₀)
        // 事前条件: mutable_counted_range(f₁, l₀ − f₀)
        while (f0 != l0) swap_step(f0, f1);
        return f1;
    }
```

2番目のアルゴリズムは，copy_bounded に類似しています．

```
    template<typename I0, typename I1>
        requires(Mutable(I0) && ForwardIterator(I0) &&
            Mutable(I1) && ForwardIterator(I1) &&
            ValueType(I0) == ValueType(I1))
    pair<I0, I1> swap_ranges_bounded(I0 f0, I0 l0, I1 f1, I1 l1)
    {
        // 事前条件: mutable_bounded_range(f₀, l₀)
        // 事前条件: mutable_bounded_range(f₁, l₁)
        while (f0 != l0 && f1 != l1) swap_step(f0, f1);
        return pair<I0, I1>(f0, f1);
    }
```

3番目のアルゴリズムは，copy_n に類似しています．

```
    template<typename I0, typename I1, typename N>
        requires(Mutable(I0) && ForwardIterator(I0) &&
```

```
            Mutable(I1) && ForwardIterator(I1) &&
            ValueType(I0) == ValueType(I1) &&
            Integer(N))
pair<I0, I1> swap_ranges_n(I0 f0, I1 f1, N n)
{
    // 事前条件: mutable_counted_range(f_0, n)
    // 事前条件: mutable_counted_range(f_1, n)
    while (count_down(n)) swap_step(f0, f1);
    return pair<I0, I1>(f0, f1);
}
```

区間交換アルゴリズムに渡された区間が重なり合っていない場合には，アルゴリズムの効果は，対応する位置のオブジェクトの値を交換することであるのは明らかです．次の章で，重なり合っている場合に対する事後条件を導き出します．

逆コピーでは，元の位置が逆になっているコピーとなります．逆交換はこれと類似しています．逆交換は，最初の区間を後方に移動し，2番目の区間を前方に移動する2つ目のマシンを必要とします．

```
template<typename I0, typename I1>
    requires(Mutable(I0) && BidirectionalIterator(I0) &&
        Mutable(I1) && ForwardIterator(I1) &&
        ValueType(I0) == ValueType(I1))
void reverse_swap_step(I0& l0, I1& f1)
{
    // 事前条件: deref(predecessor(l_0)) と deref(f_1) は定義されている
    l0 = predecessor(l0);
    exchange_values(l0, f1);
    f1 = successor(f1);
}
```

exchange_values の対称性により，reverse_swap_ranges は，少なくとも1つのイテレータ型が双方向の場合に使用できます．backward バージョンは必要ありません．

```
template<typename I0, typename I1>
    requires(Mutable(I0) && BidirectionalIterator(I0) &&
        Mutable(I1) && ForwardIterator(I1) &&
        ValueType(I0) == ValueType(I1))
I1 reverse_swap_ranges(I0 f0, I0 l0, I1 f1)
```

```
{
    // 事前条件: mutable_bounded_range(f_0, l_0)
    // 事前条件: mutable_counted_range(f_1, l_0 - f_0)
    while (f0 != l0) reverse_swap_step(l0, f1);
    return f1;
}

template<typename I0, typename I1>
    requires(Mutable(I0) && BidirectionalIterator(I0) &&
        Mutable(I1) && ForwardIterator(I1) &&
        ValueType(I0) == ValueType(I1))
pair<I0, I1>reverse_swap_ranges_bounded(I0 f0, I0 l0,
                                        I1 f1, I1 l1)
{
    // 事前条件: mutable_bounded_range(f_0, l_0)
    // 事前条件: mutable_bounded_range(f_1, l_1)
    while (f0 != l0 && f1 != l1)
        reverse_swap_step(l0, f1);
    return pair<I0, I1>(l0, f1);
}

template<typename I0, typename I1, typename N>
    requires(Mutable(I0) && BidirectionalIterator(I0) &&
        Mutable(I1) && ForwardIterator(I1) &&
        ValueType(I0) == ValueType(I1) &&
        Integer(N))
pair<I0, I1> reverse_swap_ranges_n(I0 l0, I1 f1, N n)
{
    // 事前条件: mutable_counted_range(l_0 - n, n)
    // 事前条件: mutable_counted_range(f_1, n)
    while (count_down(n)) reverse_swap_step(l0, f1);
    return pair<I0, I1>(l0, f1);
}
```

9.5 結論

イテレータ型を sink で拡張することで，書き込み可能性と可変性が導き出せます．sink に対する公理は単純ですが，エイリアス化の問題と並行更新の問題（この本では

取り上げていません）は，プログラミングを複雑にします。特に，様々なイテレータ型を通してのエイリアス化を扱う事前条件を定義するには，非常に注意深くある必要があります。コピーアルゴリズムは，単純で強力であり，広く使用されています。単純なマシンからそれらのアルゴリズムを構築することは，共通性を特定して追加の変形を示すことで，アルゴリズムを1つの集まりとして体系化することに役立ちます。値代入の代わりに値交換を使用することで，類似していますが若干少ない数の有用な区間交換アルゴリズムが導き出せます。

第 10 章

再配列

　この章では置換のコンセプトと再配列と呼ばれる一連のアルゴリズムを紹介します．再配列とは，範囲の要素の順序を変えて，ある事後条件を満足させることです．双方向アクセス・イテレータとランダムアクセス・イテレータに対しては，逆順にする繰り返しアルゴリズムを提供します．また，前方イテレータに対しては，逆順にするための分割統治法アルゴリズムを提供します．余分のメモリが利用可能な場合に，分割統治法アルゴリズムをより速く実行させるための変換方法を示します．様々なイテレータコンセプトに対応する 3 つの回転アルゴリズムを記述します．ここで，回転とは，必ずしも同じサイズではない 2 つの隣接区間の入れ替えです．最後に，要件に基づいて，コンパイル時に適切なアルゴリズムを自動的に選択するように，それらをまとめる方法について述べます．

10.1　置換

　変換 f は，その定義空間内のすべての x に対して y = f(x) を満たす y が定義空間に存在すれば，**中への**（*into*）変換です．変換 f は，その定義空間内のすべての y に対して y = f(x) を満たす x が定義空間に存在すれば，**全射**（*onto*）変換です．変換 f は，その定義空間内のすべての x と x′ に対して，f(x) = f(x′) ⇒ x = x′ を満たすのであれば，**単射**（*one-to-one*）変換です．

　補題 10.1　有限定義空間に対する変換は，変換が中への変換でかつ単射変換であれば，全射変換である．

　演習 10.1　中への変換でかつ全射変換ですが単射変換ではない自然数の変換と，中への変換でかつ単射変換ですが全射変換ではない自然数の変換を見つけなさい．

変換の**不動点**（*fixed point*）とは，f(x) = x である要素 x です。**恒等変換**（*identity transformation*）は，その定義空間のすべての要素が不動点である変換です。集合 S に対する恒等変換を identity$_S$ と表します。

置換（*permutation*）は，有限定義空間に対する全射変換です。次は，[0, 6) に対する置換の例です。

$$p(0) = 5$$
$$p(1) = 2$$
$$p(2) = 4$$
$$p(3) = 3$$
$$p(4) = 1$$
$$p(5) = 0$$

p と q が集合 S に対する 2 つの置換であれば，**合成**（*composition*）q ∘ p は，x ∈ S に対して，q(p(x)) となります。

補題 10.2 置換の合成は，置換である。

補題 10.3 置換の合成は，結合的である。

補題 10.4 集合 S に対するすべての置換 p に対して，$p^{-1} \circ p = p \circ p^{-1} =$ identity$_S$ となる**逆置換**（*inverse permutation*）p^{-1} が存在する。

集合に対する置換は，合成のもとで群を形成します。

補題 10.5 すべての有限群は，その要素の置換群の部分群である。ここで，その部分群におけるすべての置換は，すべての要素に対して個別の要素を乗算することで生成される。

たとえば，5 を法とする乗法群は，次の乗法表を持ちます。

×	**1**	**2**	**3**	**4**
1	1	2	3	4
2	2	4	1	3
3	3	1	4	2
4	4	3	2	1

乗法表のすべての行と列は，置換です。4! = 24 通りある 4 要素の置換のすべてが表にあるのではありませんので，5 を法とする乗法群は 4 要素の置換群の適切な部分群です。

循環 (*cycle*) は，置換内の循環軌道です．**自明循環** (*trivial cycle*) は，循環サイズが 1 の循環です．つまり，自明循環内の要素は，不動点です．単一の自明ではない循環を持つ置換は，**循環置換** (*cyclic permutation*) と呼ばれます．**互換** (*transposition*) は，循環サイズが 2 である循環置換です．

補題 10.6 置換内のすべての要素は，一意な循環に属している．

補題 10.7 n 個の要素を持つ集合の置換は，k ≤ n を満たす k 個の循環を含んでいる．

補題 10.8 互いに交わらない循環置換は，可換である．

演習 10.2 2 つの互いに交わる循環置換が，可換ではない例を示しなさい．

補題 10.9 すべての置換は，その循環に対応する循環置換の積として表現できる．

補題 10.10 ある置換の逆は，その循環の逆の積である．

補題 10.11 すべての循環置換は，互換の積である．

補題 10.12 すべての置換は，互換の積である．

サイズ n の**有限集合** (*finite set*) は，次に示す 1 組の関数が存在する集合です．

$$\text{choose}_S : [0, n) \to S$$
$$\text{index}_S : S \to [0, n)$$

これらは，次を満足しています．

$$\text{choose}_S(\text{index}_S(x)) = x$$
$$\text{index}_S(\text{choose}_S(i)) = i$$

言い換えると，S は，自然数の区間と 1 対 1 に対応しているといえます．

p がサイズ n の有限集合 S に対する置換ならば，$[0, n)$ に対応した**インデックス置換** (*index permutation*) p' が存在します．それは，次のように定義されます．

$$p'(i) = \text{index}_S(p(\text{choose}_S(i)))$$

補題 10.13 $p(x) = \text{choose}_S(p'(\text{index}_S(x)))$

この本では，置換を対応するインデックス置換によって頻繁に定義します。

10.2 再配列

再配列（*rearrangement*）は，入力区間のオブジェクトを出力区間へコピーするアルゴリズムであり，入力区間と出力区間のインデックスの対応が置換となっているものです。この章では，**位置ベース**（*position-based*）再配列を扱います。この再配列では，値の目的地はその元の位置に依存し，値そのものには依存しません。次の章では，**述語ベース**（*predicate-based*）再配列を扱います。この再配列では，値の目的地は値に述語を適用した結果に依存します。また，次の章では，**順序ベース**（*ordering-based*）再配列を扱います。この再配列では，値の目的地は値の順序に依存します。

第 8 章では，reverse_linked といったリンク再配列を学習しました。これは，再配列を確立するためにリンクを修正します。第 9 章では，copy や reverse_copy といったコピー再配列を学習しました。この章と次の章では，**変移**（*mutative*）再配列を学習します。これは，入力区間と出力区間が同一である再配列です。

すべての変移再配列は，2 つの置換に相当します。イテレータ i を，i の位置の要素の目的地を指しているイテレータへ対応付ける**トゥー置換**（*to-permutation*）と，イテレータ i を，i へ移動された要素の元を指しているイテレータへ対応付ける**フロム置換**（*from-permutation*）です。

補題 10.14 再配列に対するトゥー置換とフロム置換は，お互いに逆である。

トゥー置換があれば，次のアルゴリズムで循環を再配列できます。

```
template<typename I, typename F>
    requires(Mutable(I) && Transformation(F) && I == Domain(F))
void cycle_to(I i, F f)
{
    // 事前条件: f のもとで i の軌道は循環
    // 事前条件: (∀n ∈ ℕ) deref(fⁿ(i)) は定義されている
    I k = f(i);
    while (k != i) {
        exchange_values(i, k);
        k = f(k);
    }
}
```

cycle_to(i, f) の呼び出し後の source(f(j)) の値と呼び出し前の source(j) の値は，f のもとで i の軌道内のすべての j に対して等しいです。その呼び出しは，サイズ n の循環に対して $3(n-1)$ 回の代入を行います。

演習 10.3 $2n-1$ 回の代入を行う cycle_to を実装しなさい。

フロム置換があれば，次のアルゴリズムで循環を再配列できます。

```
template<typename I, typename F>
    requires(Mutable(I) && Transformation(F) && I == Domain(F))
void cycle_from(I i, F f)
{
    // 事前条件: f のもとで i の軌道は循環
    // 事前条件: (∀n ∈ ℕ) deref(fⁿ(i)) は定義されている
    ValueType(I) tmp = source(i);
    I j = i;
    I k = f(i);
    while (k != i) {
        sink(j) = source(k);
        j = k;
        k = f(k);
    }
    sink(j) = tmp;
}
```

cycle_from(i, f) の呼び出し後の source(j) の値と呼び出し前の source(f(j)) の値は，f のもとで i の軌道内のすべての j に対して等しいです。その呼び出しは，$n+1$ 回の代入を行います，一方で，exchange_values でそれを実装したとすると $3(n-1)$ 回の代入を行うことになります。型 I に対する可変性だけを要求していることに注意してください。走査関数は必要としていません。なぜならば，変換 f が走査を行うからです。フロム置換と cycle_from を使用して変移再配列を実装するには，各循環から代表要素を得る方法が必要です。時として，循環構造と循環の代表要素は分かっています。

演習 10.4 インデックス付きイテレータの区間に対して任意の再配列を行うアルゴリズムを実装しなさい。n 個のブール値の配列を，要素が置かれたことを印付けするために使用し，次の循環の代表要素を決定するために，その配列の印付けされていない値を走査しなさい。

演習 10.5 全順序を持つイテレータがあるとして，イテレータが循環に対する代表要素であるかを決定するために固定サイズの容量を使用するアルゴリズムを設計しなさい．任意の再配列を実装するために，そのアルゴリズムを使用しなさい．

補題 10.15 フロム置換があれば，$n + c_N - c_T$ 回の代入を使用して変移再配列を行うことが可能である．ここで，n は要素の数，c_N は自明ではない循環の数，そして，c_T は自明循環の数である．

10.3 逆順アルゴリズム

単純ですが有用な位置ベースの変移再配列は，区間を逆順にすることです．この再配列は，インデックス置換で定義される n 個の要素を持つ有限集合に対する**逆置換**（*reverse permutation*）により導き出せます．

$$p(i) = (n - 1) - i$$

補題 10.16 逆置換内の自明ではない循環の数は $\lfloor n/2 \rfloor$ である．自明循環の数は $n \bmod 2$ である．

補題 10.17 $\lfloor n/2 \rfloor$ は，置換内の自明ではない循環の可能な最大数である．

逆の定義は，インデックス付きイテレータに対する次のアルゴリズムを直接導き出します[1]．

```
template<typename I>
    requires(Mutable(I) && IndexedIterator(I))
void reverse_n_indexed(I f, DistanceType(I) n)
{
    // 事前条件: mutable_counted_range(f, n)
    DistanceType(I) i(0);
    n = predecessor(n);
    while (i < n) {
```

---

[1] 逆順アルゴリズムは，移動していない要素の区間を返すことができます．つまり，区間のサイズが奇数の場合には真ん中の要素を，区間のサイズが偶数の場合には 2 つの「真ん中」要素間の空区間です．この戻り値が有用な場合の例を考えられませんので，戻り値型は **void** です．もちろん，前方イテレータの算入区間を取るバージョンに対しては，境界を返すことは有用です．

```
        // n = (n_original - 1) - i
        exchange_values(f + i, f + n);
        i = successor(i);
        n = predecessor(n);
    }
}
```

前方イテレータあるいは双方向イテレータを使用するアルゴリズムは，イテレータの増加を 2 次の回数行います．双方向イテレータに対しては，イテレーションごとに 2 つの検査が必要です．

```
template<typename I>
    requires(Mutable(I) && BidirectionalIterator(I))
void reverse_bidirectional(I f, I l)
{
    // 事前条件: mutable_bounded_range(f, l)
    while (true) {
        if (f == l) return;
        l = predecessor(l);
        if (f == l) return;
        exchange_values(f, l);
        f = successor(f);
    }
}
```

区間のサイズが分かっている場合には，reverse_swap_ranges_n を使用できます．

```
template<typename I>
    requires(Mutable(I) && BidirectionalIterator(I))
void reverse_n_bidirectional(I f, I l, DistanceType(I) n)
{
    // 事前条件: mutable_bounded_range(f, l) ∧ 0 ≤ n ≤ l − f
    reverse_swap_ranges_n(l, f, half_nonnegative(n));
}
```

reverse_swap_ranges_n に対する最初の 2 つの引数の順序は，それが最初の区間を後方に移動するという事実によります．reverse_n_bidirectional に対して $n < l - f$ である n, l, f を渡すと，真ん中の値をもとの位置にそのままにしておきます．

データ構造が前方イテレータを提供している場合には，前方イテレータは時にはリンクイテレータであり，その場合には，reverse_linked が使用できます．他の場合には，追加のバッファメモリが利用可能であれば，次のアルゴリズムを使用できます．

```
template<typename I, typename B>
    requires(Mutable(I) && ForwardIterator(I) &&
        Mutable(B) && BidirectionalIterator(B) &&
        ValueType(I) == ValueType(B))
I reverse_n_with_buffer(I f_i, DistanceType(I) n, B f_b)
{
    // 事前条件: mutable_counted_range(f_i, n)
    // 事前条件: mutable_counted_range(f_b, n)
    return reverse_copy(f_b, copy_n(f_i, n, f_b).m1, f_i);
}
```

reverse_n_with_buffer は，$2n$ 回代入を行います．

他の再配列のために，バッファへコピーして戻すという方法をこれから使用します．

バッファメモリが利用可能ではなくても，スタック空間のように対数分の容量が利用可能であれば，分割統治アルゴリズムが可能です．すなわち，区間を2つの部分に分けて，各部分を逆にし，最後に，swap_ranges_n で2つの部分を入れ替えるのです．

補題 10.18 できる限り均等に分割することで処理が最小化される．

境界を返すことで，**再帰中補助計算**（*auxiliary computation during recursion*）と呼ばれる技法を用いて中間点までの走査を最適化できるようになります．

```
template<typename I>
    requires(Mutable(I) && ForwardIterator(I))
I reverse_n_forward(I f, DistanceType(I) n)
{
    // 事前条件: mutable_counted_range(f, n)
    typedef DistanceType(I) N;
    if (n < N(2)) return f + n;
    N h = half_nonnegative(n);
    N n_mod_2 = n - twice(h);
    I m = reverse_n_forward(f, h) + n_mod_2;
    I l = reverse_n_forward(m, h);
    swap_ranges_n(f, m, h);
```

```
        return l;
    }
```

reverse_n_forward の正しさは，次の補題に依存します．

補題 10.19 $[0, n)$ に対する逆置換は，$i < j \Rightarrow p(j) < p(i)$ を満足する唯一の置換である．

この条件は，サイズ 1 の区間に対しては明らかに成り立ちます．再帰的呼び出しは，この条件が個々の半分の区間内でも成り立つことを帰納的に確立します．スキップされた中間要素があれば，2 つの半分の区間とスキップされた中間要素間のこの条件は，swap_ranges_n でもって再度確立されます．

補題 10.20 長さ $n = \sum_{i=0}^{\lfloor \log n \rfloor} a_i 2^i$ の区間に対して（ここで，a_i は，n の 2 進表現での i 番目の数値），代入の回数は $\frac{3}{2} \sum_{i=0}^{\lfloor \log n \rfloor} a_i i 2^i$ である．

reverse_n_forward は，呼び出しスタックに対して対数量の空間を必要とします．メモリ適応（*memory-adaptive*）アルゴリズムは，性能を最大にするために獲得できるだけの多くの追加の空間を使用します．追加空間の数パーセントが大きな性能向上をもたらします．そのことにより，次のアルゴリズムを導き出します．このアルゴリズムは，分割統治を使用し，部分問題がバッファに収まれば，線形時間アルゴリズムである reverse_n_with_buffer に切り替えます．

```
    template<typename I, typename B>
        requires(Mutable(I) && ForwardIterator(I) &&
            Mutable(B) && BidirectionalIterator(B) &&
            ValueType(I) == ValueType(B))
    I reverse_n_adaptive(I f_i, DistanceType(I) n_i,
                         B f_b, DistanceType(I) n_b)
    {
        // 事前条件: mutable_counted_range(f_i, n_i)
        // 事前条件: mutable_counted_range(f_b, n_b)
        typedef DistanceType(I) N;
        if (n_i < N(2))
            return f_i + n_i;
        if (n_i <= n_b)
            return reverse_n_with_buffer(f_i, n_i, f_b);
        N h_i = half_nonnegative(n_i);
```

```
        N n_mod_2 = n_i - twice(h_i);
        I m_i = reverse_n_adaptive(f_i, h_i, f_b, n_b) + n_mod_2;
        I l_i = reverse_n_adaptive(m_i, h_i, f_b, n_b);
        swap_ranges_n(f_i, m_i, h_i);
        return l_i;
    }
```

演習 10.6 与えられた区間とバッファサイズに対して reverse_n_adaptive により行われる代入回数を求める式を導き出しなさい。

10.4 回転アルゴリズム

インデックス置換 $p(i) = (i+k) \bmod n$ により定義される n 個の要素の置換 p は，k 回転 (k-rotation) と呼ばれます。

補題 10.21 n 個の要素の k 回転の逆は，(n − k) 回転である。

インデックス i を持つ要素は，次の循環内にあります。

$$\{i, (i+k) \bmod n, (i+2k) \bmod n, \ldots\} = \{(i+uk) \bmod n\}$$

循環のサイズは，次のような最小の正の整数 m です。

$$i = (i + mk) \bmod n$$

これは，$mk \bmod n = 0$ に等しく，循環のサイズは i とは独立していることを示しています。m は $mk \bmod n = 0$ である最小の正の整数ですので，$\mathrm{lcm}(k, n) = mk$ です。ここで，$\mathrm{lcm}(a, b)$ は，a と b の**最小公倍数** (*least common multiple*) です。次の標準恒等式を用いて，

$$\mathrm{lcm}(a, b) \gcd(a, b) = ab$$

循環のサイズは次の式から得られます。

$$m = \frac{\mathrm{lcm}(k, n)}{k} = \frac{kn}{\gcd(k, n)k} = \frac{n}{\gcd(k, n)}$$

したがって，循環数は $\gcd(k, n)$ です。

循環内の 2 つの要素 $(i+uk) \bmod n$ と $(i+vk) \bmod n$ を考えてみてください。それらの間の距離は次の通りです。

$$|(i+uk) \bmod n - (i+vk) \bmod n| = (u-v)k \bmod n$$
$$= (u-v)k - pn$$

ここで，$p = \mathsf{quotient}((u-v)k, n)$ です．k と n の両方が，$d = \gcd(k, n)$ で割ることができますので，これが距離になります．したがって，同じ循環内の異なる要素間の距離は少なくとも d です．そして，$[0, d)$ 内のインデックスを持つ要素は，互いに交わらない循環に属しています．

区間 $[f, l)$ の k 回転再配列は，$m = f + ((l-f) - k) = l - k$ である部分区間 $[f, m)$ と $[m, l)$ の値の相対的位置を交換することに等しいです．m は，k よりは有用な入力です．なぜなら，前方イテレータあるいは双方向イテレータが関わっている場合には，k から m を計算するために線形時間演算を行うことを回避するからです．f における要素の新しい位置を指すイテレータ $m' = f + k$ を返すことは，他の多くのアルゴリズムにとって有用です [*2]．

補題 10.22 区間 $[f, l)$ をイテレータ m の周りで回転させて，それから，戻り値 m' の周りで回転させると，m が返されて，区間は元の状態に回復する．

インデックス付きイテレータかランダムアクセス・イテレータの区間の k 回転再配列を実装するために cycle_from を使用できます．トゥー置換は $p(i) = (i + k) \bmod n$ であり，そして，フロム置換はその逆です．つまり，$p^{-1}(i) = (i + (n - k)) \bmod n$ であり，ここで $n - k = m - f$ です．mod を評価することを避けるのが望ましいですから，次のことを利用します．

$$p^{-1}(i) = \begin{cases} i + (n - k) & i < k \text{ ならば} \\ i - k & i \geq k \text{ ならば} \end{cases}$$

これにより，ランダムアクセス・イテレータに対する次の関数オブジェクトが導き出せます．

```
template<typename I>
    requires(RandomAccessIterator(I))
struct k_rotate_from_permutation_random_access
{
    DistanceType(I) k;
    DistanceType(I) n_minus_k;
```

[*2] Joseph Tighe は，有効な区間を構成する順序で m と m' の組を返すことを提案しています．それは興味深い提案であり，すべての情報を保存していますが，そのようなインタフェースを強いるような利用方法は知られていません．

```
        I m_prime;
        k_rotate_from_permutation_random_access(I f, I m, I l) :
            k(l - m), n_minus_k(m - f), m_prime(f + (l - m))
        {
            // 事前条件: bounded_range(f, l) ∧ m ∈ [f, l)
        }
        I operator()(I x)
        {
            // 事前条件: x ∈ [f, l)
            if (x < m_prime) return x + n_minus_k;
            else             return x - k;
        }
    };
```

インデックス付きイテレータに対しては，自然な順序が存在しないこととイテレータからの距離の減算により，余分な 1 回か 2 回の加算のコストを要します．

```
    template<typename I>
        requires(IndexedIterator(I))
    struct k_rotate_from_permutation_indexed
    {
        DistanceType(I) k;
        DistanceType(I) n_minus_k;
        I f;
        k_rotate_from_permutation_indexed(I f, I m, I l) :
            k(l - m), n_minus_k(m - f), f(f)
        {
            // 事前条件: bounded_range(f, l) ∧ m ∈ [f, l)
        }
        I operator()(I x)
        {
            // 事前条件: x ∈ [f, l)
            DistanceType(I) i = x - f;
            if (i < k) return x + n_minus_k;
            else      return f + (i - k);
        }
    };
```

10.4 回転アルゴリズム

この手続きは，すべての循環を回転させます．

```
template<typename I, typename F>
    requires(Mutable(I) && IndexedIterator(I) &&
        Transformation(F) && I == Domain(F))
I rotate_cycles(I f, I m, I l, F from)
{
    // 事前条件: mutable_bounded_range(f, l) ∧ m ∈ [f, l]
    // 事前条件: from は，[f, l) に対するフロム置換です
    typedef DistanceType(I) N;
    N d = gcd<N, N>(m - f, l - m);
    while (count_down(d)) cycle_from(f + d, from);
    return f + (l - m);
}
```

このアルゴリズムは，Fletcher および Silver [1966] で最初に公開されましたが，cycle_from の使用の代わりに cycle_to を使用していました．これらの手続きは，適切な関数オブジェクトを選択します．

```
template<typename I>
    requires(Mutable(I) && IndexedIterator(I))
I rotate_indexed_nontrivial(I f, I m, I l)
{
    // 事前条件: mutable_bounded_range(f, l) ∧ f ≺ m ≺ l
    k_rotate_from_permutation_indexed<I> p(f, m, l);
    return rotate_cycles(f, m, l, p);
}


template<typename I>
    requires(Mutable(I) && RandomAccessIterator(I))
I rotate_random_access_nontrivial(I f, I m, I l)
{
    // 事前条件: mutable_bounded_range(f, l) ∧ f ≺ m ≺ l
    k_rotate_from_permutation_random_access<I> p(f, m, l);
    return rotate_cycles(f, m, l, p);
}
```

代入の回数は，$n + c_N - c_T = n + \gcd(n, k)$ です．n が要素数，c_N が自明ではない

循環数, そして, c_T が自明な循環数であることを思い出してください。$1 \leq n, k \leq m$ に対する $\gcd(n, k)$ の期待値は, $\frac{6}{\pi^2} \ln m + C + O(\frac{\ln m}{\sqrt{m}})$ です (Diaconis および Erdös [2004] を参照)。

次の特性は, 双方向イテレータに対する回転アルゴリズムを導き出します。

補題 10.23 $[0, n)$ に対する k 回転は, 部分区間 $[0, n - k)$ と $[n - k, n)$ の間の相対的な順序を反転させ, 各部分区間内の相対的順序を保持する唯一の置換 p である。

1. $i < n - k \land n - k \leq j < n \Rightarrow p(j) < p(i)$
2. $i < j < n - k \lor n - k \leq i < j \Rightarrow p(i) < p(j)$

逆再配列は条件 1 を満足しますが条件 2 は満足しません。部分区間 $[0, n - k)$ と $[n - k, n)$ に逆を適用して, それから区間全体に逆を適用すると両方の条件を満足させます。

```
reverse_bidirectional(f, m);
reverse_bidirectional(m, l);
reverse_bidirectional(f, l);
```

戻り値 m' は, reverse_swap_ranges_bounded を使用することで見つけることができます [3]。

```
template<typename I>
    requires(Mutable(I) && BidirectionalIterator(I))
I rotate_bidirectional_nontrivial(I f, I m, I l)
{
    // 事前条件: mutable_bounded_range(f, l) ∧ f ≺ m ≺ l
    reverse_bidirectional(f, m);
    reverse_bidirectional(m, l);
    pair<I, I> p = reverse_swap_ranges_bounded(m, l, f, m);
    reverse_bidirectional(p.m1, p.m0);
    if (m == p.m0) return p.m1;
    else           return p.m0;
}
```

---

[3] m' を決定するために reverse_swap_ranges_bounded を使用することを Wilson Ho と Raymond Lo が筆者らに提案してくれました。

補題 10.24 代入の回数は $3(\lfloor n/2 \rfloor + \lfloor k/2 \rfloor + \lfloor (n-k)/2 \rfloor)$ であり，n と k がどちらも偶数の場合には $3n$ であり，そうでなければ $3(n-1)$ である．

区間 $[f, l)$ とその区間内のイテレータ m が与えられたとしたら，呼び出し

$$p \leftarrow \text{swap\_ranges\_bounded}(f, m, m, l)$$

は，次のようなイテレータのペアを p に設定します．

$$p.m0 = m \lor p.m1 = l$$

もし，$p.m0 = m \land p.m1 = l$ ならば，終了です．そうでなければ，$[f, p.m0)$ は最終位置にありますが，$p.m0 = m$ か $p.m1 = l$ であるかによって，それぞれ $p.m1$ か m の周りで $[p.m0, l)$ を回転する必要があります．これにより，Gries と Mills [1981] によって最初に公開された次のアルゴリズムを導き出します．

```
template<typename I>
    requires(Mutable(I) && ForwardIterator(I))
void rotate_forward_annotated(I f, I m, I l)
{
    // 事前条件: mutable_bounded_range(f,l) ∧ f ≺ m ≺ l
                                    DistanceType(I) a = m - f;
                                    DistanceType(I) b = l - m;
    while (true) {
        pair<I, I> p = swap_ranges_bounded(f, m, m, l);
        if (p.m0 == m && p.m1 == l) { assert(a == b);
            return;
        }
        f = p.m0;
        if (f == m) {                assert(b > a);
            m = p.m1;                b = b - a;
        } else {                     assert(a > b);
                                     a = a - b;
        }
    }
}
```

補題 10.25 else 節が最初に選択された時，$f = m'$ であり，それは回転に対する標準戻り値である．

注釈変数 (*annotation variable*) $\mathfrak{a}$ と $\mathfrak{b}$ は交換される 2 つの部分区間のサイズと同じままです。同時に，それらは初期サイズの減法 gcd を行います。swap_ranges_bounded により行われる exchange_values の各呼び出しでは，1 つの値をその最終位置に入れます。ただし，swap_ranges_bounded の最後の呼び出しでは，2 つの値をそれらの最終位置に入れます。swap_ranges_bounded の最後の呼び出しは，exchange_values を $\gcd(n, k)$ 回呼び出しますので，exchange_values の合計呼び出し回数は，$n - \gcd(n, k)$ になります。

前述の補題は，完全な rotate_forward を実装する 1 つの方法を提案しています。else 節で f のコピーを保存するコードの 2 番目のコピーを作成し，そして，回転を完了させるために rotate_forward_annotated を呼び出します。これは，次の 2 つの手続きに変換できます。

```
template<typename I>
    requires(Mutable(I) && ForwardIterator(I))
void rotate_forward_step(I& f, I& m, I l)
{
    // 事前条件: mutable_bounded_range(f, l) ∧ f ≺ m ≺ l
    I c = m;
    do {
        swap_step(f, c);
        if (f == m) m = c;
    } while (c != l);
}


template<typename I>
    requires(Mutable(I) && ForwardIterator(I))
I rotate_forward_nontrivial(I f, I m, I l)
{
    // 事前条件: mutable_bounded_range(f, l) ∧ f ≺ m ≺ l
    rotate_forward_step(f, m, l);
    I m_prime = f;
    while (m != l) rotate_forward_step(f, m, l);
    return m_prime;
}
```

演習 10.7 rotate_forward_nontrivial が $\mathfrak{m}$ の周りに $[f, l)$ を回転し，$\mathfrak{m}'$ を返すことを証明しなさい。

10.4 回転アルゴリズム

時には，区間の**部分回転**（*partially rotate*）が有用です．つまり，$[f, m)$ にあったオブジェクトの再配列において，正しいオブジェクトを $[f, m')$ へ移動し，$[m', l)$ のオブジェクトはそのままにするものです．たとえば，望ましくないオブジェクトを消す準備として，それらをシーケンスの最後に移動することに使用できます．次のアルゴリズムで，それを達成することができます．

```
template<typename I>
    requires(Mutable(I) && ForwardIterator(I))
I rotate_partial_nontrivial(I f, I m, I l)
{
    // 事前条件: mutable_bounded_range(f,l) ∧ f ≺ m ≺ l
    return swap_ranges(m, l, f);
}
```

補題 10.26 rotate_partial_nontrivial に対する事後条件は，$k = -(l-f) \bmod (m-f)$ において，位置 $[m', l)$ のオブジェクトが k 回転となるような部分回転を行うことである．

swap_ranges の後方バージョンを使用する rotate_partial_nontrivial の後方バージョンは，時には有用です．

追加のバッファメモリが利用可能であれば，次のアルゴリズムを使用しても構いません．

```
template<typename I, typename B>
    requires(Mutable(I) && ForwardIterator(I) &&
        Mutable(B) && ForwardIterator(B))
I rotate_with_buffer_nontrivial(I f, I m, I l, B f_b)
{
    // 事前条件: mutable_bounded_range(f,l) ∧ f ≺ m ≺ l
    // 事前条件: mutable_counted_range(f_b, l - f)
    B l_b = copy(f, m, f_b);
    I m_prime = copy(m, l, f);
    copy(f_b, l_b, m_prime);
    return m_prime;
}
```

rotate_with_buffer_nontrivial は $(l-f) + (m-f)$ 回の代入を行います．一方，次のアルゴリズムは $(l-f) + (l-m)$ 回の代入を行います．双方向イテレータの区間を

回転する場合には，代入の回数を最小化するアルゴリズムを選択することができますが，実行時に差を計算するには，線形回数の successor 演算が必要です。

```
template<typename I, typename B>
    requires(Mutable(I) && BidirectionalIterator(I) &&
        Mutable(B) && ForwardIterator(B))
I rotate_with_buffer_backward_nontrivial(I f, I m, I l, B f_b)
{
    // 事前条件: mutable_bounded_range(f, l) ∧ f ≺ m ≺ l
    // 事前条件: mutable_counted_range(f_b, l - f)
    B l_b = copy(m, l, f_b);
    copy_backward(f, m, l);
    return copy(f_b, l_b, f);
}
```

10.5 アルゴリズム選択

10.3 節では，算入区間と境界区間を取るバージョンを含む様々なイテレータ要件と手続きシグニチャを持つ逆順アルゴリズムを示しました。最も便利なシグニチャを，追加のイテレータ型に対して利用可能にする手続きを定義することは価値があります。たとえば，追加の定数時間イテレータの差は，インデックス付きイテレータの有界区間を逆にするアルゴリズムを導き出します。

```
template<typename I>
    requires(Mutable(I) && IndexedIterator(I))
void reverse_indexed(I f, I l)
{
    // 事前条件: mutable_bounded_range(f, l)
    reverse_n_indexed(f, l - f);
}
```

前方イテレータの区間を逆順にしなければならない場合，効率的に reverse_n_adaptive を実行させることができる余分のメモリが一般的には利用可能です。逆順にすべき区間のサイズが中程度であれば，通常の方法で取得できます（たとえば，malloc）。しかし，サイズが非常に大きい場合には，そのサイズのバッファを割り当てるための十分な物理メモリが無いかもしれません。reverse_n_adaptive などのアルゴリズムは，変更されようとしている区間に比例してバッファのサイズが

小さい場合であっても効率的に実行しますので，**一時バッファ**（*temporary buffer*）を割り当てる手段をシステムが提供することは有用です．割り当ては，要求された量より少ないメモリを確保するかもしれません．仮想メモリを持つシステムでは，割り当てられたメモリは，それに割り付けられた物理メモリを持っています．一時バッファは，短期間使用されるものであり，アルゴリズムが終了した時に解放されることが保証されています．

たとえば，次のアルゴリズムは型 temporary_buffer を使用します．

```
template<typename I>
    requires(Mutable(I) && ForwardIterator(I))
void reverse_n_with_temporary_buffer(I f, DistanceType(I) n)
{
    // 事前条件: mutable_counted_range(f, n)
    temporary_buffer<ValueType(I)> b(n);
    reverse_n_adaptive(f, n, begin(b), size(b));
}
```

コンストラクタ b(n) は，$m \leq n$ を満たす m 個の型 ValueType(I) の隣接するオブジェクトを保持するためのメモリを割り当てます．size(b) は数 m を返します．そして，begin(b) は，この区間の開始を指しているイテレータを返します．b に対するデストラクタは，そのメモリを解放します．

同じ問題に対して，異なる型の要件に対する異なるアルゴリズムがたいていは存在します．たとえば，回転のためには，インデックス付きイテレータ（とランダムアクセス・イテレータ），双方向イテレータ，前方イテレータに対する3つの有用なアルゴリズムが存在します．型が満足する要件に基づいて，一連のアルゴリズムから自動的に選択させることが可能です．この選択を行うために，**コンセプト・ディスパッチ**（*concept dispatch*）として知られる機構を使用します．まず，トップレベルのディスパッチ手続きを定義することから始めます．この場合，自明な回転を扱います．

```
template<typename I>
    requires(Mutable(I) && ForwardIterator(I))
I rotate(I f, I m, I l)
{
    // 事前条件: mutable_bounded_range(f, l) ∧ m ∈ [f, l]
    if (m == f) return l;
    if (m == l) return f;
    return rotate_nontrivial(f, m, l, IteratorConcept(I)());
}
```

型関数 IteratorConcept は，コンセプトタグ型 (concept tag type)，つまり，引数でモデル化されている最も強いコンセプトをエンコードした型を返します。それから，各コンセプトタグ型に対する手続きを実装します。

```
template<typename I>
    requires(Mutable(I) && ForwardIterator(I))
I rotate_nontrivial(I f, I m, I l, forward_iterator_tag)
{
    // 事前条件: mutable_bounded_range(f, l) ∧ f ≺ m ≺ l
    return rotate_forward_nontrivial(f, m, l);
}

template<typename I>
    requires(Mutable(I) && BidirectionalIterator(I))
I rotate_nontrivial(I f, I m, I l, bidirectional_iterator_tag)
{
    // 事前条件: mutable_bounded_range(f, l) ∧ f ≺ m ≺ l
    return rotate_bidirectional_nontrivial(f, m, l);
}

template<typename I>
    requires(Mutable(I) && IndexedIterator(I))
I rotate_nontrivial(I f, I m, I l, indexed_iterator_tag)
{
    // 事前条件: mutable_bounded_range(f, l) ∧ f ≺ m ≺ l
    return rotate_indexed_nontrivial(f, m, l);
}

template<typename I>
    requires(Mutable(I) && RandomAccessIterator(I))
I rotate_nontrivial(I f, I m, I l, random_access_iterator_tag)
{
    // 事前条件: mutable_bounded_range(f, l) ∧ f ≺ m ≺ l
    return rotate_random_access_nontrivial(f, m, l);
}
```

コンセプト・ディスパッチは，型要件以外の要因を考慮しません。たとえば，表10.1 でまとめられているように，3 つのアルゴリズムを使用してランダムアクセス・イテレータの区間を回転で，それぞれのアルゴリズムは異なる回数の代入を行いま

表 10.1　回転アルゴリズムにより行われる代入回数

アルゴリズム	代入回数
indexed, random_access	$n + \gcd(n, k)$
bidirectional	$3n$ あるいは $3(n - 1)$
forward	$3(n - \gcd(n, k))$
with_buffer	$n + (n - k)$
with_buffer_backward	$n + k$
partial	$3k$

注意：ここで $n = l - f$ と $k = l - m$ です。

す。区間がキャッシュメモリに収まる場合には，ランダムアクセス・イテレータが行う $n + \gcd(n, k)$ 回の代入が，最も良い性能を出します。しかし，区間がキャッシュに収まらない場合には，双方向イテレータの $3n$ 回の代入か前方イテレータの $3(n - \gcd(n, k))$ 回の代入がより速いです。この場合，アルゴリズムが行う追加の代入を補う双方向アルゴリズムのより普通のループ構造，および，キャッシュ構成やプリフェッチ回路などのプロセッサ・アーキテクチャの詳細などの追加の要因が，双方向アルゴリズムか前方アルゴリズムのどちらが最速かに影響を与えます。アルゴリズムは，値型の代入に加えてイテレータ演算を行うことにも注意してください。値型のサイズが小さくなればなるほど，これらの他の演算の相対的コストは増えます。

課題 10.1　様々な配列サイズ，要素サイズ，回転量に対するすべてのアルゴリズムの性能を比較するベンチマークを設計しなさい。ベンチマーク結果に基づいて，イテレータ・コンセプト，区間のサイズ，回転の量，要素サイズ，キャッシュサイズ，一時バッファの有無，そして他の関連する事柄に依存して，回転アルゴリズムの1つを適切に使用する複合アルゴリズムを設計しなさい。

課題 10.2　逆順と回転という位置ベース再配列アルゴリズムを2種類示しました。しかし，文献にはそのようなアルゴリズムの他の例があります。位置ベース再配列を分類し，既存のアルゴリズムの一覧を作成し，欠けているアルゴリズムを見つけて，ライブラリを作り出しなさい。

10.6　結論

　置換の構造により，再配列アルゴリズムを設計し解析することができます。逆順や回転といった単純な問題であっても，様々な有用なアルゴリズムが導き出されます。適切なアルゴリズムを選択することは，イテレータ要件とシステム問題に依存しています。メモリ適応アルゴリズムは，作業用メモリ領域を使わないアルゴリズムの理論的概念に対する実用的な代替手段を提供しています。

第 11 章

分割とマージ

　この章では，前章のアルゴリズムから述語ベース再配列と順序ベース再配列を構築します。前方イテレータと双方向イテレータに対する分割アルゴリズムを示した後に，安定した分割アルゴリズムを実装します。それから，安定分割などのボトムアップ分割統治アルゴリズムを繰り返し形式に変換するための 2 進カウンター機構を説明します。安定メモリ適応マージアルゴリズムを説明し，そのアルゴリズムを使用して，前方イテレータに対して機能する効率的なメモリ適応安定ソートを構築します。つまり，再配列を可能とする最も弱いコンセプトです。

11.1　分割

　第 6 章では，基本アルゴリズム partition_point を使って，述語により分割された区間の概念を説明しました。ここでは，任意の区間を分割された区間へ変換するアルゴリズムを見ていきます。

演習 11.1　与えられた有界区間が指定されたイテレータ位置で分割されているかを検査するアルゴリズム partitioned_at_point を実装しなさい。

演習 11.2　分割すれば，その分割点となるイテレータを返すアルゴリズム potential_partition_point を実装しなさい。

補題 11.1　$m = \text{potential\_partition\_point}(f, l, p)$ ならば，
$$\text{count\_if}(f, m, p) = \text{count\_if\_not}(m, l, p)$$
言い換えれば，m のどちらかの側に誤配置された要素の数は同じである。

　この補題は，区間を分割するための最小代入回数である $2n + 1$ を与えてくれます。

ここで，n は m のどちらかの側に誤配置された要素数です．つまり，誤配置された要素への 2n 回の代入と 1 つの一時変数への 1 回の代入です．

補題 11.2 u 個の偽値と ν 個の真値を持つ区間を分割する場合，u!ν! 個の置換がある．

分割再配列は，述語を満足している要素の相対的順序を維持し，述語を満足していない要素の相対的順序が維持されていれば**安定**（*stable*）しています．

補題 11.3 安定分割の結果は一意である．

分割再配列は，述語を満足していない要素の相対的順序が維持されれば，**半安定**（*semistable*）です．次のアルゴリズムは，半安定分割を行います[*1]．

```
template<typename I, typename P>
    requires(Mutable(I) && ForwardIterator(I) &&
        UnaryPredicate(P) && ValueType(I) == Domain(P))
I partition_semistable(I f, I l, P p)
{
    // 事前条件: mutable_bounded_range(f, l)
    I i = find_if(f, l, p);
    if (i == l) return i;
    I j = successor(i);
    while (true) {
        j = find_if_not(j, l, p);
        if (j == l) return i;
        swap_step(i, j);
    }
}
```

partition_semistable の正しさは，次の 3 つの補題に依存しています．

補題 11.4 終了検査の前では，$\text{none}(f, i, p) \land \text{all}(i, j, p)$ である．

補題 11.5 終了検査の後では，$p(\text{source}(i)) \land \neg p(\text{source}(j))$ である．

補題 11.6 swap_step の呼び出し後は，$\text{none}(f, i, p) \land \text{all}(i, j, p)$ である．

[*1] Bentley [1984, 287–291 頁] は，このアルゴリズムを Nico Lomuto によるとしています．

swap_step の呼び出しは，述語を満足している要素の区間の前に，述語を満足していない 1 つの要素を移動させます．その事実から半安定性が得られます．したがって，述語を満足しない要素の順序は変わりません．

partition_semistable は，swap_step において，一時オブジェクトを 1 つだけ使用します．

$n = l - f$ を区間内の要素数とし，述語を満足している最初の要素の後に続く，述語を満足しない要素の数を w とします．そうすると，述語は n 回適用され，exchange_values は w 回行われ，そして，イテレータを増加させる回数は $n+w$ です．

演習 11.3 find_if_not 呼び出しをインライン展開して，l に対する余分な検査を取り除くように partition_semistable を書き直しなさい．

演習 11.4 partition_semistable の swap_step(i, j) を copy_step(j, i) で置換した結果のアルゴリズムの事後条件を与え，適切な名前を考えなさい．そして，その利用を partition_semistable の利用と比較しなさい．

n を，分割される区間内の要素数とします．

補題 11.7 分割点を返す分割再配列は，述語を n 回適用する必要がある．

補題 11.8 分割点を返さない空ではない区間の分割再配列は，述語を $n-1$ 回適用する必要がある [*2]．

演習 11.5 空ではない区間に対して，述語を $n-1$ 回適用する分割再配列を実装しなさい．

述語を満たす 1 つの要素があり，述語を満たさない n 個の要素がそれに続いている区間を考えてみてください．partition_semistable は，exchange_values の呼び出しを n 回行いますが，1 回で十分です．述語を満たす要素に対する前方検索と，述語を満たさない要素に対する後方検索を組み合わせると，不必要な交換を回避することになります．次のアルゴリズムは，双方向イテレータを必要とします．

```
template<typename I, typename P>
    requires(Mutable(I) && BidirectionalIterator(I) &&
        UnaryPredicate(P) && ValueType(I) == Domain(P))
I partition_bidirectional(I f, I l, P p)
```

[*2] この補題と次の演習は，Jon Brandt が助言してくれました．

```
{
    // 事前条件: mutable_bounded_range(f, l)
    while (true) {
        f = find_if(f, l, p);
        l = find_backward_if_not(f, l, p);
        if (f == l) return f;
        reverse_swap_step(l, f);
    }
}
```

partition_semistable と同様に，partition_bidirectional は，一時オブジェクトを 1 つしか使用しません．

補題 11.9 exchange_values の実行回数 v は，述語を満たしていない誤配置の要素数に等しい．したがって，代入の合計数は $3v$ である．

演習 11.6 分割した場合の分割点を最初に計算することで，前方イテレータに対して，partition_bidirectional と同じ回数の exchange_values を呼び出す分割再配列を実装しなさい．

単一循環技法を使うことで，$2v+1$ の代入しか必要としない，異なる再配列アルゴリズムで分割を達成できます．その考え方は，最初の誤った配置の要素を保存し，そこに「穴」を作り，それから，可能性のある分割点の反対側にある誤配置の要素を見つけて，その要素をその穴に移動させて，新たな穴を作ることを交互に繰り返します．そして，最後に，最初に保存された要素を最後の穴に移動させます．

演習 11.7 この技法を使用して，partition_single_cycle を実装しなさい．

演習 11.8 双方向イテレータに対して，適切な番兵（*sentinel*）要素を見つけて，それから find_if_unguarded と find_backward_if_not の無防備なバージョンを使用する分割再配列を実装しなさい．

演習 11.9 単一循環技法を取り入れて，前の演習を再度行いなさい．

双方向分割アルゴリズムに対する考えだけではなく，単一循環技法と番兵を使う変種も，C. A .R. Hoare によるものです [*3]．

[*3] クイックソート・アルゴリズムに関する Hoare [1962] を参照してください．クイックソートの要

分割の両側に対して安定性を必要とし，区間と同じサイズのバッファのためのメモリが利用可能な場合には，次のアルゴリズムを使用できます．

```
template<typename I, typename B, typename P>
    requires(Mutable(I) && ForwardIterator(I) &&
        Mutable(B) && ForwardIterator(B) &&
        ValueType(I) == ValueType(B) &&
        UnaryPredicate(P) && ValueType(I) == Domain(P))
I partition_stable_with_buffer(I f, I l, B f_b, P p)
{
    // 事前条件: mutable_bounded_range(f, l)
    // 事前条件: mutable_counted_range(f_b, l − f)
    pair<I, B> x = partition_copy(f, l, f, f_b, p);
    copy(f_b, x.m1, x.m0);
    return x.m0;
}
```

サイズ全体のバッファに対する十分なメモリが利用できない場合には，分割統治法アルゴリズムを使用して安定分割を実装できます．区間が単一要素区間であれば，それはすでに分割されています．そして，その分割点は述語を1回適用することで決めることができます．

```
template<typename I, typename P>
    requires(Mutable(I) && ForwardIterator(I) &&
        UnaryPredicate(P) && ValueType(I) == Domain(P))
pair<I, I> partition_stable_singleton(I f, P p)
{
    // 事前条件: readable_bounded_range(f, successor(f))
    I l = successor(f);
    if (!p(source(f))) f = l;
    return pair<I, I>(f, l);
}
```

戻り値は，分割点と区間の境界です．言い換えれば，述語を満足する値の区間です．

件により，Hoareの分割は，選択された要素より大きいか等しい要素を，選択された要素より小さいか等しい要素と置換します．同じ要素の区間は，中間で分割されます．これらの2つの関係，$\leq$ と $\geq$ が，お互いの補完ではないことに注意してください．

2つの隣接する分割された区間は，1番目と2番目の分割点で囲まれた区間を中央で回転させることで，単一の分割された区間へと併合することができます．

```
template<typename I>
    requires(Mutable(I) && ForwardIterator(I))
pair<I, I> combine_ranges(const pair<I, I>& x,
                          const pair<I, I>& y)
{
    // 事前条件: mutable_bounded_range(x.m0, y.m0)
    // 事前条件: x.m1 ∈ [x.m0, y.m0]
    return pair<I, I>(rotate(x.m0, x.m1, y.m0), y.m1);
}
```

補題 11.10 combine_ranges は，3つの重なり合っていない区間に適応される場合には，結合的である．

補題 11.11 何らかの述語 p に対して，

$$(\forall i \in [x.m0, x.m1)) \, p(i) \wedge$$
$$(\forall i \in [x.m1, y.m0)) \, \neg p(i) \wedge$$
$$(\forall i \in [y.m0, y.m1)) \, p(i)$$

であれば，

$$z \leftarrow \text{combine\_ranges}(x, y)$$

の後に次が成り立つ．

$$(\forall i \in [x.m0, z.m0)) \, \neg p(i)$$
$$(\forall i \in [z.m0, z.m1)) \, p(i)$$

入力は述語を満足している値の区間であり，出力も同じです．したがって，単一要素ではない区間は，中央で分けた両方の半分の区間を分割することを再帰的に適用してから，分割された部分を結合することによって，安定した分割になります．

```
template<typename I, typename P>
    requires(Mutable(I) && ForwardIterator(I) &&
        UnaryPredicate(P) && ValueType(I) == Domain(P))
pair<I, I> partition_stable_n_nonempty(I f, DistanceType(I) n, P p)
{
```

```
        // 事前条件: mutable_counted_range(f, n) ∧ n > 0
        if (one(n)) return partition_stable_singleton(f, p);
        DistanceType(I) h = half_nonnegative(n);
        pair<I, I> x = partition_stable_n_nonempty(f, h, p);
        pair<I, I> y = partition_stable_n_nonempty(x.m1, n - h, p);
        return combine_ranges(x, y);
    }
```

空区間は，1 より大きなサイズの区間を再分割することからは決して生じませんので，その場合をトップレベルで処理します．

```
    template<typename I, typename P>
        requires(Mutable(I) && ForwardIterator(I) &&
            UnaryPredicate(P) && ValueType(I) == Domain(P))
    pair<I, I> partition_stable_n(I f, DistanceType(I) n, P p)
    {
        // 事前条件: mutable_counted_range(f, n)
        if (zero(n)) return pair<I, I>(f, f);
        return partition_stable_n_nonempty(f, n, p);
    }
```

再帰の末端レベルでは正確に n 回述語が適用されます．partition_stable_n_nonempty に対する再帰の深さは，$\lceil \log_2 n \rceil$ です．すべての再帰レベルでは，平均 $n/2$ 個の要素を回転し，イテレータの種類に依存して，$n/2$ 回から $3n/2$ 回の代入を必要とします．代入の合計回数は，ランダムアクセス・イテレータに対しては $n \log_2 n / 2$ であり，前方イテレータと双方向イテレータに対しては $3n \log_2 n / 2$ です．

演習 11.10 前章の技法を使って，partition_stable_n のメモリ適応版を実装しなさい．

11.2 バランスした簡約

partition_stable_n の性能は，中央での区間の再分割に依存していますが，その正しさは依存していません．combine_ranges は部分的に結合演算ですので，再分割はどの点でも行うことができます．同様な性能を持つ繰り返しのアルゴリズムを実装するために，その事実を利用できます．たとえば，区間のサイズが予め分かっていない場合や，手続き呼び出しのオーバーヘッドを取り除くには，そのようなアルゴリズムは

有用です。基本的な考えは，簡約を使用することです。つまり，各単一要素区間に対して partition_stable_singleton を適用して，結果を combine_ranges で結合します。

```
reduce_nonempty(
    f, l,
    combine_ranges<I>,
    partition_trivial<I, P>(p));
```

ここで，partition_trivial は，述語パラメータを partition_stable_singleton に結び付ける関数オブジェクトです。

```
template<typename I, typename P>
    requires(ForwardIterator(I) &&
    UnaryPredicate(P) && ValueType(I) == Domain(P))
struct partition_trivial
{
    P p;
    partition_trivial(const P & p) : p(p) { }
    pair<I, I> operator()(I i)
    {
        return partition_stable_singleton<I, P>(i, p);
    }
};
```

reduce_nonempty を使用することは，二次の計算量となります。バランスした簡約木 (*reduction tree*) を生成するために，部分結合性を利用する必要があります。ボトムアップに簡約木を構築するために 2 進カウンター技法を使用します[*4]。ハードウェアの 2 進カウンターは，n ビット 2 進整数を 1 ずつ増加させます。位置 i の 1 は，2^i の重さ (*weight*) を持っています。その位置からのキャリーは 2^{i+1} の重さを持ち，次に高い位置に伝搬します。このカウンターは，位置 i の「ビット」を使用して，空か，もとの区間の 2^i 個の要素を簡約した結果を表します。キャリーが次の高い位置に伝搬した場合には，それは保存されるか，同じ重さの別の値を結合されます。最も高い位置のキャリーは，次の手続きで返されます。この手続きは，reduce_nonzeroes と同様，明示的なパラメータとして単位元を取ります。

[*4] この技法は，Knuth [1998, Section 5.2.4 (Sorting by Merging), Exercise 17, 167 頁] に従えば John McCarthy によるものです。

11.2 バランスした簡約

```cpp
template<typename I, typename Op>
    requires(Mutable(I) && ForwardIterator(I) &&
        BinaryOperation(Op) && ValueType(I) == Domain(Op))
Domain(Op) add_to_counter(I f, I l, Op op, Domain(Op) x,
                         const Domain(Op)& z)
{
    if (x == z) return z;
    while (f != l) {
        if (source(f) == z) {
            sink(f) = x;
            return z;
        }
        x = op(source(f), x);
        sink(f) = z;
        f = successor(f);
    }
    return x;
}
```

カウンターのための記憶域には，次の型を使用します．この型は，カウンター領域を拡大することで，add_to_counter からのオーバーフローを処理します．

```cpp
template<typename Op>
    requires(BinaryOperation(Op))
struct counter_machine
{
    typedef Domain(Op) T;
    Op op;
    T z;
    T f[64];
    pointer(T) l;
    counter_machine(Op op, const Domain(Op)& z) :
        op(op), z(z), l(f) { }
    void operator()(const T& x)
    {
        // 事前条件: $2^{64} - 1$ 回より多く呼び出してはいけない
        T tmp = add_to_counter(f, l, op, x, z);
        if (tmp != z) {
```

```
            sink(l) = tmp;
            l = successor(l);
        }
    }
};
```

これは，言語でサポートしている C++ 配列を使用しています。別の実装も可能です [5]。

区間のすべての要素に対して add_to_counter を呼び出した後，カウンター内の空ではない複数の位置は，最終結果を生成するために，左側から簡約されます。

```
template<typename I, typename Op, typename F>
    requires(Iterator(I) && BinaryOperation(Op) &&
        UnaryFunction(F) && I == Domain(F) &&
        Codomain(F) == Domain(Op))
Domain(Op) reduce_balanced(I f, I l, Op op, F fun,
                           const Domain(Op)& z)
{
    // 事前条件: bounded_range(f,l) ∧ l − f < 2^64
    // 事前条件: partially_associative(op)
    // 事前条件: (∀x ∈ [f,l)) fun(x) は定義されている
    counter_machine<Op> c(op, z);
    while (f != l) {
        c(fun(f));
        f = successor(f);
    }
    transpose_operation<Op> t_op(op);
    return reduce_nonzeroes(c.f, c.l, t_op, z);
}
```

カウンターの高い位置にある複数の値は，もとの区間の最初の方の要素に相当します。そして，演算は必ずしも可換とは限りません。したがって，次の関数オブジェクトを使用して得られる演算の置き換えられたバージョンを使用しなければなりません。

---

[5] 配列に対する 64 個要素の選択は，64 ビットアーキテクチャ上におけるどのようなアプリケーションでも処理できます。

```
template<typename Op>
    requires(BinaryOperation(Op))
struct transpose_operation
{
    Op op;
    transpose_operation(Op op) : op(op) { }
    typedef Domain(Op) T;
    T operator()(const T& x, const T& y)
    {
        return op(y, x);
    }
};
```

これで，次の手続きを持つ安定分割の繰り返しバージョンを実装できます．

```
template<typename I, typename P>
    requires(ForwardIterator(I) && UnaryPredicate(P) &&
        ValueType(I) == Domain(P))
I partition_stable_iterative(I f, I l, P p)
{
    // 事前条件: bounded_range(f,l) ∧ l − f < 2^64
    return reduce_balanced(
        f, l,
        combine_ranges<I>,
        partition_trivial<I, P>(p),
        pair<I, I>(f, f)
    ).m0;
}
```

$\text{pair}_{I,I}(f, f)$ は，partition_trivial あるいは結合演算により返されることは決してありませんので，単位元を表す良い方法です．

繰り返しアルゴリズムは，再帰アルゴリズムとは異なる簡約木を構築します．問題のサイズが 2^k の場合には，再帰バージョンと繰り返しバージョンは同じシーケンスの結合演算を行います．そうではない場合には，繰り返しバージョンは，線形量の余分な処理を行うかもしれません．たとえば，アルゴリズムによっては，計算量は，$n \log_2 n$ から $n \log_2 n + \frac{n}{2}$ になります．

演習 11.11 reduce_balanced を使用して，第 8 章の sort_linked_nonempty_n の繰り返しバージョンを実装しなさい。

演習 11.12 reduce_balanced を使用して，第 10 章の reverse_n_adaptive の繰り返しバージョンを実装しなさい。

演習 11.13 partition_stable_n の繰り返しかつメモリ適応バージョンを実装するために reduce_balanced を使用しなさい。

11.3 マージ

第 9 章では，2 つの増加区間を 3 つ目の増加区間に結合するコピーマージ・アルゴリズムを示しました。ソートするために，2 つの隣接する増加区間を 1 つの増加区間にマージする再配列を持つことは有用です。最初の区間のサイズに等しい大きさのバッファで，次の手続きを使用できます[6]。

```
template<typename I, typename B, typename R>
    requires(Mutable(I) && ForwardIterator(I) &&
        Mutable(B) && ForwardIterator(B) &&
        ValueType(I) == ValueType(B) &&
        Relation(R) && ValueType(I) == Domain(R))
I merge_n_with_buffer(I f0, DistanceType(I) n0,
                      I f1, DistanceType(I) n1, B f_b, R r)
{
    // 事前条件: mergeable(f_0, n_0, f_1, n_1, r)
    // 事前条件: mutable_counted_range(f_b, n_0)
    copy_n(f0, n0, f_b);
    return merge_copy_n(f_b, n0, f1, n1, f0, r).m2;
}
```

ここで，mergeable は次のように定義されています。

property(I : *ForwardIterator*, N : *Integer*, R : *Relation*)
　requires(*Mutable*(I) ∧ ValueType(I) = Domain(R))

---

[6] 演習 9.5 を解くことで，メンバー m2 を取り出す必要性が分かります。

mergeable : $I \times N \times I \times N \times R$

$(f_0, n_0, f_1, n_1, r) \mapsto f_0 + n_0 = f_1 \land$
$\quad\quad\quad\quad\quad\quad$ mutable_counted_range$(f_0, n_0 + n_1) \land$
$\quad\quad\quad\quad\quad\quad$ weak_ordering$(r) \land$
$\quad\quad\quad\quad\quad\quad$ increasing_counted_range$(f_0, n_0, r) \land$
$\quad\quad\quad\quad\quad\quad$ increasing_counted_range(f_1, n_1, r)

補題 11.12 merge_n_with_buffer に対する事後条件は，次の通りである。

$$\text{increasing\_counted\_range}(f_0, n_0 + n_1, r)$$

出力区間が，各入力区間内と1番目と2番目の入力区間の間での等値の要素の相対的順序を保存しているならば，マージは**安定**（*stable*）しています。

補題 11.13 merge_n_with_buffer は安定である。

merge_linked_nonempty, merge_copy, merge_copy_backward も安定していることに注意してください。

区間のサイズの半分の大きさのバッファを持つ区間をソートできます[7]。

```
template<typename I, typename B, typename R>
    requires(Mutable(I) && ForwardIterator(I) &&
        Mutable(B) && ForwardIterator(B) &&
        ValueType(I) == ValueType(B) &&
        Relation(R) && ValueType(I) == Domain(R))
I sort_n_with_buffer(I f, DistanceType(I) n, B f_b, R r)
{
    // 事前条件: mutable_counted_range(f, n) ∧ weak_ordering(r)
    // 事前条件: mutable_counted_range(f_b, ⌈n/2⌉)
    DistanceType(I) h = half_nonnegative(n);
    if (zero(h)) return f + n;
    I m = sort_n_with_buffer(f, h,     f_b, r);
        sort_n_with_buffer(m, n - h, f_b, r);
    return merge_n_with_buffer(f, h, m, n - h, f_b, r);
}
```

---

[7] 同様なアルゴリズムは，John W. Mauchly の講義 "Sorting and collating" [Mauchly, 1946] で最初に述べられていました。

補題 11.14 sort_n_with_buffer に対する事後条件は，次の通りである。

$$\text{increasing\_counted\_range}(f, n, r)$$

ソートアルゴリズムは，同値である要素の相対的順序を保存していれば，**安定**（*stable*）しています。

補題 11.15 sort_n_with_buffer は，安定である。

アルゴリズムは，$\lceil \log_2 n \rceil$ の再帰レベルを持っています。各レベルでは，高々 $3n/2$ 回の代入を行い，合計回数の上限は $\frac{3}{2} n \lceil \log_2 n \rceil$ です。ボトムから i 番目のレベルでは，比較の最悪回数は $n - \frac{n}{2^i}$ であり，比較回数に関して次の上限値となります。

$$n \lceil \log_2 n \rceil - \sum_{i=1}^{\lceil \log_2 n \rceil} \frac{n}{2^i} \approx n \lceil \log_2 n \rceil - n$$

十分な大きさのバッファが利用可能な場合には，sort_n_with_buffer は効率的なアルゴリズムです。利用可能なメモリが少ない場合には，メモリ適応マージアルゴリズムを使用できます。最初の部分区間を中央で再分割し，その中央の要素を使用して，2つ目の部分区間を下限境界点で再分割します。その結果，4個の部分区間 r_0, r_1, r_2, r_3 となります。ここで，r_2 内の値は r_1 内の値より厳密に小さいです。区間 r_1 と r_2 を回転することで，2つの新たなマージの部分問題（r_0 と r_2 の部分問題と r_1 と $r3$ の部分問題）を導き出します。

```
template<typename I, typename R>
    requires(Mutable(I) && ForwardIterator(I) &&
        Relation(R) && ValueType(I) == Domain(R))
void merge_n_step_0(I f0, DistanceType(I) n0,
                    I f1, DistanceType(I) n1, R r,
                    I& f0_0, DistanceType(I)& n0_0,
                    I& f0_1, DistanceType(I)& n0_1,
                    I& f1_0, DistanceType(I)& n1_0,
                    I& f1_1, DistanceType(I)& n1_1)
{
    // 事前条件: mergeable(f_0, n_0, f_1, n_1, r)
    f0_0 = f0;
    n0_0 = half_nonnegative(n0);
    f0_1 = f0_0 + n0_0;
    f1_1 = lower_bound_n(f1, n1, source(f0_1), r);
```

```
        f1_0 = rotate(f0_1, f1, f1_1);
        n0_1 = f1_0 - f0_1;
        f1_0 = successor(f1_0);
        n1_0 = predecessor(n0 - n0_0);
        n1_1 = n1 - n0_1;
    }
```

補題 11.16 同じ値の要素の相対的位置は，回転によって変化されない．

区間内のイテレータ i は，その値がそれより前のどの値よりも小さくなく，それに続くどの値よりも大きくなければ，ピボット (*pivot*) です．

補題 11.17 merge_n_step_0 の後では，f1_0 はピボットである．

upper_bound を使用して，右から同様な再分割を行うことができます．

```
    template<typename I, typename R>
        requires(Mutable(I) && ForwardIterator(I) &&
            Relation(R) && ValueType(I) == Domain(R))
    void merge_n_step_1(I f0, DistanceType(I) n0,
                        I f1, DistanceType(I) n1, R r,
                        I& f0_0, DistanceType(I)& n0_0,
                        I& f0_1, DistanceType(I)& n0_1,
                        I& f1_0, DistanceType(I)& n1_0,
                        I& f1_1, DistanceType(I)& n1_1)
    {
        // 事前条件: mergeable($f_0, n_0, f_1, n_1, r$)
        f0_0 = f0;
        n0_1 = half_nonnegative(n1);
        f1_1 = f1 + n0_1;
        f0_1 = upper_bound_n(f0, n0, source(f1_1), r);
        f1_1 = successor(f1_1);
        f1_0 = rotate(f0_1, f1, f1_1);
        n0_0 = f0_1 - f0_0;
        n1_0 = n0 - n0_0;
        n1_1 = predecessor(n1 - n0_1);
    }
```

これにより，DudzińskiとDydek [1981] による次のアルゴリズムを導き出せます．

```
template<typename I, typename B, typename R>
    requires(Mutable(I) && ForwardIterator(I) &&
        Mutable(B) && ForwardIterator(B) &&
        ValueType(I) == ValueType(B) &&
        Relation(R) && ValueType(I) == Domain(R))
I merge_n_adaptive(I f0, DistanceType(I) n0,
                   I f1, DistanceType(I) n1,
                   B f_b, DistanceType(B) n_b, R r)
{
    // 事前条件: mergeable(f_0, n_0, f_1, n_1, r)
    // 事前条件: mutable_counted_range(f_b, n_b)
    typedef DistanceType(I) N;
    if (zero(n0) || zero(n1)) return f0 + n0 + n1;
    if (n0 <= N(n_b))
        return merge_n_with_buffer(f0, n0, f1, n1, f_b, r);
    I f0_0; I f0_1; I f1_0; I f1_1;
    N n0_0; N n0_1; N n1_0; N n1_1;
    if (n0 < n1) merge_n_step_0(
                        f0, n0, f1, n1, r,
                        f0_0, n0_0, f0_1, n0_1,
                        f1_0, n1_0, f1_1, n1_1);
    else         merge_n_step_1(
                        f0, n0, f1, n1, r,
                        f0_0, n0_0, f0_1, n0_1,
                        f1_0, n1_0, f1_1, n1_1);
          merge_n_adaptive(f0_0, n0_0, f0_1, n0_1,
                           f_b, n_b, r);
    return merge_n_adaptive(f1_0, n1_0, f1_1, n1_1,
                            f_b, n_b, r);
}
```

補題 11.18 merge_n_adaptive は，増加区間で終了する．

補題 11.19 merge_n_adaptive は，安定している．

補題 11.20 高々 $\lfloor \log_2(\min(n_0, n_1)) \rfloor + 1$ の再帰レベルである．

merge_n_adaptive を使用して，次のソート手続きを実装できます．

```
template<typename I, typename B, typename R>
    requires(Mutable(I) && ForwardIterator(I) &&
        Mutable(B) && ForwardIterator(B) &&
        ValueType(I) == ValueType(B) &&
        Relation(R) && ValueType(I) == Domain(R))
I sort_n_adaptive(I f, DistanceType(I) n,
                  B f_b, DistanceType(B) n_b, R r)
{
    // 事前条件: mutable_counted_range(f, n) ∧ weak_ordering(r)
    // 事前条件: mutable_counted_range(f_b, n_b)
    DistanceType(I) h = half_nonnegative(n);
    if (zero(h)) return f + n;
    I m = sort_n_adaptive(f, h,     f_b, n_b, r);
        sort_n_adaptive(m, n - h, f_b, n_b, r);
    return merge_n_adaptive(f, h, m, n - h, f_b, n_b, r);
}
```

演習 11.14 入力のサイズとバッファ区間の関数として，代入回数と比較回数の式を求めなさい．Dudziński と Dydek [1981] は，バッファが存在しない場合の念入りな計算量分析を行っています．

次のアルゴリズムで，この章を終えましょう．

```
template<typename I, typename R>
    requires(Mutable(I) && ForwardIterator(I) &&
        Relation(R) && ValueType(I) == Domain(R))
I sort_n(I f, DistanceType(I) n, R r)
{
    // 事前条件: mutable_counted_range(f, n) ∧ weak_ordering(r)
    temporary_buffer<ValueType(I)> b(half_nonnegative(n));
    return sort_n_adaptive(f, n, begin(b), size(b), r);
}
```

このアルゴリズムは，最小限のイテレータ要件を持つ区間に対して機能し，安定しており，要求されたメモリの数パーセントしか temporary_buffer が割り当てることができない場合でさえ効率的です．

課題 11.1 抽象コンポーネントで構築したソートアルゴリズムのライブラリを開発しなさい。様々な配列サイズ，要素のサイズ，バッファのサイズに対する性能を分析するためのベンチマークを設計しなさい。各アルゴリズムの使用が適切な状況を推奨する文書をライブラリに対して書きなさい。

11.4 結論

　複雑なアルゴリズムは，入念に定義されたインタフェースを持つ，より単純な抽象コンポーネントへ分解可能です。そのようにして導き出したコンポーネントは，他のアルゴリズムの実装に使用します。複雑なものから単純なもの，あるいはその逆という繰り返しのプロセスは，効率的なコンポーネントの整然とした分類を見つけるためには重要です。

第12章

複合オブジェクト

第6章から第11章までで，オブジェクト（データ構造）のコレクションに対して機能するアルゴリズムを，それらのコレクションの生成，破壊，構造変更といったものから分離したイテレータおよび座標構造を通して示しました。コレクションそのものは，オブジェクトとは見なしていませんでした。この章では複合オブジェクトの例を示します。ペアと定数サイズ配列から始めて，動的シーケンスの実装を分類することで終わります。他のオブジェクトを自分の一部分として含む複合オブジェクトの一般的な概要を述べます。ネストした複合オブジェクトに対する再配列アルゴリズムの効率的な振る舞いを可能にする機構を示して結びとします。

12.1 単純な複合オブジェクト

正則性を複合オブジェクトへ拡張する方法を理解するために，単純な場合から始めます。第1章で，2つの型 T_0 と T_1 が与えられると，構造型 $pair_{T_0, T_1}$ を返す型コンストラクタ pair を説明しました。いくつかのグローバル手続きと一緒に，構造テンプレートで pair を実装します。

```
template<typename T0, typename T1>
    requires(Regular(T0) && Regular(T1))
struct pair
{
    T0 m0;
    T1 m1;
    pair() { } // デフォルトコンストラクタ
    pair(const T0& m0, const T1& m1) : m0(m0), m1(m1) { }
};
```

C++では，デフォルトコンストラクタが2つのメンバーのデフォルトの生成を行うことを保証し，それらが部分的に整形された状態であり代入や破壊ができることを保証します。C++は自動的にコピーコンストラクタと代入を生成し，それぞれ，各メンバーをコピーあるいは代入します。そして，各メンバーに対するデストラクタを呼び出すデストラクタを自動的に生成します。等価性と順序は手作業で提供する必要があります。

```cpp
template<typename T0, typename T1>
    requires(Regular(T0) && Regular(T1))
bool operator==(const pair<T0, T1>& x, const pair<T0, T1>& y)
{
    return x.m0 == y.m0 && x.m1 == y.m1;
}


template<typename T0, typename T1>
    requires(TotallyOrdered(T0) && TotallyOrdered(T1))
bool operator<(const pair<T0, T1>& x, const pair<T0, T1>& y)
{
    return x.m0 < y.m0 || (!(y.m0 < x.m0) && x.m1 < y.m1);
}
```

演習 12.1 T0とT1に対するデフォルト順序を使用して，どちらのメンバー型も全順序ではない場合に対して，$\text{pair}_{T0, T1}$に対するデフォルト順序 less を実装しなさい。

演習 12.2 $\text{triple}_{T_0, T_1, T_2}$ を実装しなさい。

pair は非同次型コンストラクタですが，次に示す array_k は，同次型コンストラクタです。これは，整数 k と型 T が与えられたとしたら，定数サイズのシーケンス型 $\text{array\_k}_{k, T}$ を返します。

```cpp
template<int k, typename T>
    requires(0 < k && k <= MaximumValue(int) / sizeof(T) &&
        Regular(T))
struct array_k
{
    T a[k];
    T& operator[](int i)
```

```
        {
            // 事前条件: 0 ≤ i < k
            return a[i];
        }
    };
```

　k に対する要件は，型属性に関して定義されています。MaximumValue(N) は，整数型 N で表現可能な最大値を返します。sizeof は言語が提供する型属性であり，型のサイズを返します。C++ は，array_k に対して正しい意味論を持つデフォルトコンストラクタ，コピーコンストラクタ，代入，および，デストラクタを生成します。x[i] の読み込みと書き込みを可能にするメンバー関数を実装する必要があります[*1]。

　IteratorType(array_k$_{k,T}$) は，T へのポインタと定義されています。配列要素の最初と境界を返す手続きを提供する必要があります[*2]。

```
    template<int k, typename T>
        requires(Regular(T))
    pointer(T) begin(array_k<k, T>& x)
    {
        return addressof(x.a[0]);
    }

    template<int k, typename T>
        requires(Regular(T))
    pointer(T) end(array_k<k, T>& x)
    {
        return begin(x) + k;
    }
```

　次のようなコードを使って，算入区間 [f, k) をコピーすることで array_k$_{k,T}$ 型のオブジェクト x を初期化できます。

```
    copy_n(f, k, begin(x));
```

自動的に生成されるデフォルトコンストラクタによる配列のすべての要素の初期化を避ける適切な初期化コンストラクタを実装する方法はありません。さらに，copy_n は

[*1] begin と end と同様に，完全な実装には，定数に対するオーバーロードが必要です。
[*2] 完全な実装では，T への定数ポインタを返す定数イテレータ型と一緒に，この定数イテレータ型を返す定数 array_k に対してオーバーロードされた begin と end も提供することになります。

イテレータのカテゴリを受け取って境界イテレータを返しますが，コピーコンストラクタからその境界イテレータを返す方法はありません。

配列に対する等価性と順序は，第7章で説明した辞書式拡張を使用します。

```
template<int k, typename T>
    requires(Regular(T))
bool operator==(const array_k<k, T>& x, const array_k<k, T>& y)
{
    return lexicographical_equal(begin(x), end(x),
                                 begin(y), end(y));
}

template<int k, typename T>
    requires(Regular(T))
bool operator<(const array_k<k, T>& x, const array_k<k, T>& y)
{
    return lexicographical_less(begin(x), end(x),
                                begin(y), end(y));
}
```

演習 12.3 小さな k に対してインライン展開されたコードを生成する，array_k$_{k,T}$ のための = と < を実装しなさい。

演習 12.4 array_k$_{k,T}$ に対するデフォルト順序 less を実装しなさい。

ここで，配列内の要素数を返す手続きを提供します。

```
template<int k, typename T>
    requires(Regular(T))
int size(const array_k<k, T>& x)
{
    return k;
}
```

そして，次がサイズが 0 であるかを決定する手続きです。

```
template<int k, typename T>
    requires(Regular(T))
bool empty(const array_k<k, T>& x)
```

```
    {
        return false;
    }
```

array_k が *Sequence* をモデル化できるようにするために，size と empty を定義しています。*Sequence* は後で定義します。

演習 12.5 k = 0 を受け付けるように array_k を拡張しなさい。

array_k は，コンセプト *Linearizable* をモデル化しています。

$Linearizable(W) \triangleq$
$\quad Regular(W)$
$\quad \wedge$ IteratorType $: Linearizable \to Iterator$
$\quad \wedge$ ValueType $: Linearizable \to Regular$
$\qquad W \mapsto$ ValueType(IteratorType(W))
$\quad \wedge$ SizeType $: Linearizable \to Integer$
$\qquad W \mapsto$ DistanceType(IteratorType(W))
$\quad \wedge$ begin $: W \to$ IteratorType(W)
$\quad \wedge$ end $: W \to$ IteratorType(W)
$\quad \wedge$ size $: W \to$ SizeType(W)
$\qquad x \mapsto$ end(x) $-$ begin(x)
$\quad \wedge$ empty $: W \to$ bool
$\qquad x \mapsto$ begin(x) $=$ end(x)
$\quad \wedge$ [ ] $: W \times$ SizeType(W) $\to$ ValueType(W)&
$\qquad (w, i) \mapsto$ deref(begin(w) $+$ i)

size が線形時間を要する場合でも，empty は常に定数時間しか要しません。$w[i]$ に対する事前条件は，$0 \leq i <$ size(w) です。その計算量は，*Linearizable* を洗練しているコンセプトのイテレータ型の仕様により決まります。つまり，前方イテレータと双方向イテレータに対しては線形であり，インデックス付きイテレータとランダムアクセス・イテレータに対しては定数です。

線形化可能な型は，標準関数 begin と end を通してイテレータの区間を記述します。しかし，array_k と異なり，線形化可能な型は，実際のオブジェクトをコピーする必要はありません。後で説明するように，それは，その要素を持つシーケンスである**コンテナ**（*container*）ではありません。たとえば，次の型は *Linearizable* をモデル化していますが，コンテナではありません。それは，データ構造内におけるイテレー

タの有界区間を示します.

```
template<typename I>
    requires(Readable(I) && Iterator(I))
struct bounded_range {
    I f;
    I l;
    bounded_range() { }
    bounded_range(const I& f, const I& l) : f(f), l(l) { }
    const ValueType(I)& operator[](DistanceType(I) i)
    {
        // 事前条件: 0 ≤ i < l − f
        return source(f + i);
    }
};
```

C++ は,$pair_{I,I}$ と同じ意味論を持つコピーコンストラクタ,代入,デストラクタを自動的に生成します.T が $bounded\_range_I$ であれば,IteratorType(T) は I と定義され,SizeType(T) は DistanceType(I) と定義されます.

イテレータに関連して手続きを定義することは,簡単です.

```
template<typename I>
    requires(Readable(I) && Iterator(I))
I begin(const bounded_range<I>& x) { return x.f; }

template<typename I>
    requires(Readable(I) && Iterator(I))
I end(const bounded_range<I>& x) { return x.l; }

template<typename I>
    requires(Readable(I) && Iterator(I))
DistanceType(I) size(const bounded_range<I>& x)
{
    return end(x) - begin(x);
}

template<typename I>
    requires(Readable(I) && Iterator(I))
bool empty(const bounded_range<I>& x)
```

```
    {
        return begin(x) == end(x);
    }
```

array_k と異なり，bounded_range に対する等価性は，辞書式等価性を使用するのではなく，代わりにオブジェクトを一組のイテレータとして事実上扱い，対応する値を比較します．

```
    template<typename I>
        requires(Readable(I) && Iterator(I))
    bool operator==(const bounded_range<I>& x,
                    const bounded_range<I>& y)
    {
        return begin(x) == begin(y) && end(x) == end(y);
    }
```

定義された等価性は，C++ により生成されたコピーコンストラクタと整合しており，一組のイテレータとして扱います．*Linearizable* をモデル化する型 W を考えてみてください．W が線形座標構造を持つコンテナならば，array_k に対して定義したように，lexicographical_equal は正しい等価性です．W が同次コンテナでその座標構造が線形でなければ（たとえば，木や配列），lexicographical_equal あるいは（bounded_range に対して定義したような）**区間等価性**（*range equality*）のどちらも正しい等価性ではありません．それでも，lexicographical_equal は，有用なアルゴリズムであるかもしれません．W がコンテナではなくても，他のデータ構造が所有している区間を表しているのであれば，区間等価性は正しい等価性です．

bounded_range$_I$ に対するデフォルト全順序は，I に対するデフォルト全順序を使用して，一組のイテレータに対して辞書順に定義されています．

```
    template<typename I>
        requires(Readable(I) && Iterator(I))
    struct less< bounded_range<I> >
    {
        bool operator()(const bounded_range<I>& x,
                        const bounded_range<I>& y)
        {
            less<I> less_I;
            return less_I(begin(x), begin(y)) ||
                   (!less_I(begin(y), begin(x)) &&
```

```
                    less_I(end(x), end(y)));
        }
    };
```

イテレータ型が自然な全順序を持たない場合であっても，デフォルト全順序を提供すべきです．たとえば，ビットパターンを符号なし整数として扱うことによってです．

pair と array_k は，非常に広範囲にわたる**複合オブジェクト**（*composite objects*）の例です．オブジェクトは，**部品**（*parts*）と呼ばれる他のオブジェクトから構成されるのであれば，**複合オブジェクト**です．全体–部品関係は，**連結性**（*connectedness*），**非循環性**（*noncircularity*），**互いに交わらない**（*disjointness*），**所有**（*ownership*）の4特性を満足しています．**連結性**は，オブジェクトが，開始アドレスからそのオブジェクトのすべての部品に到達可能である関連座標構造を持っていることを意味しています．**非循環性**は，オブジェクトがそれ自身の部分部品ではないことを意味します．ここで，オブジェクトの**部分部品**（*subpart*）とはオブジェクトの部品であるか，その部品の部分部品であることを言います．（非循環性は，オブジェクトがそれ自身の部品ではないことを意味しています．）**互いに交わらない**は，2つのオブジェクトが共通の部分部品を持つならば，その2つのオブジェクトの1つは，もう1つの部分部品であることを意味しています．**所有**は，オブジェクトのコピーはそのオブジェクトの部品をコピーし，オブジェクトの破壊はそのオブジェクトの部品を破壊することを意味します．複合オブジェクトは，その生存期間中に部品の構成が変わるのであれば，**動的**（*dynamic*）です．

複合オブジェクトの型を複合オブジェクト型と呼び，複合オブジェクト型によりモデル化されるコンセプトを複合オブジェクトコンセプトと呼びます．複合オブジェクトはコンセプトではなくコンセプト・スキーマですので，複合オブジェクトに対してアルゴリズムを定義することはできません．

array_k は，コンセプト *Sequence* のモデルです．この複合オブジェクトコンセプトは，*Linearizable* を洗練し，その要素区間は，それ自身の部分となります．

$Sequence(S) \triangleq$
$\quad Linearizable(S)$
$\quad \wedge\ (\forall s \in S)(\forall i \in [begin(s), end(s)))\ deref(i)$ は s の部分
$\quad \wedge\ =\, :\, S \times S \to \mathsf{bool}$
$\qquad (s, s') \mapsto \mathsf{lexicographical\_equal}($
$\qquad\qquad begin(s), end(s), begin(s'), end(s'))$
$\quad \wedge\ <\, :\, S \times S \to \mathsf{bool}$

$$(s, s') \mapsto \text{lexicographical\_less}($$
$$\text{begin}(s), \text{end}(s), \text{begin}(s'), \text{end}(s'))$$

s と s' が等しくても同じシーケンスでなければ，$\text{begin}(s) \neq \text{begin}(s')$ ですが source(begin(s)) = source(begin(s')) です。これは，**射影正則性**（*projection regularity*）です。begin と end は，*Sequence* ではない *Linearizable* に対して正則であることができます。たとえば，それらは，bounded_range に対して正則です。

演習 12.6 プロパティ projection_regular_function を定義しなさい。

12.2 動的シーケンス

array_$k_{k,T}$ は，**定数サイズシーケンス**（*constant-size sequence*）です。パラメータ k はコンパイル時に決定され，その型のすべてのオブジェクトに対して適用されます。他の有用なモデルは知られていませんので，定数サイズシーケンスに対応するコンセプトは定義しません。同様に，サイズが構築時に決定する**固定サイズシーケンス**（*fixed-size sequence*）に対するコンセプトも定義しません。固定サイズシーケンスをモデル化する（我々が知る）すべてのデータ構造は，要素の追加や削除によりサイズが変化する**動的サイズシーケンス**（*dynamic-size sequence*）もモデル化しています。（しかし，固定サイズ複合オブジェクトは存在します。たとえば，n × n 正方行例です。）

特定のデータ構造にかかわらず，正則型の要件は，動的シーケンスに対する標準の振る舞いを決めています。破壊される場合，そのすべての要素は破壊され，それらの要素のリソースは解放されます。動的シーケンスに対する等価性と全順序は，array_k に対するのと同じように，辞書順に定義されます。動的シーケンスが代入される場合には，右辺と等しくはなりますが，互いに交わりません。同様に，コピーコンストラクタは同じ動的シーケンスを生成しますが，互いに交わらないシーケンスとなります。

s が，n ≥ 0 であるサイズ n の動的サイズシーケンス，すなわち，単純に**動的**（*dynamic*）シーケンスであれば，**挿入インデックス**（*insertion index*）i にサイズ k の区間を**挿入**（*insert*）することで，サイズは n + k へと増加します。挿入インデックス i は，閉区間 [0, n] 内の n + 1 個の値のどれでも構いません。s' が挿入後のシー

ケンスの値であれば，次のようになります．

$$s'[j] = \begin{cases} s[j] & 0 \leq j < i \text{ ならば} \\ r[j-i] & i \leq j < i+k \text{ ならば} \\ s[j-k] & i+k \leq j < n+k \text{ ならば} \end{cases}$$

同様に，s が n ≥ k であるサイズ n のシーケンスであれば，**消去インデックス**（*erasure index*）i から k 個の要素を**消去**（*erase*）することで，サイズは n−k に減ります．消去インデックス i は，閉区間 [0, n−k] 内の n−k+1 個の値のどれでも構いません．s′ が消去後のシーケンスの値であれば，次のようになります．

$$s'[j] = \begin{cases} s[j] & 0 \leq j < i \text{ ならば} \\ s[j+k] & i \leq j < n-k \text{ ならば} \end{cases}$$

要素の挿入と消去の必要性により，挿入と消去に対して様々な複雑なトレードオフを持つ多くの種類の順次データ構造が導びかれます．それらすべての分類は，**リモート**（*remote*）部品の存在に依存します．部品が，オブジェクトのアドレスから定数オフセット内に存在せずに，オブジェクトの**ヘッダー**（*header*）から始まるオブジェクトの座標構造を走査することでしか到達できない場合には，リモートです．複合オブジェクトのヘッダーは，**ローカル**（*local*）部品の集まり，すなわち，オブジェクトの開始アドレスからの定数オフセットに存在する部品の集まりです．オブジェクト内のローカル部品の数は，オブジェクトの型により決まる定数です．

この節では，基本分類に属する順次データ構造である**リンク**（*linked*）と**エクステントベース**（*extent-based*）の特性について要約します．

リンク（*linked*）データ構造は，データ部品をリンクとしての機能を果たすポインタで繋ぎます．各要素は，**永続化された**（*permanently placed*）別々の部品内に存在します．すなわち，要素の生存期間中は，そのアドレスは決して変わりません．要素と一緒に，部品は隣接する部品への接続を含んでいます．イテレータは，リンクイテレータです．インデックス付きイテレータはサポートされていません．定数時間を要する挿入操作と消去操作が可能です．なぜならば，挿入と消去は再リンク操作により実装されるからです．そのために，挿入と消去はイテレータを無効にはしません．リンクリストには，2 つの主な種類があります．単方向リンクと双方向リンクです．

単方向リンク（*singly linked*）は，リンク *ForwardIterator* を持っています．特定のイテレータの後の挿入と消去のコストは定数です．しかし，任意のイテレータの前への挿入やそのイテレータでの消去のコストは，リストの先頭からの距離に応じて線形です．このことから，リストの先頭への挿入と先頭での消去のコストは定数になります．ヘッダーと最終要素へのリンクの構造が異なる何種類かの単方向リンクリストが存在します．**基本**（*basic*）リストのヘッダーは，最初の要素へのリンクから構成さ

れます。空リストの場合は，特別な **null** 値が使われます。最終要素のリンクは null です。**循環**（circular）リストのヘッダーは，最終要素へのリンクから構成されます。空リストを示すための null が使われます。最終要素のリンクは，最初の要素を指しています。**最初最後**（*first-last*）リストは，2 つの部品から構成されています。null で終わる基本リストのヘッダーと，そのリストの最終要素へのリンクです。リストが空の場合には null です。

　単方向リンクリストの実装を選択するには，いくつかの要因が影響します。非常に多くのリストを持ち，その多くが空であるアプリケーションでは，小さなヘッダーに価値があります。循環リストのイテレータは大きくなり，**successor** 演算も遅くなります。なぜなら，最初の要素へのポインタと境界の要素へのポインタを区別する必要があるからです。後ろへの挿入が定数時間であるデータ構造は，キューあるいは出力限定デック（*deque*）として使用できます。これらの実装上のトレードオフについては，次の表にまとめてあります。

種類	1 ワードヘッダー	単純イテレータ	後ろへの挿入
基本	yes	yes	no
循環	yes	no	yes
最初最後	no	yes	yes

　双方向リンクリストは，リンク *BidirectionalIterator* を持っています。（イテレーターの前あるいは後への）挿入と消去のコストは定数です。単一リンクリストと同様に，双方向リンクリストにもいくつかの種類があります。**循環**（*circular*）リストのヘッダーは，最初の要素へのポインタで構成されています。空リストの場合は，null が使われます。最初の要素の後方リンクは最後の要素を指していますし，最後の要素の前方リンクは最初の要素を指しています。**ダミーノード**（*dummy node*）リストは循環リストに似ていますが，最初の要素と最後の要素の間に追加のダミーノードを持っています。ヘッダーはそのダミーノードへのリンクから構成され，ダミーノードは実際のデータオブジェクトは持っていないかもしれません。**2 ポインタヘッダー**（*two-pointer header*）は，ダミーノードリストに似ていますが，ヘッダーはダミーノードのリンクに相当する 2 つのポインタから構成されます。

　単方向リンクリストの実装の選択に影響する 2 つの要因，すなわち，ヘッダーのサイズとイテレータの計算量は，双方向リンクリストの実装に対しても関連性があります。加えて，双方向リンクリスト固有の別の問題が存在します。リストが恒久的な境界イテレータを持っていれば，アルゴリズムによっては単純化できるかもしれません。なぜなら，そのリストの生存期間全体で，その境界をすべての有効なイテレータから区別可能な値として使用することができるからです。この章の後で説明するように，リモート部品からローカル部品へのリンクが存在することで，リスト型の要素に

対する再配列に，よりコストを要します。これらの実装のトレードオフは，次の表にまとめてあります。

種類	1 ワードヘッダー	単純イテレータ	リモートからローカルへのリンクなし	永久境界
循環	yes	no	yes	no
ダミーノード	yes	yes	yes	no[*3]
2 ポインタヘッダー	no	yes	no	yes

第 8 章で，イテレータを生成したり破壊したりすることなく，つまり，イテレータが指定しているイテレータとオブジェクト間の関係を変更することなく，1 つ以上の区間内のリンクイテレータの接続性を再配列するリンク再配列を説明しました。リンク再配列は 1 つのリストに限定することができますし，あるいは，複数のリストを含むこともできます。その場合，要素の所有者が変わります。たとえば，split_linked は，1 つのリストから別のリストへ述語を満足する要素を移動させるために使用できます。そして，combine_linked_nonempty は，1 つのリスト内の要素を，他のリスト内のマージ位置に移動するために使用できます。**つなぎ合わせ**（*splice*）は，1 つのリスト内のある区間を消去して，別のリスト内へその区間を挿入するリンク再配列です。

リンク構造内の後方リンクは，ソートなどのアルゴリズムでは使用されませんが，任意の位置での要素の消去と挿入を定数時間で行うことを可能にしています。消去や挿入は単方向リストではもっと高いコストを要します。一般的にリンク構造を最初の段階で選択する理由は挿入と消去の効率性ですので，双方向のリンクについては，真剣に考慮すべきです。

エクステントベース（*extent-based*）**データ構造**は，1 つ以上の**エクステント**（*extent*），すなわち，データ部品のリモートブロックに要素をグループ化します。そして，要素に対するランダムアクセスを提供します。任意の位置での挿入と消去は，シーケンスのサイズに比例した時間を要しますが，後ろ，および場合によっては前への挿入と消去は，ならし定数時間を要します[*4]。挿入と消去は，各実装が従っている特定の規則のイテレータを無効にすることがあります。言い換えると，要素は永続的に置かれることはありません。エクステントベース・データ構造によっては，**単一エクステント**（*single extent*）を使用する一方で，追加のインデックス構造だけではなく複数のエクステントを使用して，**セグメント化**（*segmented*）する場合もあります。

[*3] リストが空の場合でもダミーノードが割り当てられるのであれば，永久境界が存在します。残念ながら，このことは，リモート部品を持たない場合，追加のリソースなしで構築可能である空のデータ構造の望ましい特性を破ってしまいます。

[*4] 操作の**ならし**（*amortized*）計算量とは，一連の最悪の場合の操作に関して平均化した計算量です。ならし計算量の概念は，Tarjan [1985] で紹介されました。

単一エクステント配列では，エクステントは，サイズがゼロではない時に存在する必要があります。すべての挿入で再割り当てを避けるために，エクステントは予備領域を含んでいます。予備領域が枯渇した場合に，エクステントは再割り当てされます。ヘッダーはエクステントへのポインタを含んでいます。データと予備領域を管理する追加のポインタは，通常は，エクステントの先頭に存在します。ヘッダー内ではなくエクステントの先頭に追加のポインタを置くことで，配列がネストした場合の空間と時間の両方の計算量を改善します。

様々な種類の単一エクステント配列があります。**片終端**（*single-ended*）配列では，データはエクステント内の固定オフセットから開始し，その後に，予備領域が続きます[*5]。**両終端**（*double-ended*）配列では，データはエクステントの真ん中にあり，データを挟んで両端に予備領域があります。どちらかの端が大きくなり，対応する予備領域が枯渇した場合，エクステントは再割り当てされます。**循環**（*circular*）配列では，エクステントは，その最も大きなアドレスの次がその最も小さなアドレスであるかのように扱われます。したがって，単一の予備領域は常に論理的にデータより前にあり，かつ，データの後に続きます。データは両方に拡張可能です。

単一エクステント配列実装の選択には，複数の要因が影響します。片終端配列と両終端配列に対しては，コンピュータのアドレスは，イテレータの最も効率的な実装です。循環配列に対するイテレータはより大きく，その操作関数はより遅いです。なぜならば，使用中領域がエクステントの開始位置に跨っているのかを管理する必要があるからです。先頭への定数時間の挿入・消去をサポートしているデータ構造は，キューあるいは，出力限定デック（*deque*）としての使用を可能にします。両終端配列は，その2つの予備領域の1つに空きがあっても，再割り当てを必要とすることがあります。片終端配列あるいは循環配列は，予備領域が無くなった時だけ再割り当てを必要とします。

種類	単純イテレータ	先頭への挿入・消去	再割り当て効率が良い
片終端	yes	no	yes
両終端	yes	yes	no
循環	no	yes	yes

挿入が発生した時に片終端配列あるいは循環配列のエクステントがいっぱいの場合には，**再割り当て**（*reallocation*）が発生します。より大きなエクステントが割り当てられ，既存の要素がそのエクステントへ移動されます。両終端配列の場合では，配列の1つの終端の予備領域を使い尽くす挿入では，再割り当てか，残っている予備領

[*5] もちろん，後ろから逆方向にデータを拡張することも可能ですが，実用的には思えません。

域を再分配するために要素を別の終端の方向へ移動させる必要があります。再割り当て — および両終端配列内での要素の移動 — は，配列内を指しているすべてのイテレータを無効にします。

再割り当てが発生した場合，乗法因子を使ってエクステントのサイズを増加させることが，要素ごとの構築回数をならし定数回数にします。実験では，因子 2 が，要素ごとのならし構築回数の最小化とメモリ使用率との間のちょうど良いトレードオフです。

演習 12.7 様々な乗法因子に対して，メモリ使用率と要素ごとの構築回数に対する式を導き出しなさい。

課題 12.1 様々な現実的な負荷のもとでの単一エクステント配列に対する最適な再割り当て戦略を決めるために，理論的分析と実験を行いなさい。

片終端配列あるいは循環単一エクステント配列 a に対して，$size(a) \leq capacity(a)$ である関数 capacity が存在します。そして，a 内での挿入は，挿入後のサイズが挿入前の容量よりも大きい場合にだけ再割り当てを行います。指定された量だけ配列の容量を増加させる手続き reserve もあります。

演習 12.8 両終端配列に対する容量と予備領域に対するインタフェースを設計しなさい。

セグメント化（*segmented*）配列は，要素を保持している 1 つ以上のエクステントとエクステントへのポインタを管理する**インデックス**（*index*）データ構造を持っています。エクステントの終端を検査するため，単一エクステント配列より，イテレータ走査関数は遅くなります。インデックスは，セグメント化配列でも同じ振る舞いをサポートしなければなりません。つまり，ランダムアクセスおよび後ろへの挿入と消去をサポートしなければなりません。そして，必要ならば前への挿入と消去をサポートしなければなりません。既存のエクステントがいっぱいになった場合には，別のエクステントを追加するので，全体の再割り当ては決して必要ありません。予備領域は，片側もしくは両側のエクステントにだけ必要です。

セグメント化配列の種類の主な違いは，インデックスの構造です。**単一エクステント**（*single-extent*）インデックスは，データエクステントへのポインタを要素に持つ単一エクステント配列で，後方への追加をサポートします。一方，両終端インデックスあるいは循環インデックスはどちらの終端での増加をサポートします。**セグメント化**（*segmented*）インデックスは，それ自身がセグメント化された配列であり，普通は単一エクステントインデックスを持ちますが，セグメント化インデックスを持つこ

ともあります。**傾斜**（*salnated*）インデックスは複数のレベルを持ちます。そのルートは単一固定サイズのエクステントです。最初のいくつかの要素はデータエクステントへのポインタです。次の要素は，データエクステントへのポインタを要素に持つ間接インデックスエクステントを指しています。その次の要素は，間接インデックスエクステントを指しているポインタを持つ二重間接エクステントを指しています，と続きます[*6]。

課題 12.2 動的シーケンスに対する完全なインタフェース群を設計しなさい。それらには，生成，挿入，消去，つなぎ合わせが含まれるべきです。様々な実装に対する特別な場合を扱うためのインタフェースも忘れないでください。たとえば，単方向リンクリストにおいて，特定のイテレータの前だけではなく後にも挿入できるようにすべきです。

課題 12.3 様々な単方向リンク，双方向リンク，単一エクステント，セグメント化データ構造を提供する動的シーケンスの包括的ライブラリを実装しなさい。

課題 12.4 現実的なアプリケーションの負荷に基づく動的シーケンスのためのベンチマークを設計し，様々なデータ構造の性能を測定し，測定結果に基づいてユーザに選択のためのガイドを提供しなさい。

12.3 実際の型

　第 2 章から第 5 章までで，数学的な値に対するアルゴリズムを学習し，正則型により可能となる等価推論を証明するだけではなくアルゴリズムに対して適用する方法を見てきました。第 6 章から第 11 章までで，メモリに対するアルゴリズムを学習し，変化する状態を持つ世界でも等価推論がいかに有用であるかを見てきました。そこでは，代入やコピーを安価で行える整数やポインタなどの小さなオブジェクトを扱いました。この章では，正則型の要件を満たし，その結果，他の複合オブジェクトの要素として使用することができる複合オブジェクトを説明しました。リモート部品とヘッダーを分離している動的シーケンスと他の複合オブジェクトは，再配置を実装する効率的な方法を可能にします。つまり，リモート部品を移動させることなく，ヘッダーを移動させることができます。

[*6] これは，オリジナルの UNIX ファイルシステム [Thompson および Ritchie, 1974] に基づいています。

複合オブジェクトが関係する非効率な再配列の問題を理解するために，次のように定義された swap_basic を考えてみてください。

```
template<typename T>
    requires(Regular(T))
void swap_basic(T& x, T& y)
{
    T tmp = x;
    x = y;
    y = tmp;
}
```

2つの動的シーケンスを交換するために swap_basic(a, b) を呼ぶと想定してみてください。それが行うコピー生成と2つの代入は線形時間を要します。さらに，正味のメモリ増加は必要としないにもかかわらず，メモリ不足例外が発生する可能性があります。

特定の動的シーケンス型のヘッダーを交換し，必要ならば，リモート部品からヘッダーへのリンクを更新するようにその型に対する swap_basic を特殊化することで，コストが高いコピーを避けることができます。しかし，swap_basic を特殊化するには問題があります。最初に，各データ構造ごとに特殊化を繰り返す必要があります。さらに重要なこととして，cycle_from のようにその場での置換や merge_n_with_buffer のようにバッファを使用するアルゴリズムといった多くの再配列アルゴリズムは，swap_basic には基づいていません。最後に，オブジェクトを古いエクステントから新たなエクステントに移動させるような単一エクステント配列を再割り当てするような状況があります。

任意の再配列に対してヘッダーの交換の考え方を一般化することで，バッファメモリと再割り当ての利用を可能にし，操作するオブジェクトの実装に依存しない抽象アルゴリズムを書き続けたいのです。そうするためには，すべての正則型 T を，U = UnderlyingType(T) を満たす，**実際の型**（*underlying type*）に関連付けます。T がリモート部品を持たないか，ヘッダーへの逆リンクを持つリモート部品を持っている場合には，型 U は型 T と同じです[*7]。そうでなければ，U は，所有を維持しないことを除いてすべての面で型 T と同じです。つまり，破壊はリモート部品に影響しませんし，コピー生成と代入はリモート部品をコピーすることなく単にヘッダーをコピーします。実際の型がもとの型と異なる場合には，実際の型はもとの型のヘッダーと同じレイアウト（ビットパターン）となります。

[*7] この例は，双方向リンクリストでの説明において述べた，リモート部品からヘッダーへのリンクに対する警告の説明となります。

12.3 実際の型

同じビットパターンが，ある型のオブジェクトとしてだけではなく実際の型のオブジェクトとしても解釈できることにより，言語に組み込まれている reinterpret_cast 関数テンプレートを使用すればメモリをその型あるいは別の型と見ることが可能です。UnderlyingType(T) のオブジェクトは，型 T のオブジェクトの再配列の実装において，一時的値を保持するために使用することができるだけかもしれません。適切な実際の型（もとの型と同じではない型）に対するコピーによる構築や代入による計算量は，型 T のヘッダーのサイズに比例しています。この場合の追加の利点は，UnderlyingType(T) に対するコピー生成と代入は決して例外をスローしないことです。

もとの型 T に対する実際の型の実装は，簡単であり自動化できます。U = UnderlyingType(T) は，T のヘッダーと常に同じレイアウトです。U に対するコピーコンストラクタと代入は，単にビットをコピーします。T のリモート部品のコピーを構築はしません。たとえば，pair_{T_0,T_1} の実際の型は，メンバーが T_0 と T_1 の実際の型であるペアです。他のタブル型に対しても同様です。$\text{array\_k}_{k,T}$ の実際の型は，要素が T の実際の型である array_k_k です。

一旦，UnderlyingType(T) が定義されたら，次の手続きで何の計算もすることなく，T への参照を UnderlyingType(T) への参照にキャストできます。

```
template<typename T>
    requires(Regular(T))
UnderlyingType(T)& underlying_ref(T& x)
{
    return reinterpret_cast<UnderlyingType(T)&>(x);
}
```

これで，次のように swap_basic を書き換えることで複合オブジェクトを効率良く交換できます。

```
template<typename T>
    requires(Regular(T))
void swap(T& x, T& y)
{
    UnderlyingType(T) tmp = underlying_ref(x);
    underlying_ref(x)     = underlying_ref(y);
    underlying_ref(y)     = tmp;
}
```

これは，次の方法でも行うことができます。

```
        swap_basic(underlying_ref(x), underlying_ref(y));
```

多くの再配列アルゴリズムは，実際の型と一緒に使用するように修正できます。つまり，swap を再実装したのと同じ方法で exchange_values と cycle_from を再実装します。

他の再配列アルゴリズムを扱うためには，イテレータアダプタを使用します。そのようなアダプタは，もとのイテレータと同じ走査演算を持っていますが，値型はもとの値型の実際の型で置き換えられています。source は underlying_ref(source(x.i)) を返しますし，sink は underlying_ref(sink(x.i)) を返します。ここで，x はアダプタオブジェクトであり，i は x 内のもとのイテレータオブジェクトです。

演習 12.9 すべてのイテレータコンセプトに対して機能するアダプタを実装しなさい。

これで，次のように reverse_n_with_temporary_buffer を再実装できます。

```
template<typename I>
    requires(Mutable(I) && ForwardIterator(I))
void reverse_n_with_temporary_buffer(I f, DistanceType(I) n)
{
    // 事前条件: mutable_counted_range(f, n)
    temporary_buffer<UnderlyingType(ValueType(I))> b(n);
    reverse_n_adaptive(underlying_iterator<I>(f), n,
                      begin(b), size(b));
}
```

ここで，underlying_iterator は，演習 12.9 で定義したアダプタです。

課題 12.5 STL などの主要な C++ ライブラリ全体に体系的に実際の型を使用しなさい。あるいは，この本の考えに基づいた新たなライブラリを設計しなさい。

12.4 結論

C++ の構造体型と定数サイズ配列型を，リモート部品を持つ動的データ構造に拡張しました。所有と正則性のコンセプトによって，コピー生成，代入，等価性，およ

び，全順序といった部品の取り扱いが決まります。動的シーケンスの場合に対して示したように，データ構造の有用な種類は，注意深く実装され，分類され，そして，文書化されるべきです。そうすることで，プログラマは，個々のアプリケーションに対して最善のものを選択できます。ネストしたデータ構造に対する再配列は，所有の不変式を一時的に放棄することで効率良く実装されます。

あとがき

本書の主要テーマを再度述べます。正則性，コンセプト，アルゴリズムとインタフェース，プログラミング技法，そして，ポインタの意味です。各テーマに対して，その特別な制約について説明をします。

正則性

正則型は，等価性に関してコピー生成と代入を定義しています。正則関数は，等価な引数に対して適用された場合には，同じ結果を返します。たとえば，変換の正則性により，軌道を解析するアルゴリズムを定義し検証することができました。実際，順序関係，前方イテレータに対するサクセサー関数，および，多くの事柄が，本書全体で正則性に依存していました。

言語が提供する型を取り扱う場合には，等価性，コピー，代入の計算量が一定であると一般的に見なします。複合オブジェクトを取り扱う場合には，それらの操作の計算量は，オブジェクトの**領域**（*area*）に対して線形であると期待します。ここで，領域とは，ローカル部品だけではなくリモート部品を含むメモリの合計量です。しかし，等価性が引数の領域に対して最悪でも線形であるという期待は，実際には常に満たされるわけではありません。

たとえば，**マルチセット**（*multiset*），すなわち，重複した要素を持つ順序付けされていないコレクションを，ソートされていない動的シーケンスとして表現することを考えてみてください。新たな要素の挿入は定数時間を要しますが，2つのマルチセットの等価性を検査するには，それらをソートして，辞書順に比較するために$O(n \log n)$を要します。等価性検査が頻繁に行われないのであれば，これは良いトレードオフです。しかし，find で検索するシーケンスにこのようなマルチセットを入れることは，受け入れ難い性能になる可能性があります。極端な例では，型に対する等価性をグラフ同型（*graph isomorphism*）で実装しなければならない状況，すなわち，多項式時間アルゴリズムが知られていない問題を考えてみてください。

値に対する振る舞い等価性を実装することが可能ではない場合には，たいていは表現等価性を実装できることを，1.2節で述べました。複合オブジェクトに対しては，た

いていは，7.4 節での技法で表現等価性を実装します。そのような**構造** (*structural*) 等価性は，コピー生成と代入の意味論を与えるにはたいていは有用ですし，他の目的に対しても有用かもしれません。表現等価性は振る舞い等価性を意味していることを思い出してください。同様に，自然な全順序は必ずしも実現可能ではありませんが，構造（たとえば，シーケンスに対する辞書順序）に基づくデフォルト全順序により，効率的にソートや検索が可能です。もちろん，一意な資源を保持しているために，コピー生成や代入のどちらも，— 等価性でさえも — 意味がないオブジェクトも存在します。

コンセプト

べき乗，剰余，最大公約数などのアルゴリズムを記述するために，抽象代数からのコンセプト — 半群 (*semigroup*)，モノイド (*monoid*)，加群 (*module*) — を使用しています。多くの場合，アルゴリズムに適合させるために標準数学のコンセプトを状況に合わせて適応させる必要があります。時には，要件を強化するために *HalvableMonoid* などの新たなコンセプトを導入しましたし，partially_associative プロパティなどで要件を緩和しました。しばしば，collision_point に渡される定義空間述語といった部分定義域を扱います。数学的コンセプトは，使用されるための道具であり，かつ，自由に修正される道具です。それは，コンピュータ・サイエンスを起源とするコンセプトでも同じです。イテレータのコンセプトは，ある種のアルゴリズムとデータ構造の基本的特性を記述します。しかし，まだ発見されていないコンセプトにより記述される他の座標構造が存在します。与えられたコンセプトが有用かを決定することは，プログラマの仕事です。

アルゴリズムとそのインタフェース

有界半開区間は，多くのデータ構造の実装にぴったりと対応しています。そして，検索，回転，分割，マージなどのアルゴリズムに対する入力と出力を表現するための都合の良い手段を提供しています。しかし，partition_point_n などのアルゴリズムによっては，算入区間が自然なインタフェースです。有界区間がぴったりとしているアルゴリズムに対してさえも，算入区間を受け取るアルゴリズムがたいてい存在します。単一の種類のインタフェースに限定することは，なんの節約にもなりません。

第 10 章で説明した 3 つの回転アルゴリズムは，イテレータの 3 つのコンセプトに対応しています。すべてのアルゴリズムに対して，その概念的要件，入力に対する事前条件，そして，適切に使用するための他のすべての特性を見つける必要があります。単一アルゴリズムがすべての状況で適切である場合は，めったにありません。

プログラミング技法

　successor を使用して，厳密に関数的である変換により，様々な明瞭で効率的なプログラムを書くことができました．しかし，第 9 章では，successor と predecessor の呼び出しを，copy_step などの小さく可換なマシンへカプセル化することを選びました．なぜならば，そうすることで，一連の関連するアルゴリズムに対して，より明瞭なコードになったからです．同様に，第 8 章での状態マシンでの goto の使用や，第 12 章での実際の型機構に対して reinterpret_cast を使用することは適切です．実際のコンピュータや言語の表現力を制限するのではなく，利用できる構文の適切に使用する必要があります．良いソフトウェアは，部品の適切な構成により生まれるのであり，文法や意味的制限からではありません．

ポインタの意味

　この本では，ポインタの 2 つの使用方法を示しています．(1) アルゴリズム内での中間位置を表すためのイテレータおよび他の座標として．そして，(2) 複合オブジェクトのリモート部品の所有を表す**コネクタ**（*connector*）として．たとえば，12.2 節では，リスト内のノードを結びつけたり，配列内のエクステントを結びつけるためにポインタの使用方法を説明しました．

　これらのポインタの 2 つの役割により，オブジェクトのコピー，破壊，等価性の比較は異なる振る舞いになります．オブジェクトのコピーでは，リモート部品をコピーするためにコネクタをたどります．したがって，新たなオブジェクトは，コピーされた部品を指す新たなコネクタを含んでいます．一方，イテレータを含むオブジェクトをコピーすることは（たとえば，bounded_range），イテレータをたどること無くイテレータを単純にコピーします．同様に，オブジェクトの破壊は，リモート部品を破壊するためにコネクタをたどります．一方，イテレータを含むオブジェクトの破壊は，イテレータが指しているオブジェクトに対しては何も影響を与えません．最後に，コンテナに対する等価性は，対応する部品を比較するためにコネクタをたどります．一方，非コンテナ（たとえば，bounded_range）は，対応するイテレータの等価性を単純に検査するだけです．

　しかし，ポインタを使用する 3 番目の方法が存在します．エンティティ間の**関係**（*relationship*）を表現することです．2 つ以上のオブジェクト間の関係は，それらのオブジェクトが所有する部品ではありません．オブジェクト間の相互依存を維持しながら，その関係が独自に存在します．一般に，関係を表すポインタは，通常の演算では使用されません．たとえば，オブジェクトのコピーは，関係ポインタをたどった

りコピーしたりしません。なぜならば，その関係は，コピーされようとしているオブジェクトに対して存在するのであり，コピーにより新たに生成されたオブジェクトに対してではないからです。1対1の関係が，2つのオブジェクトをリンクする埋め込まれたポインタのペアとして表現されているのであれば，どちらかのオブジェクトの破壊は，他方のオブジェクト内の対応するポインタをクリアしなければなりません。

所有とリモート部品を持つ複合オブジェクトとしてデータ構造設計することは，（他のオブジェクトの部品ではない）主要なオブジェクトが，プログラムの実行全体の期間中は静的変数に存在するか，ブロック内の生存期間を持つローカル変数に存在するというプログラミングスタイルになります。動的に割り当てられたメモリは，リモート部品に対してだけ使用されます。これは，Algol 60のスタックベースのブロック構造を任意のデータ構造を扱えるように拡張します。そのような構造は，多くのアプリケーションに対してぴったりと適合します。しかし，参照カウンター，ガーベッジコレクション，あるいは，他のメモリ管理技法が適切な状況も存在します。

結論

プログラミングは，繰り返しのプロセスです。有用な問題を調査して，それらに対する効率的なアルゴリズムを見つけ，アルゴリズムの背後にあるコンセプトを抜き出し，そのコンセプトとアルゴリズムを一貫した数学理論にまとめます。個々の新たな発見は永久的な知識体系に加えられますが，それぞれは独自の制約を持っています。

付録 A

数学的表記

記号 ≜ は，"定義により同値（*equals by definition*）"を意味します。

P と Q が命題（*proposition*）であれば，¬P（"P ではない"と読む），P∨Q（"P または Q"），P∧Q（"P かつ Q"），P ⇒ Q（"P は Q を意味する"），P ⇔ Q（"P は Q と等価"）も命題です．等価に関しては，"Q の時かつその時に限り P" とも書きます．

P が命題で x が変数ならば，$(\exists x)P$（"P である x が存在する"と読む）は命題です．P が命題で x が変数なら，$(\forall x)P$（"すべての x に対して P"と読む）は命題です．すなわち，$(\forall x)P \Leftrightarrow (\neg(\exists x)\neg P)$ です．

集合論から，次の用語を使用します．

$a \in X$（"a は X の要素（*element*）"）

$X \subset Y$（"X は Y の部分集合（*subset*）"）

$\{a_0,\ldots,a_n\}$（"要素 $a_0,\ldots,a_n$ を持つ有限集合（*finite set*）"）

$\{a \in X | P(a)\}$（"述語 P が成り立つ X の部分集合（*subset*）"）

$X \cup Y$（"X と Y の和集合（*union*）"）

$X \cap Y$（"X と Y の共通集合（*intersection*）"）

$X \times Y$（"X と Y の直積集合（*direct product*）"）

$f : X \to Y$（"f は，X から Y への関数（*function*）"）

$f : X_0 \times X_1 \to Y$（"f は，X_0 と X_1 の積から Y への関数"）

$x \mapsto \mathcal{E}(x)$（"x から $\mathcal{E}(x)$ への写像"，記述される場合は関数シグニチャが常に与えられる）

閉区間（*closed interval*）$[a, b]$ は，$a \leq x \leq b$ であるすべての要素 x の集合です．開区間（*open interval*）(a, b) は，$a < x < b$ であるすべての要素 x の集合です．右半開区間（*half-open-on-right interval*）$[a, b)$ は，$a \leq x < b$ であるすべての要素 x の集合です．左半開区間（*half-open-on-left interval*）$(a, b]$ は，$a < x \leq b$ である

すべての要素 x の集合です。**半開区間**（*half-open interval*）は，本書では右半開区間の意味です。これらの定義は，弱順序付けに一般化されます。

仕様の定義では，次の表記を用いています。i と j はイテレータであり，n は整数です。

i ≺ j （"i は j に先行する"）
i ⪯ j （"i は j に先行するか等しい"）
[i, j) （"i から j への有界半開区間"）
[i, j] （"i から j までの有界閉区間"）
[i, n) （"$n \geq 0$ に対する i からの弱半開区間あるいは算入半開区間"）
[i, n] （"$n \geq 0$ に対する i からの弱閉区間あるいは算入閉区間"）

コンセプトの議論では，次の用語を使用します。

弱い（*weak*）は，省くことも含めて，公理を弱めることを指します。たとえば，弱順序は，同値を等価で置換します。

半（*semi*）は，操作を省いていることを指します。たとえば，半群は逆演算を持っていません。

部分（*partial*）は，定義空間を制限することを指します。たとえば，部分減算（消約）$a - b$ は，$a \geq b$ である時に定義されます。

付録 B

プログラミング言語

Sean Parent, Bjarne Stroustrup

この付録は，この本で使用されている C++ のサブセットを定義しています．文法を単純化するために，イントリンシックス（*intrinsics*）として，いくつかのライブラリ機構を使用しています．それらのイントリンシックスはこのサブセットには記述されていませんが，他の C++ の機能を利用しています．B.1 節ではサブセットを定義しています．B.2 節ではイントリンシックスの実装を定義しています．

B.1 言語定義

B.1.1 構文表記

Niklaus Wirth が設計した拡張バッカス・ナウア記法（*Extended Backus-Naur Form*）を使用します．Wirth [1977, 822–823 頁] は，その記法を次のように説明しています．

> 単語識別子（*identifier*）は，非終端記号（*nonterminal symbol*）を表すために使用されます．そして，リテラル（*literal*）は終端記号（*terminal symbol*）を表します．簡潔にするために，識別子と文字（*character*）を詳細には定義しません．
>
> ```
> syntax     = {production}.
> production = identifier "=" expression ".".
> expression = term {"|" term}.
> term       = factor {factor}.
> factor     = identifier | literal
> ```

```
                    | "(" expression ")"
                    | "[" expression "]"
                    | "{" expression "}".
literal      = """" character {character} """".
```

繰り返しは，中括弧で表されます。たとえば，{a} は，ϵ | a | aa | aaa |...を表しています。オプションは角括弧で表現されます。たとえば，[a] は，a | ϵ を表します。括弧は単にグループ化するためです。たとえば，(a | b) c は，ac | bc を表します。終端記号，たとえば，リテラルは，クォート記号で囲まれます（そして，1つのクォート記号がリテラル自身として現れる場合には，2回書かれます）。

B.1.2 字句定義

次の生成規則が識別子とリテラルに対する構文です。

```
identifier = (letter | "_") {letter | "_" | digit}.
literal    = boolean | integer | real.
boolean    = "false" | "true".
integer    = digit {digit}.
real       = integer "." [integer] | "." integer.
```

コメントは2つのスラッシュからその行の終わりまでです。

```
comment    = "//" {character} eol.
```

B.1.3 基本型

3つの C++ の型が使用されています。bool は，値 false と true を持ちます。int は，符号付き整数値です。double は，IEEE 64 ビット浮動小数点値です。

```
basic_type = "bool" | "int" | "double".
```

B.1.4 式

式（*expression*）は，実行時式あるいはコンパイル時式のどちらかです。コンパイル時式は，値か型に評価されます。

式は次の文法で定義されます。内側の生成規則内の演算子（この文法では下の方に定義されています）は，外側の生成規則の演算子よりも優先順位が高いです。

```
expression        = conjunction {"||" conjunction}.
conjunction       = equality {"&&" equality}.
equality          = relational {("==" | "!=") relational}.
relational        = additive {("<" | ">" | "<=" | ">=") additive}.
additive          = multiplicative {("+" | "-") multiplicative}.
multiplicative    = prefix {("*" | "/" | "%") prefix}.
prefix            = ["-" | "!" | "const"] postfix.
postfix           = primary {"." identifier
                    | "(" [expression_list] ")"
                    | "[" expression "]"
                    | "&"}.
primary           = literal | identifier | "(" expression ")"
                    | basic_type | template_name | "typename".

expression_list = expression {"," expression}.
```

||演算子と&&演算子は，∨（論理和）および∧（論理積）をそれぞれ指定します．オペランドは，ブール値でなければなりません．1番目のオペランドが，2番目のオペランドより前に評価されます．最初のオペランドが式の結果を決定したら（||に対してはtrue，&&に対してはfalse），2番目のオペランドは評価されずに，最初のオペランドの値が結果となります．前置!は，¬（否定）であり，ブール値に適用されなければなりません．

==と!=は，それぞれ，等価性演算子と不等価性演算子であり，ブール値を返します．

<, >, <=, >=は，それぞれ，より小さい，より大きい，より小さいか等しい，より大きいか等しいであり，ブール値を返します．

+と-は，それぞれ，加算と減算です．前置-は，反数（*additive inverse*）です．

*, /, %は，それぞれ，乗算，除算，剰余です．

後置.（ドット）は，構造型のオブジェクトを受け取り，ドットの後に続く識別子に対応するメンバーを返します．後置()は，手続きあるいは適用演算子が定義されているオブジェクトを受け取り，与えられた引数でその手続きあるいは関数オブジェクトを呼び出した結果を返します．型に対して適用された場合には，()は与えられた引数を用いて生成を行います．型関数に対して適用された場合には，他の型を返します．後置[]は，インデックス演算子が定義されているオブジェクトを受け取り，括弧内の式の値で決まる位置の要素を返します．

前置constは，オペランドの定数版である型を返す型演算子です．参照型に適用された場合には，その結果の型は，参照基底型の定数バージョンへの参照です．

後置&は，オペランドの参照型を返す型演算子です．

B.1.5 列挙

列挙（*enumeration*）は，リスト内の各識別子に対応する一意な値を持つ型を生成します．列挙に対して定義されている唯一の演算は，正則型の演算です．すなわち，等価性，関係演算，不等価性，生成，破壊，そして，代入です．

```
enumeration     = "enum" identifier "{" identifer_list "}" ";".
identifier_list = identifier {"," identifier}.
```

B.1.6 構造体

構造体（*structure*）は，データメンバーと呼ばれる名前付けされ型付けされたオブジェクトの様々な組から構成される型です．各データメンバーは，個々のオブジェクトか，定数サイズの配列のどちらかです．さらに，構造体は，コンストラクタ，デストラクタ，メンバー演算（代入，適用，インデックス），ローカルな型定義を含んでも構いません．適用演算子メンバーを持つ構造体は，**関数オブジェクト**（*function object*）です．構造体の本体を省略することで，前方宣言が可能です．

```
structure       = "struct" structure_name [structure_body] ";".
structure_name  = identifier.
structure_body  = "{" {member} "}".
member          = data_member
                    | constructor | destructor
                    | assign | apply | index
                    | typedef.
data_member     = expression identifier ["[" expression "]"] ";".
constructor     = structure_name "(" [parameter_list] ")"
                    [":" initializer_list] body.
destructor      = "~" structure_name "(" ")" body.
assign          = "void" "operator" "="
                    "(" parameter ")" body.
apply           = expression "operator" "(" ")"
                    "(" [parameter_list] ")" body.
index           = expression "operator" "[" "]"
                    "(" parameter ")" body.

initializer_list = initializer {"," initializer}.
initializer      = identifier "(" [expression_list] ")".
```

構造体型への定数参照を受け取るコンストラクタは，**コピーコンストラクタ**（*copy constructor*）です．コピーコンストラクタが定義されていなければ，メンバーごとのコピーを行うコピーコンストラクタが生成されます．引数なしのコンストラクタは，

デフォルトコンストラクタ（*default constructor*）です。メンバーごとのデフォルトコンストラクタは，他のコンストラクタが定義されていない場合だけ生成されます。代入演算子が定義されていなければ，メンバーごとの代入演算子が生成されます。デストラクタが定義されていなければ，メンバーごとのデストラクタが生成されます。初期化リスト内の各識別子は，構造体のデータメンバーの識別子です。コンストラクタが初期化リストを含んでいたら，構造体のすべてのメンバーは，初期化子の式リストと一致するコンストラクタ[*1]で構築されます。それらのすべての構築は，コンストラクタの本体が実行される前に行われます。

B.1.7 手続き

手続き（*procedure*）は，戻り値型あるいは値を返さないのであればvoid，手続きの名前，および，パラメータリストから構成されます。名前は，識別子か演算子のどちらかです。1つのパラメータの式は，1つの型とならなければなりません。本体なしの手続きのシグニチャにより，前方宣言ができます。

```
procedure      = (expression | "void") procedure_name
                 "(" [parameter_list] ")" (body | ";").
procedure_name = identifier | operator.
operator       = "operator"
                 ("==" | "<" | "+" | "-" | "*" | "/" | "%").
parameter_list = parameter {"," parameter}.
parameter      = expression [identifier].
body           = compound.
```

ここに記載した演算子だけが定義できます。演算子!=に対する定義は，==を用いて生成されます。演算子>，<=，および，>=の定義は，<を用いて生成されます。手続きが呼ばれる場合には，各引数式の値は対応するパラメータに結び付けられて，それから，手続きの本体が実行されます。

B.1.8 文

文（*statement*）は，手続き，コンストラクタ，デストラクタ，メンバー演算子の本体を作り上げます。

```
statement       = [identifier ":"]
                  (simple_statement | assignment
                  | construction | control_statement
                  | typedef).
```

[*1] 一致のための仕組みは，暗黙の変換なしで正確に一致させることでオーバーロード解決を行います。

```
simple_statement   = expression ";".
assignment         = expression "=" expression ";".
construction       = expression identifier [initialization] ";".
initialization     = "(" expression_list ")" | "=" expression.
control_statement  = return | conditional | switch | while | do
                     | compound | break | goto.
return             = "return" [expression] ";".
conditional        = "if" "(" expression ")" statement
                     ["else" statement].
switch             = "switch" "(" expression ")" "{" {case} "}".
case               = "case" expression ":" {statement}.
while              = "while" "(" expression ")" statement.
do                 = "do" statement
                     "while" "(" expression ")" ";".
compound           = "{" {statement} "}".
break              = "break" ";".
goto               = "goto" identifier ";".
typedef            = "typedef" expression identifier ";".
```

たいていは手続き呼び出しである単純な文は，その副作用のために評価されます。代入は，左辺のオブジェクトの型に対する代入演算子を適用します。生成のための最初の式は，生成される型を与える型の式です。パラメータ化された式リストを持つ生成は，一致するコンストラクタを適用します。等号とその後の式を持つ生成は，コピーコンストラクタに適用されます。式は，生成されるオブジェクトと同じ型を持たなければなりません。

`return` 文は，現在の関数の呼び出し元に，関数結果として式の値を返して制御を戻します。式は，その関数の戻り値型の値に評価されなければなりません。

条件文は，式の値が真の場合に最初の文を実行します。その式が偽であって else 節が存在すれば，2 番目の文が実行されます。式は，ブールに評価されなければなりません。

`switch` は，式を評価して，一致した値を持つ case ラベルに続く最初の文を実行します。その後の文は，switch 文の最後まで実行するか break 文が実行されるまで実行されます。switch 式は，整数か列挙へと評価されなければなりません。

`while` 文は，式を評価し，その式が真である限り文の実行を繰り返します。do 文は，文を実行してから式を評価し，式が偽になるまで繰り返します。どちらの場合でも，式はブールへと評価されなければなりません。

複合文は，一連の文を順番に実行します。

`goto` 文は，現在の関数内にある，対応するラベルの後に続く文へ実行を移します。

`break` 文は，switch 文，while 文，および，do 文を囲んでいる最も小さな部分の実行を終了させます。実行は，終了した文の後の文から継続されます。

`typedef` 文は，型に対するエイリアスを定義します。

B.1.9 テンプレート

テンプレート (*template*) は，構造体や手続きを 1 つ以上の型や定数でパラメータ化することを可能にします。テンプレート定義とテンプレート名は，区切りとして<と>を使用します[*2]。

```
template        = template_decl
                  (structure | procedure | specialization).
specialization  = "struct" structure_name "<" additive_list ">"
                  [structure_body] ";".
template_decl   = "template" "<" [parameter_list] ">" [constraint].
constraint      = "requires" "(" expression ")".

template_name   = (structure_name | procedure_name)
                  ["<" additive_list ">"].
additive_list   = additive {"," additive}.
```

template_name がプライマリ (*primary*) として使用される場合には，テンプレート定義を使用して，対応するテンプレート引数で置き換えられたテンプレートパラメータを持つ構造体や手続きが生成されます。それらのテンプレート引数は，template_name 内で区切られた式リストとして明示的に与えられるか，手続きに対しては手続きの引数型から推論されます。

テンプレート構造体の特化されていないバージョンより引数が一致すると考えられるテンプレートの代替え定義を提供することで，テンプレート構造体を特化することができます。

テンプレート定義が制約を含んでいる場合には，テンプレート引数型と値は，requires の後に続くブール式を満足しなければなりません。

B.1.10 イントリンシックス

pointer(T) は，T への型ポインタを返す型コンストラクタです。x が型 T のオブジェクトであれば，addressof(x) は，x を参照している型 pointer(T) の値を返します。source, sink, および, deref は，ポインタ型に対して定義されている単項関数です。source は，すべてのポインタ型に対して定義されており，対応する定数参照を返します。それについては，6.1 節を参照してください。sink と deref は，非定数オブジェクトへのポインタ型に対して定義されており，対応する非定数参照を

[*2] <と>の使用が，関係であるかテンプレート名の区切りであるかを区別するために，structure_name あるいは procedure_name が template の一部であると解析されると，終端記号として扱われるようになります。

返します．それについては，9.1 節を参照してください．reinterpret_cast は，参照型と（参照により渡された）オブジェクトを受け取り，同じオブジェクトへの参照型の参照を返す関数テンプレートです．オブジェクトは，その参照型で有効な解釈を持っていなければなりません．

B.2 マクロとトレイト構造体

正当な C++ としてコンパイルするには，B.1 節で定義された言語を実現するいくつかのマクロと構造体の定義が必要です．

B.2.1 テンプレート制約

requires 節は，次のマクロで実装されています[*3]．

```
#define requires(...)
```

B.2.2 イントリンシックス

単純な線形表記を得るのと単純なトップダウン解析を可能にするために，pointer(T) と addressof(x) を導入してあります．それらは，次のように実装されています．

```
#define pointer(T) T*

template<typename T>
pointer(T) addressof(T& x)
{
    return &x;
}
```

B.2.3 型関数

型関数は，トレイト・クラス (*trait class*) と呼ばれる C++ の技法を使用して実装されています．各型関数（たとえば，ValueType）に対して，それに対応する構造

[*3] この実装は，要件をドキュメンテーションとしてのみ扱っています．

体テンプレートを定義します。たとえば，value_type<T>です。その構造体テンプレートは，慣習により type と名付けられた 1 つの typedef を含んでいます。適切な場合には，基底の構造テンプレートでデフォルトを提供することができます。

```
template<typename T>
struct value_type
{
    typedef T type;
};
```

便利な表記を提供するために，型関数の結果として typedef を取り出すマクロ[*4]を定義します。

```
#define ValueType(T) typename value_type< T >::type
```

特化することで，特定の型に対するグローバルな定義を洗練します。

```
template<typename T>
struct value_type<pointer(T)>
{
    typedef T type;
};
```

[*4] 予約語 *typename* を使用していますので，このようなマクロはテンプレート定義内だけで機能します。

参考文献

Agarwal, Saurabh and Gudmund Skovbjerg Frandsen. 2004. Binary GCD like algorithms for some complex quadratic rings. In *Algorithmic Number Theory, 6th International Symposium, Burlington, VT, USA, June 13–18, 2004. Proceedings*, ed. Duncan A. Buell, vol. 3076 of *Lecture Notes in Computer Science*, pages 57–71. Springer.

Bentley, Jon. 1984. Programming pearls. *Communications of the ACM* 27(4): 287–291. 『珠玉のプログラミング』（Jon Bentley 著，小林 健一郎訳，丸善出版）の「コラム 11—ソート」に収録

Bolzano, Bernard. 1817. *Rein analytischer Beweis des Lehrsatzes, daß zwischen je zwey Werthen, die ein entgegengesetztes Resultat gewhren, wenigstens eine reelle Wurzel der Gleichung liege*. Prague: Gottlieb Haase.

Boute, Raymond T. 1992. The Euclidean definition of the functions div and mod. *ACM Transactions on Programming Languages and Systems* 14(2): 127–144.

Boyer, Robert S. and J. Strother Moore. 1977. A fast string searching algorithm. *Communications of the ACM* 20(10): 762–772.

Brent, Richard P. 1980. An improved Monte Carlo factorization algorithm. *BIT* 20: 176–184.

Cauchy, Augustin-Louis. 1821. *Cours D'Analyse de L'Ecole Royale Polytechnique*. L'Académie des Sciences.

Chrystal, G. 1904. *Algebra: An Elementary Text-Book. Parts I and II*. Adam and Charles Black, 1904. Reprint, AMS Chelsea Publishing, 1964.

Dehnert, James C. and Alexander A. Stepanov. 2000. Fundamentals of generic programming. In *Generic Programming, International Seminar on Generic Programming, Dagstuhl Castle, Germany, April/May 1998. Selected Papers*, eds. Mehdi Jazayeri, Rüdiger G. K. Loos, and David R. Musser, vol. 1766 of *Lecture Notes in Computer Science*, pages 1–11. Springer.

Diaconis, Persi and Paul Erdös. 2004. On the distribution of the greatest common divisor. In *A Festschrift for Herman Rubin*, ed. Anirban DasGupta, vol. 45 of *Lecture Notes—Monograph Series*, pages 56–61. Institute of Mathematical Statistics.

Dijkstra, Edsger W. 1972. Notes on structured programming. In *Structured Programming*, eds. O.-J. Dahl, E. W. Dijkstra, and C. A. R. Hoare, pages 1–82. London and New York: Academic Press. 邦訳：野下浩平・川合慧・武市正人訳『構造化プログラミング』（サイエンス社）

Dirichlet, P. G. L. 1863. *Vorlesungen über Zahlentheorie*. Vieweg und Sohn, 1863. With supplements by Richard Dedekind. English translation by John Stillwell. *Lectures on Number Theory*, American Mathematical Society and London Mathematical Society, 1999. 邦訳：酒井孝一訳・解説『ディリクレ デデキント:整数論講義』（共立出版）

Dudziński, Krzysztof and Andrzej Dydek. 1981. On a stable minimum storage merging algorithm. *Information Processing Letters* 12(1): 5–8.

Dwyer, Barry. 1974. Simple algorithms for traversing a tree without an auxiliary stack. *Information Processing Letters* 2: 143–145.

Fiduccia, Charles M. 1985. An efficient formula for linear recurrences. *SIAM Journal on Computing* 14(1): 106 112.

Fletcher, William and Roland Silver. 1966. Algorithm 284: Interchange of two blocks of data. *Communications of the ACM* 9(5): 326.

Floyd, Robert W. and Donald E. Knuth. 1990. Addition Machines. *SIAM Journal on Computing* 19(2): 329-0340.

Frobenius, Georg Ferdinand. 1895. Über endliche gruppen. In *Sitzungsberichte der Königlich Preussischen Akademie der Wissenschaften zu Berlin*, Phys.-math. Classe, pages 163–194. Berlin.

Grassmann, Hermann Günther. 1861. *Lehrbuch der Mathematik für höhere Lehranstalten*, vol. 1. Berlin: Enslin.

Gries, David and Harlan Mills. 1981. Swapping sections. Tech. Rep. 81-452, Department of Computer Science, Cornell University.

Heath, Sir Thomas L. 1925. *The Thirteen Books of Euclid's Elements*. Cambridge University Press, 1925. Reprint, Dover, 1956.

Heath, T. L. 1912. *The Works of Archimedes*. Cambridge University Press, 1912. Reprint, Dover, 2002.

Hoare, C. A. R. 1962. Quicksort. *The Computer Journal* 5(1): 10–16.

Iverson, Kenneth. 1962. *A Programming Language*. Wiley. 邦訳：内山昭・長田純

一訳『APL プログラミング言語』（講談社）

Knuth, Donald E. 1997. *The Art of Computer Programming* Volume 2: *Seminumerical Algorithms* (3rd edition). Reading, MA: Addison-Wesley. 邦訳：有沢誠・和田英一監訳『The Art of Computer Programming Volume 2 日本語版』（アスキー・メディアワークス）

Knuth, Donald E. 1998. *The Art of Computer Programming* Volume 3: *Sorting and Searching* (2nd edition). Reading, MA: Addison Wesley. 邦訳：有沢誠・和田英一監訳『The Art of Computer Programming Volume 3 日本語版』（アスキー・メディアワークス）

Knuth, Donald E. 2005. *The Art of Computer Programming* Volume 1, fascicle 1: MMIX: *A RISC Computer for the New Millenium*. Boston: Addison-Wesley. 邦訳：有沢誠・和田英一監訳『The Art of Computer Programming Volume 1,Fascicle 1:MMIX―A RISC Computer for the New Millennium 日本語版』（アスキー・メディアワークス）

Knuth, Donald E., J. Morris, and V. Pratt. 1977. Fast pattern matching in strings. *SIAM Journal on Computing* 6: 323–350.

Kwak, Jin Ho and Sungpyo Hong. 2004. *Linear Algebra*. Birkhäuser.

Lagrange, J.-L. 1795. *Leçons élémentaires sur les mathématiques, données à l'école normale en 1795*. 1795. Reprinted: *Oeuvres*, vol. VII, pages 181–288. Paris: Gauthier-Villars, 1877.

Levy, Leon S. 1982. An improved list-searching algorithm. *Information Processing Letters* 15(1): 43–45.

Lindstrom, Gary. 1973. Scanning list structures without stack or tag bits. *Information Processing Letters* 2: 47–51.

Mauchly, John W. 1946. Sorting and collating. In *Theory and Techniques for Design of Electronic Digital Computers*. Moore School of Electrical Engineering, University of Pennsylvania, 1946. Reprinted in: *The Moore School Lectures*, eds. Martin Campbell-Kelly and Michael R. Williams, pages 271–287. Cambridge, Massachusetts: MIT Press, 1985.

McCarthy, D. P. 1986. Effect of improved multiplication efficiency on exponentation algorithms derived from addition chains. *Mathematics of Computation* 46(174): 603–608.

Miller, J. C. P. and D. J. Spencer Brown. 1966. An algorithm for evaluation of remote terms in a linear recurrence sequence. *The Computer Journal* 9(2): 188–190.

Morris, Joseph M. 1979. Traversing binary trees simply and cheaply. *Information*

Processing Letters 9(5): 197–200.

Musser, David R. 1975. Multivariate polynomial factorization. *Journal of the ACM* 22(2): 291–308.

Musser, David R. and Gor V. Nishanov. 1997. A fast generic sequence matching algorithm. Tech. Rep., Computer Science Department, Rensselaer Polytechnic Institute. Archived as http://arxiv.org/abs/0810.0264v1.

Patterson, David A. and John L. Hennessy. 2007. *Computer Organization and Design: The Hardware/Software Interface* (3rd revised edition). Morgan Kaufmann. 邦訳：成田光彰訳『コンピュータの構成と設計』（日経 BP）

Peano, Giuseppe. 1908. *Formulario Mathematico, Editio V*. Torino: Fratres Bocca Editores, 1908. Reprinted: Roma: Edizioni Cremonese, 1960. 邦訳：小野勝次・梅沢敏郎 訳・解説『ペアノ 数の概念について』（共立出版）

Rivest, R., A. Shamir, and L. Adleman. 1978. A method for obtaining digital signatures and public-key cryptosystems. *Communications of the ACM* 21(2): 120–126.

Robins, Gay and Charles Shute. 1987. *The Rhind Mathematical Papyrus*. British Museum Publications.

Robson, J. M. 1973. An improved algorithm for traversing binary trees without auxiliary stack. *Information Processing Letters* 2: 12–14.

Schorr, H. and W. M. Waite. 1967. An efficient and machine-independent procedure for garbage collection in various list structures. *Communications of the ACM* 10(8): 501–506.

Sedgewick, R. T., T. G. Szymanski, and A. C. Yao. 1982. The complexity of finding cycles in periodic functions. In *Proc. 11th SIGACT Meeting*, ed. Michael J. Fischer, pages 376–390.

Sigler, Laurence E. 2002. *Fibonacci's Liber Abaci: Leonardo Pisano's Book of Calculation*. Springer-Verlag.

Stein, Josef. 1967. Computational problems associated with Racah algebra. *J. Comput. Phys.* 1: 397–405.

Stepanov, Alexander and Meng Lee. 1995. The Standard Template Library. Technical Report 95-11(R.1), HP Laboratories.

Stroustrup, Bjarne. 2000. *The C++ Programming Language: Special Edition* (3rd edition). Boston: Addison-Wesley. 邦訳：長尾高弘訳『プログラミング言語 C++ 第 3 版』（アスキー・メディアワークス）

Tarjan, Robert Endre. 1983. *Data Structures and Network Algorithms*. SIAM. 邦

訳：岩野 和生訳『新訳 データ構造とネットワークアルゴリズム』（毎日コミュニケーションズ）

Tarjan, Robert Endre. 1985. Amortized computational complexity. *SIAM Journal on Algebraic and Discrete Methods* 6(2): 306–318.

Thompson, Ken and Dennis Ritchie. 1974. The UNIX time-sharing system. *Communications of the ACM* 17(7): 365–375.

van der Waerden, Bartel Leenert. 1930. *Moderne Algebra* Erster Teil. Julius Springer, 1930. English translation by Fred Blum. *Modern Algebra*, New York: Frederic Ungar Publishing, 1949. 邦訳（英語訳も日本語訳も1937年の原著第2版のもの）：銀林浩訳『現代代数学　1-3巻』（商工出版社・東京図書）

Weilert, André. 2000. (1+i)-ary GCD computation in $\mathbb{Z}[i]$ as an analogue of the binary GCD algorithm. *J. Symb. Comput.* 30(5): 605–617.

Wirth, Niklaus. 1977. What can we do about the unnecessary diversity of notation for syntactic definitions? *Communications of the ACM* 20(11): 822–823.

訳者あとがき

　この本では，数学基盤（代数や離散数学）に基づいて，アルゴリズムを解説してあります。アルゴリズムが必要とする型に対する要件を明確に定義しながら，解説されています。その結果，高い抽象レベルでアルゴリズムが記述されています。さらに，アルゴリズムを実装する手段として，C++ のテンプレート機能を活用してコードが書かれています。

　C++ の生みの親である Bjarne Stroustrup 氏は，『言語設計者たちが考えること』（オライリー・ジャパン）の中で，C++ 言語について，次のように述べています。

> C++ というのは，高水準なアイデアを表現できる豊富な抽象化メカニズム（クラス階層やテンプレート等）を提供しつつ，必要な時にダイレクトにハードウェアにアクセスできる（ポインタや配列等）ようにするための試みなのです。
>
> — Bjarne Stroustrup

　まさに，この本は，C++ の抽象化メカニズム（主に，テンプレート）を数学的記述に対して活用していると言えます。

　逆に言えば，この本の内容は，簡単ではありません。数学，および，C++ でのプログラミングの両方の知識を必要とします。また，「データ構造とアルゴリズム」に関する知識も必要とします。

　私自身は，数学の専門家ではありませんが，アルゴリズムに対する新たな取り組み方を知ることができました。この本を通して，日本の多くのソフトウェアエンジニアが，新たな視点を得ることができれば幸いです。

謝辞（再出版）

　本書は，2010 年 12 月にピアソン桐原から出版されたのですが，その後，絶版となっていました。再出版にあたっては，原著の第 4 刷までの誤りをすべて反映させてあります。

東京電機大学出版局の編集課の吉田拓歩氏には，再出版の機会を与えてくださったことに感謝します．また，本書の勉強会を通して，誤りを指摘してくださった荒木天外，石田将吾，加藤洋平，竹田光孝の各氏にも感謝します．

柴田　芳樹
2015 年 8 月

謝辞（初版）

　内容についての不明点に関する質問に対して，いつも丁寧な解答をくださった著者の Alexander Stepanov 氏と Paul McJones 氏に感謝します．

　翻訳原稿を読んで日本語に対する多くの助言をくださった木南英夫，堂阪真司，中村正，平田敦，古川智洋，松村亮治の各氏に深く感謝します．私自身の翻訳作業の遅れにより，短期間にレビューしてくださったことに深く感謝します．特に，堂阪氏には，全体を丁寧にレビューしてくださったことに深く感謝します．これらの人々の協力・助言にもかかわらず，翻訳のすべての誤りや足りない点は，私が責任を負うものです．

　（株）ピアソン桐原の編集の藤村行俊氏には，翻訳の機会を与えてくださったことに感謝します．

　最後に，校正を手伝ってくれた私の妻恵美子に感謝します．

柴田　芳樹
2010 年 11 月

索引

■ **Symbols**
≺ (先行), 99
≼ (先行あるいは等しい), 99
≤ (以下), 64
≥ (以上), 64
[ ] (インデックス)
    array_k, 219
    bounded_range, 222
− (加法逆算), 加法群, 69
⇒ (含意), 241
→ (関数), 241
∩ (共通集合), 241
$[f,n)$ (区間, 半開弱すなわち算入), 98
$[f,l)$ (区間, 半開有界), 99
$(f,n]$ (区間, 閉弱あるいは算入), 99
$(f,l]$ (区間, 閉有界), 99
a^n (結合演算のべき乗), 34
− (差)
    イテレータと整数の, 116
    イテレータの, 98
    加法群, 69
    簡約可能なモノイド, 74
    整数の, 20
↦ (写像する), 241
/ (商), 整数の, 20
∀ (すべてに対して), 241
· (積)
    乗算半群, 68
    整数の, 20
    半加群, 71
$|a|$ (絶対値), 73
∃ (存在する), 241
× (直積集合), 241
≜ (定義により同値), 241
≜ (定義により等しい), 12
⇔ (等価), 241
= (等価性), 8
    array_k, 220
    pair, 218
¬ (否定), 241
≠ (不等価性), 8, 64

⊂ (部分集合), 241
f^n (変換の累乗), 19
∈ (要素), 241
> (より大きい), 64
< (より小さい), 64
    array_k, 220
    pair, 218
    自然な全順序, 64
∧ (論理積), 241
∨ (論理和), 241
+ (和)
    イテレータと整数, 97
    加法半群, 68
    整数の, 20
∪ (和集合), 241
2 ポインタヘッダー双方向リンクリスト, 227

■ **A**
abs アルゴリズム, 18, 73
add_to_counter アルゴリズム, 207
AdditiveGroup コンセプト, 69
AdditiveMonoid コンセプト, 69
AdditiveSemigroup コンセプト, 68
advance_tail マシン, 141
aliased プロパティ, 156
all アルゴリズム, 101
ArchimedeanGroup コンセプト, 86
ArchimedeanMonoid コンセプト, 75
array_k 型, 219
Artin, Emil, 13
associative プロパティ, 33
    power による活用, 35
    partially_associative, 103
    置換合成, 178
asymmetric プロパティ, 52

■ **B**
backward_offset プロパティ, 167
BackwardLinker コンセプト, 140
begin
    array_k, 219

bounded_range, 222
Linearizable, 221
BidirectionalBifurcateCoordinate コンセプト, 125–126
BidirectionalIterator コンセプト, 115
BidirectionalLinker コンセプト, 140
bifurcate_compare アルゴリズム, 137
bifurcate_compare_nonempty アルゴリズム, 137
bifurcate_equivalent アルゴリズム, 135
bifurcate_equivalent_nonempty アルゴリズム, 134
bifurcate_isomorphic アルゴリズム, 132
bifurcate_isomorphic_nonempty アルゴリズム, 132
BifurcateCoordinate コンセプト, 121
binary_scale_down_nonnegative, 42
binary_scale_up_nonnegative, 42
BinaryOperation コンセプト, 33
Bolzano, Bernard, 112
bounded_range 型, 222
bounded_range プロパティ, 97
Brandt, Jon, 201

■ C

CancellableMonoid コンセプト, 74
Cauchy, Augustin Louis, 112
circular アルゴリズム, 27
circular_nonterminating_orbit アルゴリズム, 27
Collins, George, 13
collision_point アルゴリズム, 24
collision_point_nonterminating_orbit アルゴリズム, 25
combine_copy アルゴリズム, 167
combine_copy_backward アルゴリズム, 168
combine_linked_nonempty アルゴリズム, 145
combine_ranges アルゴリズム, 204
commutative プロパティ, 68
CommutativeRing コンセプト, 71
CommutativeSemiring コンセプト, 71
compare_strict_or_reflexive アルゴリズム, 59–60
complement アルゴリズム, 52
complement_of_converse アルゴリズム, 52
complement_of_converse プロパティ, 109
connection_point アルゴリズム, 28
connection_point_nonterminating_orbit アルゴリズム, 28
convergent_point アルゴリズム, 28
converse アルゴリズム, 52
copy アルゴリズム, 158
copy_backward アルゴリズム, 161
copy_backward_step マシン, 161
copy_bounded アルゴリズム, 159
copy_if アルゴリズム, 164
copy_n アルゴリズム, 160
copy_select アルゴリズム, 164
copy_step マシン, 158
count_down マシン, 160
count_if アルゴリズム, 102
counted_range プロパティ, 97
counter_machine 型, 208
cycle_from アルゴリズム, 181
cycle_to アルゴリズム, 180

■ D

DAG（無閉路有向グラフ）, 122
de Bruijn, N. G., 77
deref, 156
DifferenceType 型関数, 117
DiscreteArchimedeanRing コンセプト, 89
DiscreteArchimedeanSemiring コンセプト, 88
disjoint プロパティ, 140
distance アルゴリズム, 21
DistanceType 型関数, 19, 95
Domain 型関数, 13
Dudziński, Krzysztof, 214
Dydek, Andrzej, 214

■ E

empty
    array_k, 221
    bounded_range, 223
    Linearizable, 221
EmptyLinkedBifurcateCoordinate コンセプト, 150
end
    array_k, 219
    bounded_range, 222
    Linearizable, 221
equivalence プロパティ, 53
euclidean_norm アルゴリズム, 18
EuclideanMonoid コンセプト, 80
EuclideanSemimodule コンセプト, 83
EuclideanSemiring コンセプト, 82
even, 43
exchange_values アルゴリズム, 171

■ F

fast_subtractive_gcd アルゴリズム, 81
fibonacci アルゴリズム, 48
find アルゴリズム, 101
find_adjacent_mismatch アルゴリズム, 107
find_adjacent_mismatch_forward アルゴリズム, 111, 142
find_backward_if アルゴリズム, 117
find_if アルゴリズム, 101
find_if_not, 101
find_if_not_unguarded アルゴリズム, 106
find_if_unguarded アルゴリズム, 106

find_last アルゴリズム, 142
find_mismatch アルゴリズム, 107
find_n アルゴリズム, 106
find_not アルゴリズム, 101
Floyd, Robert W., 23
for_each アルゴリズム, 100
for_each_n アルゴリズム, 105
forward_offset プロパティ, 169
ForwardIterator コンセプト, 110
ForwardLinker コンセプト, 140
Frobenius, Georg Ferdinand, 34

■ G
gcd, 79
　　Stein, 83
　　引き算の, 79
gcd アルゴリズム, 82, 83
goto 文, 154

■ H
half_nonnegative, 42
HalvableMonoid コンセプト, 77
height アルゴリズム, 129
height_recursive アルゴリズム, 124
Ho, Wilson, 190
Hoare, C. A. R., 202
HomogeneousFunction コンセプト, 13
HomogeneousPredicate コンセプト, 18

■ I
identity_element プロパティ, 67
increasing_counted_range プロパティ, 109
increasing_range プロパティ, 109
increment アルゴリズム, 95
IndexedIterator コンセプト, 115
Integer コンセプト, 42
inverse_operation プロパティ, 68
is_left_successor アルゴリズム, 126
is_right_successor アルゴリズム, 126
Iterator コンセプト, 95
IteratorConcept 型関数, 196
IteratorType 型関数, 140, 221

■ K
k_rotate_from_permutation_indexed アルゴリズム, 188
k_rotate_from_permutation_random_access アルゴリズム, 188
Kislitsyn, Sergei, 57

■ L
Lagrange, J.-L., 112
Lakshman, T. K., 166
largest_doubling アルゴリズム, 78
lcm, 186
lexicographical_compare アルゴリズム, 136

lexicographical_equal アルゴリズム, 133
lexicographical_equivalent アルゴリズム, 133
lexicographical_less アルゴリズム, 136
Linearizable コンセプト, 221
LinkedBifurcateCoordinate コンセプト, 150
linker_to_head マシン, 145
linker_to_tail マシン, 141
Lo, Raymond, 190
lower_bound_n アルゴリズム, 113
lower_bound_predicate アルゴリズム, 113

■ M
Mauchly, John W., 112
median_5 アルゴリズム, 63
merge_copy アルゴリズム, 169
merge_copy_backward アルゴリズム, 170
merge_linked_nonempty アルゴリズム, 148
merge_n_adaptive アルゴリズム, 214
merge_n_step_0 マシン, 213
merge_n_step_1 マシン, 213
merge_n_with_buffer アルゴリズム, 210
mergeable プロパティ, 211
mod（剰余）, 20
Module コンセプト, 72
MultiplicativeGroup コンセプト, 70
MultiplicativeMonoid コンセプト, 69
MultiplicativeSemigroup コンセプト, 68
Musser, David, 13
Mutable コンセプト, 156
mutable_bounded_range プロパティ, 157
mutable_counted_range プロパティ, 157
mutable_weak_range プロパティ, 157

■ N
negative, 42
nil, 140
Noether, Emmy, 13
none アルゴリズム, 101
NonnegativeDiscreteArchimedeanSemiring コンセプト, 89
not_all アルゴリズム, 101
not_overlapped プロパティ, 163
not_overlapped_backward プロパティ, 161
not_overlapped_forward プロパティ, 159
not_write_overlapped プロパティ, 166
null リンク, 227

■ O
odd, 43
one, 43
Operation コンセプト, 18
orbit_structure アルゴリズム, 30
orbit_structure_nonterminating_orbit アルゴリズム, 29
OrderedAdditiveGroup コンセプト, 73

OrderedAdditiveMonoid コンセプト, 73
OrderedAdditiveSemigroup コンセプト, 73

■ P

pair 型, 217
partially_associative プロパティ, 103
partition_bidirectional アルゴリズム, 202
partition_copy アルゴリズム, 166
partition_copy_n アルゴリズム, 166
partition_linked アルゴリズム, 147
partition_point アルゴリズム, 112
partition_point_n アルゴリズム, 112
partition_semistable アルゴリズム, 200
partition_single_cycle アルゴリズム, 202
partition_stable_iterative アルゴリズム, 209
partition_stable_n アルゴリズム, 205
partition_stable_n_adaptive アルゴリズム, 205
partition_stable_n_nonempty アルゴリズム, 205
partition_stable_singleton アルゴリズム, 203
partition_stable_with_buffer アルゴリズム, 203
partition_trivial アルゴリズム, 206
partitioned プロパティ, 109
partitioned_at_point アルゴリズム, 199
phased_applicator アルゴリズム, 154
positive, 42
power アルゴリズム, 44
power_accumulate アルゴリズム, 43
power_accumulate_positive アルゴリズム, 43
power_right_associated アルゴリズム, 35
power_unary アルゴリズム, 20
power アルゴリズム
　　演算数, 36
predecessor
　　イテレータ, 115
　　整数の, 42
Predicate コンセプト, 17
predicate_source アルゴリズム, 146
prime プロパティ, 14

■ Q

quotient
　　ユークリッド環, 82
　　ユークリッドの半加群, 83
quotient_remainder アルゴリズム, 88
quotient_remainder_nonnegative アルゴリズム, 85
quotient_remainder_nonnegative_iterative アルゴリズム, 86
QuotientType 型関数, 75

■ R

RandomAccessIterator コンセプト, 117–118
reachable アルゴリズム, 127
readable_bounded_range プロパティ, 100
readable_counted_range プロパティ, 100
readable_tree プロパティ, 130
readable_weak_range プロパティ, 100
Readable コンセプト, 94
reduce アルゴリズム, 104
reduce_balanced アルゴリズム, 208
reduce_nonempty アルゴリズム, 103
reduce_nonzeroes アルゴリズム, 105
reflexive プロパティ, 52
regular_unary_function プロパティ, 15
Regular コンセプト, 12
　　プログラム変換, 37
Relation コンセプト, 51
relation_preserving プロパティ, 108
relation_source アルゴリズム, 147
remainder
　　アルゴリズム, 87
　　ユークリッド環, 82
　　ユークリッドの半加群, 83
remainder_nonnegative アルゴリズム, 76, 77
remainder_nonnegative_iterative アルゴリズム, 78
requires 節, 14
requires 節
　　文法, 250
reverse_append アルゴリズム, 146
reverse_bidirectional アルゴリズム, 183
reverse_copy アルゴリズム, 162
reverse_copy_backward アルゴリズム, 163
reverse_copy_backward_step マシン, 162
reverse_copy_step マシン, 162
reverse_indexed アルゴリズム, 194
reverse_n_adaptive アルゴリズム, 186
reverse_n_bidirectional アルゴリズム, 183
reverse_n_forward アルゴリズム, 185
reverse_n_indexed アルゴリズム, 183
reverse_n_with_buffer アルゴリズム, 184
reverse_n_with_temporary_buffer アルゴリズム, 195, 234
reverse_swap_ranges アルゴリズム, 174
reverse_swap_ranges_bounded アルゴリズム, 174
reverse_swap_ranges_n アルゴリズム, 174
reverse_swap_step マシン, 173
Rhind Mathematical Papyrus
　　除算, 76
Ring コンセプト, 71
rotate アルゴリズム, 195
rotate_bidirectional_nontrivial アルゴリズム, 190
rotate_cycles アルゴリズム, 189
rotate_forward_annotated アルゴリズム, 191
rotate_forward_nontrivial アルゴリズム, 192
rotate_forward_step アルゴリズム, 192

rotate_indexed_nontrivial アルゴリズム, 189
rotate_nontrivial アルゴリズム, 196
rotate_partial_nontrivial アルゴリズム, 193
rotate_random_access_nontrivial アルゴリズム, 189
rotate_with_buffer_backward_nontrivial アルゴリズム, 194
rotate_with_buffer_nontrivial アルゴリズム, 193

■ S
Schreier, Jozef, 57
Schwarz, Jerry, 156
select_0_2 アルゴリズム, 55, 65
select_0_3 アルゴリズム, 56
select_1_2 アルゴリズム, 56
select_1_3 アルゴリズム, 57
select_1_3_ab アルゴリズム, 57
select_1_4 アルゴリズム, 58, 61
select_1_4_ab アルゴリズム, 58, 61
select_1_4_ab_cd アルゴリズム, 58, 60
select_2_3 アルゴリズム, 57
select_2_5 アルゴリズム, 62
select_2_5_ab アルゴリズム, 62
select_2_5_ab_cd アルゴリズム, 62
Semimodule コンセプト, 71
Semiring コンセプト, 70
Sequence コンセプト, 224
Sequence コンセプト
　array_k$_{k,T}$ によるモデル化, 225
　エクステントベース・モデル, 228
　リンクモデル, 226
sink, 155
size
　array_k, 220
　bounded_range, 222
　Linearizable, 221
SizeType 型関数, 221
slow_quotient アルゴリズム, 76
slow_remainder アルゴリズム, 74
some アルゴリズム, 101
sort_linked_nonempty_n アルゴリズム, 148
sort_n アルゴリズム, 215
sort_n_adaptive アルゴリズム, 215
sort_n_with_buffer アルゴリズム, 212
source, 94
split_copy アルゴリズム, 165
split_linked アルゴリズム, 143
Standard Template Library, iv
Stein, Josef, 83
Stein gcd, 83
STL, iv
strict プロパティ, 52
strictly_increasing_counted_range プロパティ, 109
strictly_increasing_range プロパティ, 108

subtractive_gcd アルゴリズム, 81
subtractive_gcd_nonzero アルゴリズム, 79
successor
　イテレータの, 95
　区間に関する定義空間, 99
　整数の, 42
swap アルゴリズム, 233
swap_basic アルゴリズム, 232
swap_ranges アルゴリズム, 172
swap_ranges_bounded アルゴリズム, 172
swap_ranges_n アルゴリズム, 173
swap_step マシン, 172
symmetric プロパティ, 52

■ T
temporary_buffer 型, 195
terminating アルゴリズム, 25
Tighe, Joseph, 187
total_ordering プロパティ, 53
TotallyOrdered コンセプト, 64
Transformation コンセプト, 19
transitive プロパティ, 51
transpose_operation アルゴリズム, 209
traverse アルゴリズム, 129
traverse_nonempty アルゴリズム, 125
traverse_phased_rotating アルゴリズム, 154
traverse_rotating アルゴリズム, 152
traverse_step マシン, 127
tree プロパティ, 123
tree_rotate マシン, 151
triple 型, 12
twice, 42

■ U
UnaryFunction コンセプト, 13
UnaryPredicate コンセプト, 18
underlying_iterator 型, 234
underlying_ref アルゴリズム, 233
UnderlyingType 型関数, 232
upper_bound_n アルゴリズム, 114
upper_bound_predicate アルゴリズム, 114

■ V
ValueType 型関数, 94, 155, 221
visit 型, 124

■ W
weak_ordering プロパティ, 54
weak_range プロパティ, 96
weight アルゴリズム, 128
weight_recursive アルゴリズム, 123
weight_rotating アルゴリズム, 153
WeightType 型関数, 121
writable_bounded_range プロパティ, 156
writable_counted_range プロパティ, 156
writable_weak_range プロパティ, 156

Writable コンセプト, 155
write_aliased プロパティ, 165

■ Z
zero, 43

■ ア
アイデンティティ
　　オブジェクトの, 6
　　具象実体の, 1
曖昧な値型, 3
アクション, 30
値型
　　曖昧, 3
　　一意に表現, 3
　　真に部分, 2
　　正則関数, 4
　　全体, 2
値型に対する正則関数, 4
アドレス
　　イテレータによる抽象化, 93
アリストテレス, 80
アルキメデスの公理, 75
アルキメデスのモノイドに対する被整除性, 78
アルゴリズム, → マシン
　　abs, 73
　　add_to_counter, 207
　　all, 101
　　bifurcate_compare, 137
　　bifurcate_compare_nonempty, 137
　　bifurcate_equivalent, 135
　　bifurcate_equivalent_nonempty, 134
　　bifurcate_isomorphic, 132
　　bifurcate_isomorphic_nonempty, 132
　　circular, 27
　　circular_nonterminating_orbit, 27
　　collision_point, 24
　　collision_point_nonterminating_orbit, 25
　　combine_copy, 167
　　combine_copy_backward, 168
　　combine_linked_nonempty, 145
　　combine_ranges, 204
　　compare_strict_or_reflexive, 59–60
　　complement, 52
　　complement_of_converse, 52
　　connection_point, 28
　　connection_point_nonterminating_orbit, 28
　　convergent_point, 28
　　converse, 52
　　copy, 158
　　copy_backward, 161
　　copy_bounded, 159
　　copy_if, 164
　　copy_n, 160
　　copy_select, 164
　　count_if, 102
　　cycle_from, 181
　　cycle_to, 180
　　distance, 21
　　exchange_values, 171
　　fast_subtractive_gcd, 81
　　fibonacci, 48
　　find, 101
　　find_adjacent_mismatch, 107
　　find_adjacent_mismatch_forward, 111, 142
　　find_backward_if, 117
　　find_if, 101
　　find_if_not_unguarded, 106
　　find_if_unguarded, 106
　　find_last, 142
　　find_mismatch, 107
　　find_n, 106
　　find_not, 101
　　for_each, 100
　　for_each_n, 105
　　gcd, 82, 83
　　height, 129
　　height_recursive, 124
　　increment, 95
　　is_left_successor, 126
　　is_right_successor, 126
　　k_rotate_from_permutation_indexed, 188
　　k_rotate_from_permutation_random_access, 188
　　largest_doubling, 78
　　lexicographical_compare, 136
　　lexicographical_equal, 133
　　lexicographical_equivalent, 133
　　lexicographical_less, 136
　　lower_bound_n, 113
　　lower_bound_predicate, 113
　　median_5, 63
　　merge_copy, 169
　　merge_copy_backward, 170
　　merge_linked_nonempty, 148
　　merge_n_adaptive, 214
　　merge_n_with_buffer, 210
　　none, 101
　　not_all, 101
　　orbit_structure, 30
　　orbit_structure_nonterminating_orbit, 29
　　partition_bidirectional, 202
　　partition_copy, 166
　　partition_copy_n, 166
　　partition_linked, 147
　　partition_point, 112
　　partition_point_n, 112

partition_semistable, 200
partition_single_cycle, 202
partition_stable_iterative, 209
partition_stable_n, 205
partition_stable_n_adaptive, 205
partition_stable_n_nonempty, 205
partition_stable_singleton, 203
partition_stable_with_buffer, 203
partition_trivial, 206
partitioned_at_point, 199
phased_applicator, 154
power, 44
power_accumulate, 43
power_accumulate_positive, 43
power_right_associated, 35
power_unary, 20
predicate_source, 146
quotient_remainder, 88
quotient_remainder_nonnegative, 85
quotient_remainder_nonnegative_iterative, 86
reachable, 127
reduce, 104
reduce_balanced, 208
reduce_nonempty, 103
reduce_nonzeroes, 105
relation_source, 147
remainder, 87
remainder_nonnegative, 76, 77
remainder_nonnegative_iterative, 78
reverse_append, 146
reverse_bidirectional, 183
reverse_copy, 162
reverse_copy_backward, 163
reverse_indexed, 194
reverse_n_adaptive, 186
reverse_n_bidirectional, 183
reverse_n_forward, 185
reverse_n_indexed, 183
reverse_n_with_buffer, 184
reverse_n_with_temporary_buffer, 195, 234
reverse_swap_ranges, 174
reverse_swap_ranges_bounded, 174
reverse_swap_ranges_n, 174
rotate, 195
rotate_bidirectional_nontrivial, 190
rotate_cycles, 189
rotate_forward_annotated, 191
rotate_forward_nontrivial, 192
rotate_forward_step, 192
rotate_indexed_nontrivial, 189
rotate_nontrivial, 196
rotate_partial_nontrivial, 193
rotate_random_access_nontrivial, 189

rotate_with_buffer_backward_nontrivial, 194
rotate_with_buffer_nontrivial, 193
select_0_2, 55, 65
select_0_3, 56
select_1_2, 56
select_1_3, 57
select_1_3_ab, 57
select_1_4, 58, 61
select_1_4_ab, 58, 61
select_1_4_ab_cd, 58, 60
select_2_3, 57
select_2_5, 62
select_2_5_ab, 62
select_2_5_ab_cd, 62
slow_quotient, 76
slow_remainder, 74
some, 101
sort_linked_nonempty_n, 148
sort_n, 215
sort_n_adaptive, 215
sort_n_with_buffer, 212
split_copy, 165
split_linked, 143
subtractive_gcd, 81
subtractive_gcd_nonzero, 79
swap, 233
swap_basic, 232
swap_ranges, 172
swap_ranges_bounded, 172
swap_ranges_n, 173
terminating, 25
transpose_operation, 209
traverse, 129
traverse_nonempty, 125
traverse_phased_rotating, 154
traverse_rotating, 152
underlying_ref, 233
upper_bound_n, 114
upper_bound_predicate, 114
weight, 128
weight_recursive, 123
weight_rotating, 153
メモリ適応, 185
安定性
  ソート, 212
  分割, 200
  マージ, 211
  リンク区間に対するソート, 149
安定性インデックス, 55
以下（$\leq$）, 64
以上（$\geq$）, 64
一意に表現された値型, 3
一意に表現されたオブジェクト型, 5
一義的な値型, 3
位置ベース再配列, 180

イテレータ・アダプタ
　　双方からリバース, 117
イテレータアダプタ
　　インデックス付きからランダムアクセスへ, 118
　　実際の型, 234
　　双方向分岐座標に対する，課題, 130
Iterator コンセプト
　　リンク, 139
インタフェースの有用な変形, 40
インデックス（[]）
　　array_k, 219
　　bounded_range, 222
インデックス置換, 179
インデックス付きイテレータ
　　ランダムアクセス・イテレータに等しい, 118
永久に配置, 226
エイリアス化された書き込み, 165
エクステントの先頭, 229
オーバーロード, 45, 139, 150
オブジェクト
　　開始アドレス, 224
　　状態, 4
　　等価性, 6
　　領域, 237
オブジェクトのコピー, 6
オブジェクトの状態, 4
オブジェクトの領域, 237

■ カ
ガーベッジコレクション, 240
開区間, 241
開始アドレス, 224
回転
　　再配列, 187
　　置換, 186
ガウスの整数
　　Stein のアルゴリズム, 84
書き込み可能区間, 156
下限境界, 112
型
　　array_k, 219
　　bounded_range, 222
　　counter_machine, 208
　　pair, 12
　　pair, 217
　　temporary_buffer, 195
　　triple, 12
　　underlying_iterator, 234
　　visit, 124
　　計算基底, 7
　　コンセプトをモデル化, 12
　　正則, 7
　　同型写像, 89
課題

tree_rotate を使用した同型，同値，順序, 154
Stein の gcd に対する枠組み, 84
型間操作, 15
最小比較回数の安定したソートとマージ, 63
座標構造コンセプト, 138
シーケンス内のサブシーケンスを見つける, 119
主要なライブラリで使用されている実際の型, 234
線形回帰数列, 49
双方向分岐座標に対するアルゴリズム, 130
双方向分岐座標に対するイテレータアダプタ, 130
単一エクステント配列に対する再割り当て戦略, 230
動的シーケンス実装, 231
動的シーケンスのインタフェース, 231
動的シーケンスのベンチマーク, 231
二分割不可能なアルキメデスのモノイド, 78
プラットフォーム固有のコピーアルゴリズムを抽象化する, 170
有界 2 進整数に対するコンセプト, 90
ランダムアクセス・イテレータに対する公理, 118
型関数, 11
　　Codomain, 11
　　DifferenceType, 117
　　DistanceType, 19, 95
　　Domain, 13
　　InputType, 11
　　IteratorConcept, 196
　　IteratorType, 140, 221
　　QuotientType, 75
　　SizeType, 221
　　UnderlyingType, 232
　　ValueType, 94, 155, 221
　　WeightType, 121
　　トレイト・クラスによる実装, 250
型コンストラクタ, 11
片終端配列, 229
型属性, 11
　　Arity, 11
可変区間, 157
加法逆算（−），加法群, 69
空座標, 150
空の区間, 99
含意（⇒）, 241
関係コンセプト, 71
関係の対称補集合, 54
関数
　　→, 241
　　値に対する, 3
　　抽象実体に対する, 2
関数オブジェクト, 9, 100, 246
疑似述語, 142

疑似変換, 95
軌道, 20–22
軌道サイズ, 22
軌道での距離, 21
軌道の循環, 22
軌道の衝突点, 23
軌道の接続点, 22
軌道のハンドル, 22
技法, → プログラム変換
    インタフェースの有用な変形, 40
    演算–累積手続きの双対性, 49
    再帰中補助計算, 184
    制限された部分問題への縮小, 56
    変換–アクションの二重性, 30
    メモリ適応アルゴリズム, 185
    有益な情報を返す, 100, 101
    有用な情報を返す, 90, 105–107, 111, 116, 158, 159, 166, 170, 182, 187, 190, 220
基本単方向リンクリスト, 227
逆再配列, 182
逆の関係, 52
逆の補完の関係, 52
強化関係, 55
共通集合（∩）, 241
共通部分式除去, 37
空間計算量，メモリ適応, 185
区間, 108
    書き込み可能, 156
    下限境界, 112
    可変, 157
    空, 99
    境界, 99
    サイズ, 99
    上限境界, 112
    増加, 108
    半開弱あるいは算入（$[f, n)$）, 98
    半開有界（$[f, l)$）, 99
    分割点, 110
    閉弱あるいは算入（$[f, n]$）, 99
    閉有界（$[f, l]$）, 99
    読み込み可能, 100
区間での後方移動, 116
区間内の境界, 99
区間のサイズ, 99
グローバル状態, 6
群, 69
    置換, 178
計算量, 228
    empty, 221
    source の, 94
    successor の, 96
    シーケンスのインデックス, 221
    正則演算, 237
傾斜インデックス, 231
結合演算, 33
    （a^n）のべき乗, 34

結合的演算, 103
厳密に増加区間, 108
構成, 19
合成
    置換, 178
    変換の, 34
構造等価性, 238
恒等変換, 178
効率的な計算基底, 7
公理に従属, 90
互換, 179
固定サイズシーケンス, 225
コネクタ, 239
コピーコンストラクタ, 9
    array_k, 219
    pair, 218
コピー再配列, 180
固有状態, 6
コンストラクタ, 8
コンセプト, 12
    AdditiveGroup, 69
    AdditiveMonoid, 69
    AdditiveSemigroup, 68
    ArchimedeanGroup, 86
    ArchimedeanMonoid, 75
    BackwardLinker, 140
    BidirectionalBifurcateCoordinate, 125–126
    BidirectionalIterator, 115
    BidirectionalLinker, 140
    BifurcateCoordinate, 121
    BinaryOperation, 33
    CancellableMonoid, 74
    CommutativeRing, 71
    CommutativeSemiring, 71
    C++ と STL からの例, 12
    DiscreteArchimedeanRing, 89
    DiscreteArchimedeanSemiring, 88
    EmptyLinkedBifurcateCoordinate, 150
    EuclideanMonoid, 80
    EuclideanSemimodule, 83
    EuclideanSemiring, 82
    ForwardIterator, 110
    ForwardLinker, 140
    FunctionalProcedure, 12
    HalvableMonoid, 77
    HomogeneousFunction, 13
    HomogeneousPredicate, 18
    IndexedIterator, 115
    Integer, 42
    Iterator, 95
    Linearizable, 221
    LinkedBifurcateCoordinate, 150
    Module, 72
    MultiplicativeGroup, 70
    MultiplicativeMonoid, 69

MultiplicativeSemigroup, 68
Mutable, 156
NonnegativeDiscreteArchimedeanSemiring, 89
Operation, 18
OrderedAdditiveGroup, 73
OrderedAdditiveMonoid, 73
OrderedAdditiveSemigroup, 73
Predicate, 17
RandomAccessIterator, 117–118
Readable, 94
Regular, 12
Relation, 51
Ring, 71
Semimodule, 71
Semiring, 70
Sequence, 224
TotallyOrdered, 64
Transformation, 19
UnaryFunction, 13
UnaryPredicate, 18
Writable, 155
型によるモデル化, 12
関係コンセプト, 71
洗練, 12
単葉, 89
有用性, 90
弱める, 12
コンセプト・スキーマ, 130
 座標構造, 130
 複合オブジェクト, 224
コンセプトタグ型, 196
コンセプト・ディスパッチ, 111, 195
コンセプトの公理の一貫性, 90
コンセプトの洗練, 12
コンセプトの有用性, 90
コンセプトを弱める, 12
コンテナ, 221

■ サ
差（−）
 イテレータと整数の, 116
 イテレータの, 98
 加法群, 69
 簡約可能なモノイド, 74
 整数の, 20
再帰中補助計算, 184
再帰不変式, 38
最小公倍数（lcm）, 186
最初最後単方向リンクリスト, 227
最大公約数（gcd）, 79
再配列
 位置ベース, 180
 回転, 187
 逆, 182
 コピー, 180

述語ベース, 180
順序ベース, 180
変移, 180
リンク, 140
座標構造
 イテレータ, 93
 複合オブジェクト, 224
 分岐座標, 121
参照カウンター, 240
参照のローカル性, 149
3 値比較, 65
三分法則, 53
自然な全順序のための $<$, 64
事前条件, 14
事前条件の緩和, 40
事前条件を強化, 40
実際の型
 イテレータアダプタ, 234
 適切な, 233
実体, 1
弱（使用方法）, 242
弱三分法則, 53
射影正則性, 225
写像する（$\mapsto$）, 241
種
 具象, 2
 抽象, 1
集合, 241
述語ベース再配列, 180
出力オブジェクト, 6–7
順位保存リンク再配列, 141
循環検出直感, 23
循環サイズ, 22
循環双方向リンクリスト, 227
循環単方向リンクリスト, 227
循環置換, 179
循環配列, 229
順序, 線形, 54
順序ベース再配列, 180
商（/）, 整数の, 20
上限境界, 112
剰余（mod）, 整数の, 20
除算, 70
所有, 複合オブジェクトの部品, 224
印付け, 124
シングルパス走査, 96
真に部分な値型, 2
真に部分なオブジェクト型, 5
スキーマ, コンセプト, 130
すべてに対して（$\forall$）, 241
整形式オブジェクト, 5
整形式の値, 2
整数型, 12
正則型, 7–9
正則性, 225
積（·）

乗算半群, 68
　　整数の, 20
　　半加群, 71
セグメント化インデックス, 230
セグメント化配列, 230
セグメント化配列のインデックス, 230–231
絶対値（|a|）, 73
絶対値, 特性, 73
線形順序, 54
先行（≺）, 99
先行あるいは等しい（≼）, 99
全射変換, 177
全体値型, 2
全体オブジェクト型, 5
全体手続き, 18
増加区間, 108
走査
　　木の, 再帰, 125
　　シングルパス, 96
　　マルチパス, 110
双方向リンクリスト, 227
属, 2
存在する（∃）, 241

■ タ
代入, 8
　　array_k, 219
　　pair, 218
ダミーノード双方向リンクリスト, 227
単一エクステントインデックス, 230
単一エクステント配列, 228
単射変換, 177
単方向リンクリスト, 226
単葉コンセプト, 89
置換
　　インデックス, 179
　　回転, 186
　　逆, 178, 179, 182
　　合成, 178
　　互換, 179
　　循環, 179
　　循環の積, 179
　　トゥー, 180
　　フロム, 180
置換群, 178
置換内の循環, 179
置換の逆, 178, 179
蓄積変数除去, 41
注釈変数, 192
抽象手続き, 13
　　オーバーロード, 45
直積集合（×）, 241
定義空間, 10
定義空間述語, 19
定義により同値（≜）, 241
定義により等しい（≜）, 12

定数サイズシーケンス, 225
適切な実際の型, 233
デストラクタ, 8
　　pair, 218
手続き
　　関数的, 9
　　全体, 18
　　抽象, 13
　　非全体, 19
　　部分, 18
デフォルトコンストラクタ, 8
　　array_k, 219
　　pair, 218
デフォルト順序, 64
デフォルト全順序, 64
　　重要性, 238
トゥー置換, 180
等価（⇔）, 241
等価性
　　=, 8
　　≠, 64
　　array_k, 220
　　pair, 218
　　Regular に対する equal, 133
　　値型に対する, 3
　　一意に表現されている型に対する, 3
　　オブジェクトに対する, 6
　　構造, 238
　　正則型に対する, 8
　　表現, 3, 237
　　振る舞い, 3, 237
同型座標集合, 131
同型の型, 89
同次関数的手続き, 10
到達可能性
　　軌道において, 20
　　分岐座標, 122
同値類, 53
動的サイズシーケンス, 225
特性
　　消滅, 70
　　表記, 14
　　分配, 71
　　離散性, 89
トレイト・クラス, 250

■ ナ
中への変換, 177
ならし計算量, 228
二分法の技法, 112
入出力オブジェクト, 6–7
入力オブジェクト, 6–7

■ ハ
配列, 種類, 229–230
配列内のイテレータの無効化, 230

派生的関係, 52
派生手続きの一群, 64
パラメータ渡し, 9
半（使用方法）, 242
半安定分割再配列, 200
半開区間, 242
半開弱あるいは算入 ($[f, n\rangle$), 98
半開有界区間 ($[f, l\rangle$), 99
半群, 68
ハンドルサイズ, 22
番兵, 106
非全体手続き, 19
左半開区間, 241
否定 (¬), 241
ピボット, 213
表現等価性, 3, 237
表現力豊かな計算基底, 7
複合オブジェクト, 224
複合オブジェクトの永続化された部品, 226
複合オブジェクトの互いに交わらない, 224
複合オブジェクトの非循環性, 224
複合オブジェクトの部品, 224–228
複合オブジェクトのリモート部品, 226
複合オブジェクトの連結性, 224
複合オブジェクトのローカル部品, 226
複合部品のヘッダー, 226
複雑さ
 power_left_associated と power_0, 36
符号なし整数型, 12
不等価性 (≠), 8
 標準定義, 64
部分（使用方法）, 242
部分形式のオブジェクト状態, 8
部分集合 (⊂), 241
部分手続き, 18
部分モデル, 72
不変式, 154
 再帰, 38
 ループ, 40
振る舞い等価性, 3, 237
プログラミング言語 C++, iv
プログラムの変換
 事前条件の緩和, 40
プログラム変換
 共通部分式除去, 37
 厳密な末尾再帰, 39
 事前条件, 40
 正則型により可能, 37
 前方イテレータから後方イテレータ, 117
 蓄積変数除去, 41
 末尾再帰形式, 37
プロジェクト
 循環検知アルゴリズム, 31
プロパティ
 aliased, 156
 associative, 33

asymmetric, 52
backward_offset, 167
bounded_range, 97
commutative, 68
complement_of_converse, 109
counted_range, 97
disjoint, 140
equivalence, 53
forward_offset, 169
identity_element, 67
increasing_counted_range, 109
increasing_range, 109
inverse_operation, 68
mergeable, 211
mutable_bounded_range, 157
mutable_counted_range, 157
mutable_weak_range, 157
not_overlapped, 163
not_overlapped_backward, 161
not_overlapped_forward, 159
not_write_overlapped, 166
partially_associative, 103
partitioned, 109
prime, 14
readable_bounded_range, 100
readable_counted_range, 100
readable_tree, 130
readable_weak_range, 100
reflexive, 52
regular_unary_function, 15
relation_preserving, 108
strict, 52
strictly_increasing_counted_range, 109
strictly_increasing_range, 108
symmetric, 52
total_ordering, 53
transitive, 51
tree, 123
weak_ordering, 54
weak_range, 96
writable_bounded_range, 156
writable_counted_range, 156
writable_weak_range, 156
write_aliased, 165
三分, 53
弱三分, 53
単位元, 67
フロム置換, 180
分割アルゴリズム, 起源, 202
分割再配列, 半安定, 200
分割点, 110
 下限と上限境界, 112
分岐座標の子孫, 122
分岐座標 (DAG) の高さ, 122
分岐座標の無閉路子孫, 122
分配特性, 半環に成り立つ, 71

分類学の概念, 1
閉区間, 241
閉弱区間あるいは算入区間 ($[f,n]$), 99
閉有界区間 ($[f,l]$), 99
べき乗
　　結合演算 (a^n) の, 34
冪等元, 34
変移再配列, 180
変換, 19
　　(f^n) の累乗, 19
　　構成する, 19
　　合成する, 34
　　恒等, 178
　　終端要素, 20
　　巡回要素, 20
　　全射, 177
　　単射, 177
　　中への, 177
　　不動点, 178
変換の不動点, 178
変換のもとで終端要素, 20
変換のもとで巡回要素, 20
補完の関係, 52

■ マ
マージ, 安定性, 211
マシン, 126
　　advance_tail, 141
　　copy_backward_step, 161
　　copy_step, 158
　　count_down, 160
　　linker_to_head, 145
　　linker_to_tail, 141
　　merge_n_step_0, 213
　　merge_n_step_1, 213
　　reverse_copy_backward_step, 162
　　reverse_copy_step, 162
　　reverse_swap_step, 173
　　swap_step, 172
　　traverse_step, 127
　　tree_rotate, 151
末尾再帰形式, 37
マルチパス走査, 110
右半開区間, 241
無閉路有向グラフ, 122
メモリ中のワード, 4
メモリ適応アルゴリズム, 185
モデル, 12
モデル, 部分, 72
モノイド, 69
モノイドにおける簡約, 74

■ ヤ
有益な情報を返す, 100, 101
有界区間, 97
ユークリッド関数, 82
ユークリッドの互除法（引き算の gcd）, 79
有限位数, 結合演算において, 34
有限集合, 179
有用な情報を返す, 90, 105–107, 111, 116, 158,
　　159, 166, 170, 182, 187, 190, 220
要素 ($\in$), 241
余定義域, 10
読み込み可能区間, 100
より大きい （$>$）, 64
より小さい （$<$）, 64
　　array_k, 220
　　bounded_range, 224
　　pair, 218
　　$TotallyOrdered$ に対する less, 136
　　自然な全順序, 64
弱める, 12

■ ラ
ランダムアクセス・イテレータ, インデックス付
　　きイテレータに等しい, 118
離散性特性, 89
リスト
　　双方向リンク, 227
　　単方向リンク, 226
両終端配列, 229
リンカーオブジェクト, 139
リンク, 逆転, 151
リンクイテレータ, 139
リンク構造, 前方と双方向, 228
リンク再配列
　　リスト, 228
リンク再配列のつなぎ合わせ, 228
リンクを逆転, 151
累乗
　　変換 (f^n) の, 19
累積手続き, 49
ループ不変式, 40
ローカル状態 local, 6
論理積 （$\wedge$）, 241
論理和 （$\vee$）, 241

■ ワ
和 （$+$）
　　イテレータと整数, 97
　　加法半群, 68
　　整数の, 20
和集合 （$\cup$）, 241

■ 著者紹介

Alexander Stepanov（アレクサンダー・ステパノフ）：1967 年から 1972 年までモスクワ国立総合大学で学ぶ。1972 年からプログラミングを行っており，最初はソビエト連邦で，1977 年に移住してからは米国でプログラミングをしている。オペレーティング・システム，プログラミング・ツール，コンパイラ，ライブラリーなどのプログラム経験がある。プログラミングの基礎に関する彼の業績は，GE, Brooklyn Polytechnic, AT&T, HP, SGI, Adobe により支持されてきた。1995 年，C++ Standard Template Library の設計に対して，*Dr. Dobb's Journal* の Excellence in Programming Award を受賞。

Paul McJones（ポール・マクジョーンズ）：1967 年から 1971 年までカリフォルニア州立大学バークレイ校でエンジニアリング数学を学ぶ。オペレーティング・システム，プログラミング環境，トランザクション処理システム，企業・消費者アプリケーションの領域で，1967 年からプログラミングを行っている。カリフォルニア州立大学, IBM, Xerox, Tandem, DEC, Adobe で働いた経験がある。1982 年に彼とアレクサンダー・ステパノフは，彼らの論文 "The Recovery Manager of the System R Database Manager" で，ACM Programming Systems and Languages Paper Award を受賞。

■ 訳者紹介

柴田　芳樹（しばた　よしき）：1959 年生まれ。九州工業大学情報工学科で情報工学を学び，1984 年同大学大学院で情報工学修士課程を修了し，以来，様々なソフトウェア開発に従事。ゼロックス社のパロアルト研究所を含め，5 年間米国に駐在してソフトウェア開発に従事。現在は，ソフトウェア開発，教育，コンサルテーション等に従事している。

訳書:『Java SE 8 実践プログラミング』『API デザインの極意』（以上、インプレス），『Effective Java 第 2 版』（丸善出版），『プログラミング言語 Java 第 4 版』（東京電機大学出版局），『アプレンティスシップ・パターン』（オライリー・ジャパン）

著書:『Java 2 Standard Edition 5.0 Tiger 拡張された言語仕様について』（ピアソン・エデュケーション），『プログラマー"まだまだ"現役続行』『ソフトウェア開発の名著を読む【第二版】』（以上，技術評論社）

プログラミング原論

2015年11月10日　第1版1刷発行　　　　　　　　　　　ISBN 978-4-501-55370-8　C3004

著　者　アレクサンダー・ステパノフ，ポール・マクジョーンズ
訳　者　柴田芳樹
　　　　Ⓒ Shibata Yoshiki 2015

発行所　学校法人 東京電機大学　　　　〒120-8551　東京都足立区千住旭町5番
　　　　東京電機大学出版局　　　　　　〒101-0047　東京都千代田区内神田1-14-8
　　　　　　　　　　　　　　　　　　　Tel. 03-5280-3433(営業) 03-5280-3422(編集)
　　　　　　　　　　　　　　　　　　　Fax.03-5280-3563　振替口座 00160-5-71715
　　　　　　　　　　　　　　　　　　　http://www.tdupress.jp/

JCOPY ＜(社)出版者著作権管理機構　委託出版物＞
本書の全部または一部を無断で複写複製（コピーおよび電子化を含む）することは，著作権法上での例外を除いて禁じられています．本書からの複製を希望される場合は，そのつど事前に，(社)出版者著作権管理機構の許諾を得てください．また，本書を代行業者等の第三者に依頼してスキャンやデジタル化をすることはたとえ個人や家庭内での利用であっても，いっさい認められておりません．
[連絡先] TEL 03-3513-6969，FAX 03-3513-6979，E-mail : info@jcopy.or.jp

印刷・製本：三美印刷㈱
落丁・乱丁本はお取り替えいたします．　　　　　　　　　　　　　　　　Printed in Japan

本書は，(株)ピアソン桐原から刊行されていた第1版1刷をもとに，新たな出版契約により東京電機大学出版局から刊行されたものである．